Inhalt

Constantin Schreiber

INSIDE ISLAM

Was in Deutschlands
Moscheen gepredigt wird

Unter Mitarbeit von
Hamza Jarjanazi

Econ

Econ ist ein Verlag
der Ullstein Buchverlage GmbH

ISBN: 978-3-430-20218-3

© der deutschsprachigen Ausgabe
Ullstein Buchverlage GmbH, Berlin 2017
Alle Rechte vorbehalten
Gesetzt aus der Albertina
Satz: Pinkuin Satz und Datentechnik, Berlin
Druck und Bindearbeiten: CPI books GmbH, Leck
Printed in Germany

Einleitung

Es ist eine Schwelle, die die wenigsten Deutschen überschreiten: die in eine der zahlreichen Moscheen in unserem Land. Wir wissen sehr wenig über das, was sich in diesen Moscheen wirklich abspielt, und spekulieren doch so häufig darüber – etwa dann, wenn verstörende Videos und Predigten uns aufschrecken. Beispiele dafür gibt es genug:

Im Januar 2015 geriet die Al-Nur-Moschee in Berlin-Neukölln in die Schlagzeilen, weil der ägyptische Gastprediger Scheich Abdel Moez Al-Eila dort predigte, dass Ehefrauen sich ihren Männern nie sexuell verweigern dürften, da sie sonst von Engeln verflucht würden. Frauen dürften nie ohne ihre Männer das Haus verlassen, auch keinen Beruf ausüben.

Im Juni 2016 lud ein Stuttgarter Moscheeverein den pakistanischen Prediger Raza Saqib Mustafai in die Al-Madina-Moschee ein. Zuvor hatte Mustafai öffentlich zum Judenmord aufgerufen.

Im Dezember 2016 steuerte der Tunesier Anis Amri einen LKW in den Weihnachtsmarkt an der Berliner Kaiser-Wilhelm-Gedächtniskirche. Zwölf Menschen starben, mehr als fünfzig wurden verletzt. In den Blickpunkt geriet der Moscheeverein Fussilet 33 e.V. in Berlin-Moabit. Dort soll Amri sich mit Salafisten getroffen haben.

Bedauerliche Einzelfälle, sagen Islamverbände und Interessenvertreter. Ist das so? Sind Moscheen »nur« Gebetsräume, in denen Gläubige sich an ihren Schöpfer wenden? Oder sind viele von ihnen doch Refugien antidemokratischen Gedankenguts? Nutzen manche Muslime diesen Freiraum, den ihnen unsere freiheitlich-demokratische Grundordnung bietet, um sich gegen diese zu verschwören? Um darauf Antworten zu finden, besuchte ich über acht Monate hinweg immer wieder Freitagspredigten in deutschen Moscheen.

Meine erste Freitagspredigt

Es ist Freitag, der 29. April 2016, eine turbulente Nachrichtenwoche neigt sich dem Ende zu. In Österreich gewinnt die rechtspopulistische FPÖ die erste Runde der Präsidentschaftswahlen. In Baden-Württemberg steht die erste schwarz-grüne Koalition Deutschlands, nachdem der Grünen-Politiker Winfried Kretschmann bei den Landtagswahlen einen überragenden Sieg errungen hatte. Aus der Wahl geht die Alternative für Deutschland (AfD) als neue starke Kraft im Landtag hervor. Der Zentralrat der Muslime in Deutschland weist Forderungen zurück, die Entsendung türkischer Imame nach Deutschland zu stoppen. Der Vorsitzende des Verbandes, Ayman Mazyek, bezeichnet den Vorschlag als »verfassungswidrig, von Doppelmoral durchzogen und nicht zielführend«.

Am Freitagmittag erreicht mich von meiner Redaktion noch ein Auftrag: Ich soll eine Freitagspredigt in eine Berliner Moschee besuchen. Anlass ist die – erneut erhobene – Forderung aus der Politik, Moscheen enger zu überwachen und Predigten auf Deutsch zu halten. Ich kümmere mich in der Redaktion häufig um die Themen Islam und Integration, unter anderem deshalb, weil ich gut Arabisch spreche. Ich habe viele Jahre als Reporter im Libanon und den Vereinigten Arabischen Emiraten gearbeitet und fast alle Länder des Nahen Ostens und Nordafrikas bereist. Für n-tv erfand ich 2015/16 »Marhaba«, Deutschlands erste arabischsprachige Sendung für Flüchtlinge. Wir rufen bei den Verantwortlichen der Wilmersdorfer Moschee im Westen Berlins an. Dort zeigt man sich sofort aufgeschlossen und erlaubt uns, während der Freitagspredigt zu drehen. Das ist nicht selbstverständlich, denn viele Anfragen für Kameraaufnahmen in Moscheen während eines muslimischen Gottesdienstes werden abgelehnt.

Die Wilmersdorfer Moschee besteht seit 1928. Deutschlands älteste Moschee ist mit ihren hohen Minaretten und der charakteristischen Kuppel weithin wahrnehmbar. Sie wurde, wie unschwer zu erkennen ist, nach dem Vorbild des indischen Taj Mahal erbaut. Daher sieht sie anders aus als die arabischen Moscheen, die ich von meinen Reisen in den Nahen Osten kenne. Nachdem sich die Moschee lange in einem schlechten Zustand befand, wurde sie in den 1990er Jahren unter anderem mit Geldern der Deutschen Stiftung Denkmalschutz und des Landesdenkmalamtes Berlin restauriert. Das Gelände umfasst ein Gemeindehaus und einen Garten. Zunächst betrete ich einen kleinen Vorraum, wo sich die Besucher die Schuhe ausziehen und in einen großen hölzernen Schuhschrank stellen. Durch eine Seitentür geht es in den Hauptraum. Auffällig sind die blassrote Farbgebung an den Wänden und in der Kuppel sowie die orientalischen Ornamente in einem eher zurückhaltenden, minimalistischen Stil. Der Raum wirkt nicht überladen, wie ich es von anderen Moscheen kenne, sondern durchaus elegant, stilvoll, erhaben.

Die Moschee wird von der Lahore-Ahmadiya betrieben. Die Lahore-Strömung ist die weitaus kleinere innerhalb der Ahmadiya, einer muslimischen Glaubensrichtung mit einer jungen Geschichte. Gegründet wurde die Gemeinschaft in den 1880er

Jahren im damaligen Britisch-Indien von Mirza Ghulam Ahmed. Der Glaube der Ahmadiya-Anhänger stützt sich auf Koran und Hadithe,[1] zusätzlich haben die Schriften von Ghulam Ahmed aber einen erheblichen Einfluss. Die Ahmadiya sieht sich als Teil der islamischen Glaubensgemeinschaft. Die meisten Muslime hingegen sehen in ihren Anhängern Ungläubige beziehungsweise Gotteslästerer, weil die größere Strömung, die Ahmadiya Muslim Jamaat, Mirza Ghulam Ahmed als Propheten verehrt, Mohammed nach allgemeiner muslimischer Auffassung aber der letzte Prophet war. Daher wird die Ahmadiya in muslimischen Ländern wie Afghanistan, Saudi-Arabien oder auch Pakistan benachteiligt oder gar verfolgt.

Als ich die Moschee betrete, hat die Predigt bereits begonnen. Der Imam spricht Englisch mit starkem pakistanischen Akzent, in der kleinen Halle sitzen etwa vierzig Männer auf Gebetsteppichen, ein paar Frauen warten in der hinteren linken Ecke des Raumes. Als der Imam mich und mein Kamerateam sieht, sagt er: »Ich heiße die Vertreter der Presse willkommen, und, liebe Brüder, bitte sprecht mit ihnen nach dem Gebet. Wir unterstützen Offenheit und Meinungsfreiheit.« Der Imam setzt ein überzeugendes und gewinnendes Lächeln auf. Er lächelt viel und spricht in seiner Predigt von der Barmherzigkeit und Güte Gottes.

Ich blättere, während ich der eher belanglosen Predigt zuhöre, in einigen der ausliegenden Bücher. Die meisten sind auf Englisch verfasst, ein paar deutschsprachige Flyer liegen auch aus. Darunter eine schmale Broschüre, die von einer interreligiösen Begegnungsstätte handelt. Ich greife zu einem Buch mit dem Titel *Verheißung Islam* und fange an zu blättern. Ich erschrecke von Seite zu Seite mehr. In dem Kapitel »Glaube und Politik« heißt es einleitend »Gott allein ist der Gesetzgeber«. Und weiter: »Die

Gemeinschaft gründet nicht auf eine Erklärung der Menschenrechte.« Der Koran schließe das parlamentarische demokratische System aus, jede Repräsentation sei Betrug, die Nation eine »westliche Krankheit«. Weiter fragt der Autor: »Wäre es denn nicht Zeit, den Islam zu treffen?« Dann könne man »die wahren Probleme angehen: Glaube und Politik, Königreich Gottes und Verwandlung der Welt«. Nicht nur Nation, Gesellschaft und Gemeinschaft müssten neu gedacht werden, sondern auch die Revolution. »Die islamische Revolution ist in ihrem tiefen Streben radikal anders als die westlichen Revolutionen«, da sie einen »Wechsel des Ziels der Gesellschaft selbst« beinhalte. »Wir wollen einen großen Traum träumen: den Traum, dass die großen westlichen Nationen ... Zentren zur massiven Verbreitung dessen errichten, was der Islam uns heute bringen kann.«

Der Imam erkennt, während er seine Predigt fortsetzt, das Buch, sieht, dass ich darin blättere, und schaut immer wieder, zunehmend nervös, zu mir herüber. Nach dem Gebet eilt er zu mir, lächelt und reicht mir seine rechte Hand, während er mit der linken nach dem Buch greift und zunächst sachte versucht, es mir wegzunehmen. Ich halte dagegen. Der Kameramann kommt dazu und richtet die Kamera auf ihn. Der Imam zieht nun deutlich stärker an dem Buch. Dann lässt er das Buch los, lächelt und sagt: »Ich dachte, das ist Ihr Buch. Das haben Sie mitgebracht.« Ich verneine. Daraufhin entgegnet der Imam: »Dann hat das irgendjemand hierhin gelegt.«

Kurz darauf kommt ein Moscheebesucher auf mich zu. Die Kamera ist nicht dabei. Seinen Namen nennt er nicht. Er fragt mich in gebrochenem Deutsch: »Bist du Christ?« Ich bejahe. »Ich verstehe nicht, warum sich Christen Mordwerkzeuge um den Hals hängen. Das Kreuz ist ein Mordwerkzeug. Warum tut ihr das?« Ich sage nichts, er redet weiter. »Meine Familie sagt zu mir:

›Du bist radikal, du bist Islamist!‹ Ich sage ihnen, ›ich komme in den Himmel!‹« Keiner der umstehenden Moscheebesucher sagt ein Wort. Ich weiß nicht, ob sie verstehen, was der Mann auf Deutsch sagt.

Etwas irritiert kehren wir in die Redaktion zurück. Ich hatte damit gerechnet, ein paar freundliche interreligiöse Bekundungen einfangen zu können. Als ich dann noch den Namen des Autors des Buches google, stelle ich fest: Es handelt sich um den verurteilten französischen Holocaust-Leugner Roger Garaudy.[2] Mein TV-Bericht über das Hetzbuch löste zahlreiche Zuschauerreaktionen aus. Viele waren, wie zu erwarten, sehr islamkritisch und forderten eine strengere Überwachung von deutschen Moscheen. »Wir können und dürfen nicht mehr hinnehmen, dass mitten unter uns Hass verbreitet wird in einem sogenannten Haus Gottes. Das ist unerträglich!!!«, schreibt Stefan K. dazu auf Facebook. »Das bestätigt leider meine Ängste und Erwartungen«, merkt dort Maria R. an.

Ich frage mich: Wenn mir so etwas widerfährt, während wir angemeldet mit einer TV-Kamera, klar erkennbar als Journalisten, in einer Moschee sind, worüber wird dann erst geredet, wenn wir nicht dabei sind? Was für Schriften liegen dann aus? Ich beschließe, dem auf den Grund zu gehen.

Die Moschee – der unbekannte Ort

Zuerst höre ich mich in meinem Bekannten- und Kollegenkreis um. Wer war schon einmal in einer Moschee oder sogar in einer Freitagspredigt? Klar, ich kenne viele Muslime, ob in meinem Arbeitsumfeld oder privat. Aber was ist mit den Nicht-Muslimen? Immerhin prägen Moscheen längst das Erscheinungsbild unserer Städte. Die Frage, wie sehr der Islam zu Deutschland gehört, mag offen sein. Dass Moscheen Teil unseres Landes sind, steht hingegen fest.

Einige meiner nicht-muslimischen Freunde waren bereits in Moscheen, meist allerdings im Urlaub. Ein Bekannter erzählt mir: »Ich war in Israel schon in einigen, unter anderem in der Al-Aqsa auf dem Tempelberg und in Nazareth, außerdem in der großen Moschee in Abu Dhabi. Eigentlich hatte ich immer ein touristisches Interesse. Aber ich mag den Ruf des Muezzins. Wenn es dunkel ist in einer Stadt, dann ist das eine ganz spannende und besondere Atmosphäre.« Eine Arbeitskollegin erzählt von einem Moscheebesuch während eines Türkeiurlaubs vor zwanzig Jahren. »Es war komisch, weil ich mich bei einer Bruthitze in Kopftuch und einen schwarzen langen Synthetikmantel hüllen musste. Aufgefallen ist mir damals, dass die Moschee völlig schmucklos und leer war!«

Ich frage diejenigen, die noch nie in einer Moschee waren, was ihnen einfällt, wenn sie daran denken. Einige Antworten wiederholen sich: »betende Männer in traditionellen Gewändern, keine Frauen« zum Beispiel. Oder »viele Mosaike«. Außerdem: »Totale Ernsthaftigkeit. Kein Lachen, kein Humor.« Natürlich auch »der Muezzin«. Viele meiner Bekannten haben spontan viele Fragen: Stimmt es, dass Frauen der Zutritt verboten ist? Oder: Wodurch wird ein Gebäude eigentlich zur Moschee?

Bis zu meinem Erlebnis in der Wilmersdorfer Moschee dachte ich, dass ich eigentlich ein solides Grundwissen über den Islam besitze. Aber auf manche der Fragen meiner Freunde – »Was macht einen Raum zur Moschee?« »Woher kommen die Inhalte?« – habe ich so einfach doch keine Antwort parat. Was ich aber weiß: Es gibt nicht »den« Islam, oder »die« Muslime, sondern mehrere große muslimische Glaubensrichtungen. Die mit Abstand größte Gruppe sind die Sunniten. Sie machen Schätzungen zufolge etwa neunzig Prozent aller Muslime aus. Die Schiiten, welche die zweitgrößte muslimische Gruppe ausmachen, stellen nur etwa acht Prozent. Der Islam spaltete sich in den Jahren nach Mohammeds Tod in Sunniten und Schiiten. Dabei ging es im Wesentlichen um die Frage, wer die Gemeinschaft der Gläubigen anführen solle und dürfe.

Bei den Sunniten setzte sich die Ansicht durch, dass der Anführer unabhängig von seiner Abstammung gewählt werden könne, solange er dem Stamme Mohammeds angehört. Dieser sogenannte Kalif hat die weltliche Macht über die Anhänger inne, aber keine religiöse Autorität. So wurde nach dem Tode Ali ibn Abi Talibs, des letzten der »vier rechtgeleiteten Kalifen«, Muawiya ibn Abu Sufyan zum neuen Kalifen gewählt. Die Schiiten erkannten ihn nicht an, sondern sahen in Alis unterlegenem Sohn Hussein den rechtmäßigen Anführer. Die erste große sunnitische Dynastie war die der Umayyaden, auf sie folgten die Abbasiden. Das letzte sunnitische Kalifat bestand im Osmanischen Reich und wurde von der türkischen Regierung 1924 abgeschafft. Die konservativen Strömungen des Wahabismus und Salafismus, die auch in Deutschland immer wieder Gegenstand von Debatten sind, gehören zur sunnitischen Glaubensrichtung.

Die Schiiten stellen in mehreren Staaten die Bevölkerungsmehrheit. So im Iran, wo sich mehr als neunzig Prozent der Bevölkerung zum schiitischen Glauben bekennen, Aserbaidschan und Bahrain. Außerdem gibt es große, einflussreiche Bevölkerungsanteile im Libanon, Irak und Jemen sowie in Kuwait, Syrien, den Vereinigten Arabischen Emiraten und Saudi-Arabien. Ihr Name kommt von der Schiat Ali, der Partei des bereits erwähnten vierten Kalifen Ali. Er war der Cousin und Schwiegersohn des Propheten – und damit nach schiitischer Sicht der einzig legitime Nachfolger Mohammeds.

Als eine schiitische Untergruppe werden gemeinhin die Aleviten angesehen. Die Zugehörigkeit zur Schia zeigt sich unter anderem darin, dass die Aleviten in ihrem Glaubensbekenntnis sagen: »Es gibt keinen Gott außer Gott, Mohammed ist sein Prophet und Ali ist der Freund Gottes.« Darüber hinaus beinhaltet das Alevitentum auch Elemente der islamischen Mystik, des sogenannten Sufismus, sowie vor- und außerislamische Bestandteile. Das Ziel des Menschen sei der Al-Insan-al-Kamil, was so viel bedeutet wie »Vollkommenheit«. Es wird geschätzt, dass etwa 500 000 Aleviten in Deutschland leben.

Daneben gibt es noch die Gruppe der Ibaditen. Das ist eine muslimische Gemeinschaft, die sich, ebenfalls wegen der Nachfolgestreitigkeiten in den Jahrzehnten nach Mohammeds Tod, ab dem 7. Jahrhundert im irakischen Basra formierte. Ihre Grundsätze sind die vier »Wege der Religion« (masālik ad-dīn): Hervortreten (ẓuhūr), Verteidigung (difāʿ), Selbstaufopferung (širāʾ) und Geheimhaltung (kitmān). Insgesamt gibt es etwa zwei Millionen Ibaditen. Sie stellen nur im Oman die Bevölkerungsmehrheit und verteilen sich ansonsten auf kleine Gruppen in Nordafrika.

Die Ahmadiya ist wie erwähnt eine vergleichsweise junge islamische Glaubensrichtung, die im 19. Jahrhundert im heutigen Pakistan entstand. Sie unterhält in Deutschland nach eigenen Angaben über dreißig Moscheen und mehr als siebzig Gebetszentren.

In Freiburg treffe ich Professor Abdelhakim Ourghi. Er lehrt Islamwissenschaften an der dortigen Universität. Er ist mir immer wieder in Interviews aufgefallen, daher hatte ich angefragt, ob wir uns einmal treffen können, um über all diese Fragen zu sprechen. Wir verabreden uns am Hauptbahnhof, nicht weit von der Stelle entfernt, wo im Oktober 2016 eine Freiburger Studentin mutmaßlich von einem jungen Afghanen vergewaltigt und umgebracht wurde. Abdelhakim Ourghi ist ein kleiner, runder Mann um die fünfzig. Er stammt aus Algerien, ist aber schon »ewig«, wie er sagt, in Freiburg.

Wir gehen Richtung Altstadt. Als wir an einem marokkanischen Café vorbeikommen, frage ich, ob wir uns nicht dort hinsetzen wollen. »Nein, da nicht«, sagt Ourghi. Wir kommen auch noch an dem Orientcafé Arabesque vorbei. »Ich kenne da was Besseres.« Zielstrebig führt mich Professor Ourghi in die Warsteiner Galerie hinter der Uni-Bibliothek. Wir sprechen über den Islam. Auch später, im Laufe meiner achtmonatigen Recherche, werde ich Professor Ourghi und weitere Experten um seine Analyse von Predigten bitten.

Was macht eine Moschee zur Moschee?

Moschee, Gebetsraum, islamischer Verein, »Hinterhofmoschee« – diese Begriffe begegnen mir im Laufe meiner Recherche immer wieder. Daher frage ich Abdelhakim Ourghi: »Was macht einen Raum eigentlich zur Moschee? Kirchen werden geweiht und gelten fortan als solche. Und Moscheen?« »Es finden sich weder im Koran noch in den Hadithen Vorschriften dazu. Daher muss der Raum oder das Gebäude nicht in einer besonderen Zeremonie geweiht werden. Wichtig ist die Abgrenzung vom Alltagsbetrieb durch eine Mauer oder eine Schwelle an den Eingängen, an denen sich die Moscheebesucher die Schuhe ausziehen müssen.« Von Herrn Ourghi erfahre ich noch weitere Merkmale von Moscheen.

Der Imam leitet das Freitagsgebet und steht vor den Gläubigen im Gebetsraum der Moschee. Vorne gibt es zwei besondere Raumelemente: die Gebetsnische und den Minbar. Die Gebetsnische ist in der Regel halbrund und verziert, sie zeigt zum einen die Gebetsrichtung, nämlich Richtung Mekka, an, verstärkt zum andern aber auch das Gebet des Imams akustisch. Der Minbar entspricht in etwa einer Kanzel. Von dort aus hält der Imam seine Predigt, und zwar auf der zweithöchsten Stufe stehend. Es ist nämlich überliefert, dass der Prophet Mohammed die ersten Predigten auf der höchsten Stufe stehend gehalten hat und diese daher bis heute ihm vorbehalten ist.

Frauen steht es frei, ob sie am Freitagsgebet in der Moschee teilnehmen möchten oder ein Gebet zu Hause verrichten. Es gibt keine einheitliche Regelung dazu, ob Frauen in die Moschee gehen und dort beten dürfen beziehungsweise in welchem Teil der Moschee. Manche Moscheen verweigern Frauen den Zutritt. In anderen gibt es getrennte Frauenbereiche, oder sie beten im hinteren Bereich des Gebetsraumes.

Muslime sollen fünfmal am Tag beten. Die Gebete sind über den Tag verteilt. Das erste Gebet (auf Arabisch Fakr Salat genannt) wird vor dem Sonnenaufgang verrichtet, das zweite (Zuhr Salat) zur Mittagszeit. Das dritte Gebet (Asr Salat) findet am Nachmittag statt. Das vierte Gebet (Maghrib Salat) zur Abenddämmerung und das fünfte (Isha Salat), wenn die Nacht hereingebrochen ist.

Die zum Gebet eintreffenden Moscheebesucher ziehen sich in einem Vorraum die Schuhe aus und stellen diese in die dort aufgebauten Schuhschränke. Vor dem Gebet soll sich der Gläubige waschen, weshalb es in der Nähe vom Eingang Waschräume gibt. Dann betreten die Moscheebesucher den eigentlichen Gebetsraum. Dieser ist in der Regel mit orientalischen Teppichen ausgelegt.

Das wichtigste Gebet der Woche ist das Freitagsgebet, das sich von den anderen Gebeten durch die Khutba, die Predigt, unterscheidet. Das erste Freitagsgebet hat nach der Überlieferung Prophet Mohammed bei seinem Auszug von Mekka nach Medina verrichtet. Das Gebet wird den Gläubigen durch den Koran als Pflicht vorgegeben. Im Einzelnen gibt es folgende Vorgaben für das Gebet:

◆ Bei Ankunft in der Moschee sollte der Gläubige zwei Rekat verrichten. Rekat bedeutet, dass man vom Stehen in die Verbeugung übergeht und sich anschließend niederwirft.

◆ Ist noch ausreichend Zeit bis zum eigentlichen Gebet, soll der Gläubige auch freiwillige Gebete (Nafilat) verrichten. Auch diese bestehen aus den Phasen Stehen − Verbeugung − Niederwerfen.

◆ Das Anhören der anschließend vom Imam vorgetragenen Predigt ist verpflichtend.

◆ Es folgt das gemeinsame Verrichten des Fard-Abschnitts des Freitagsgebets. »Fard« bedeutet, dass es verpflichtend ist.

Was predigt der Imam?

Woher kommen die Themen der Freitagspredigt?, frage ich den Islamexperten Abdelhakim Ourghi.

»Es hängt davon ab, wo man lebt. In muslimischen Ländern wie Saudi-Arabien, Algerien oder Marokko gibt es sogenannte Ministerien für religiöse Angelegenheiten. Die legen für jede Woche fest, welche Predigt gehalten wird, wobei die genauen Inhalte nicht festgelegt werden, sondern nur das Thema.«

Und wie ist das bei arabischen Moscheen in Deutschland?

»Keiner kontrolliert das. Jeder kocht sein eigenes Süppchen. Das häufig Einheitliche in den arabischen Moscheen ist das sogenannte Bittgebet. Da werden dann häufig Sachen gesagt wie ›Gott möge Israel vernichten‹ oder ›Gott möge uns im Kampf gegen Christen und Juden unterstützen‹, ›die Schiiten sind Ungläubige‹. Das habe ich selber hier in einer Moschee einmal gehört. Besonders in diesem Bittgebet am Schluss, in dem sich der Imam zehn Minuten an Gott wendet, kommen diese gefährlichen Inhalte. Es gibt da immer wieder eingestreute Botschaften.«

Was ist in türkischen Moscheen in Deutschland anders?

»Hier in Deutschland ist es so, dass wir in Bezug auf die DITIB wissen, dass die Themen aus Ankara kommen. Die DITIB stellt als ein Täuschungsmanöver deutsche Ausgaben der Predigten auf ihre Website, die aber nur selektiv eine Zusammenfassung darstellen.«

Hinsichtlich der türkischen Moscheen in Deutschland bestehen mehrere Dachverbände, Träger und Organisationen. Die wichtigste Organisation ist die DITIB (Türkisch-Islamische Union der Anstalt für Religion e. V.). Die DITIB untersteht dem Amt für religiöse Angelegenheiten in Ankara (Diyanet). Die Behörde beschäftigt schätzungsweise mehr als 80 000 Angestellte, darunter rund 60 000 Imame. Sie ist zuständig für rund 80 000 Moscheen in der Türkei und etwa 1800 im Ausland. Diyanet gibt die Inhalte der wöchentlichen Freitagspredigten vor und entsendet Imame ins Ausland, so auch nach Deutschland. Lange Zeit galt das Amt als relativ fortschrittlich in seiner religiösen Ausrichtung, in den vergangenen Jahren hingegen ist eine klare Umorientierung hin zu einer konservativeren Grundhaltung festzustellen.

Eine weitere einflussreiche Institution ist Milli Görüş, übersetzt »Nationale Sicht«. Die Organisation, abgekürzt IGMG, wurde vom ehemaligen türkischen Ministerpräsidenten Necmettin Erbakan in den 1970er Jahren ins Leben gerufen. Sie legt einen Schwerpunkt ihrer Tätigkeit auf Europa und treibt hier unter anderem den Moscheebau voran, unterhält aber auch Wohltätigkeitsorganisationen für die Dritte Welt und bietet Freizeitaktivitäten an, die Jugendliche an die IGMG binden sollen.

Rückkehr in die Wilmersdorfer Moschee

Nach diesen Recherchen und Gesprächen beschließe ich, noch einmal in die Wilmersdorfer Moschee zu gehen. Ich will wissen, ob mein TV-Bericht dort etwas verändert hat, ob zum Beispiel fragwürdige Bücher entfernt wurden. Außerdem möchte ich mit dem Imam sprechen: Was sagt er dazu?

Erneut schaue ich mir die angebotenen Lesematerialien an. Ein Buch in deutscher Sprache erregt meine Aufmerksamkeit. *Die neue Weltordnung* heißt es, verfasst von einem Imam der Ahmadiya, Maulana Muhammed Ali. Darin heißt es: »Der islamische Staat muss als eine Demokratie im wahrsten Sinne des Wortes betrachtet werden.«

In der weiteren Ausführung wird deutlich, dass dies kein abstraktes Statement ist, sondern Muhammed Ali ganz konkret einen islamischen Staat als Zukunftsmodell in Europa sieht. »Mit dem Gold der ganzen Welt und ihren Bomben und Bombern maßen sie [die westlichen Nationen, Anm. des Autors] sich das Recht an, sich immer weiter und weiter auszubreiten, um auf diese Weise ihren eigenen Leuten stets neue wirtschaftliche Vorteile zu sichern. … Um dieses Übel zu beseitigen, fordert der Islam, dass die Staatsautorität in die Hände von Personen gelegt werde, die vor allem anderen Gott verbunden sind.« Das Staatsoberhaupt solle auch »die gemeinsamen Gebete leiten«. Ein dem Höchsten verantwortliches Regierungssystem sei vom Islam geschaffen worden, folglich gelte, dass »die richtige Seelenhaltung in jedem Wurzel schlägt, dem ein Staatsamt anvertraut ist, darin besteht das wichtigste Erfordernis des Staatslebens«.

Weltliche Gesetze besäßen für Muslime nur eingeschränkt Geltung: »Die Pflichten der Staatsbürger gegenüber dem Staate bestehen in der Achtung vor seinem Gesetz und im Gehorsam gegenüber seinen Befehlen, solange dies nicht Ungehorsam gegenüber Gott und seinem Botschafter bedeutet. Befehle des Staates, die einen Ungehorsam gegenüber Gott in sich schließen, sollen nicht beachtet werden.« Auch hier ist eindeutig ausgedrückt: Die Scharia steht über den deutschen Gesetzen. Es folgt die klare Ansage, »Rebellion gegenüber der eingesetzten Staatsautorität« sei erlaubt, »wenn es sich um ein Verhalten offenen Unglaubens handelt«.

Dialog der Religionen? Friedliche Koexistenz? Fehlanzeige. In seinem Buch hetzt Muhammed Ali offen gegen Christen und Christentum. »Welchen Zweck hat es, eine Religionsform zu predigen, deren mangelhafte Kraft zu seelischer Entwicklung sich schon im Westen erwiesen hat? … Die christliche Kirche ist auf Gedanken aufgebaut, die mit dem natürlichen Menschenverstand unvereinbar bleiben.« Das Christentum habe in der Frage der Menschheitsvereinigung hoffnungslos versagt, während der Islam eine Weltordnung hervorgebracht habe, in der »der Westler und der Orientale, der Weiße und der Schwarze, der Arier und der Semit, der Inder und der Neger alle auf dem Boden ein und derselben Bruderschaft« stünden. »Eine echte Weltdemokratie« könne nur aus dem Islam kommen.

Auch hier konkretisiert Muhammed Ali diese abstrakte Aussage zu einer klaren Vision, wonach der »Islam imstande wäre, auch auf Europa die zwei wesentlichen ethischen Kräfte zu übertragen, welche den wahren Frieden wiederzubringen vermögen: einen lebendigen Glauben an Gott und eine Gesellschaftsordnung, die auf dem Prinzip der Einheit des Menschheitsganzen aufgebaut ist«. Solange die europäische Gesellschaft nicht im Stande sei, diese Gaben in Empfang zu nehmen, würden die Weltkatastrophen nicht enden. Europa solle »seine Krankheit nüchtern erkennen und die Arznei tapfer anwenden«. Das bedeutet schlicht den Islam annehmen.

Nun ist dies keine Predigt, die in der Ahmadiya-Moschee gehalten wurde. Aber die Moschee ist verantwortlich für das Gedankengut, das sie in ausgelegten Schriften ihren Besuchern zugänglich macht.

Expertenstimmen

Ich schicke die gefundenen Inhalte an Professor Susanne Schröter, Leiterin des Frankfurter Forschungszentrums Globaler Islam. »Die Ahmadiya ist in mancherlei Hinsicht nicht unproblematisch. In den Broschüren der Gemeinschaft ist das Missionierungsanliegen ganz offensichtlich. Auch im Hinblick auf die angestrebte Geschlechterordnung, auf das Verhältnis zwischen Männern und Frauen, das angeblich göttlich legitimiert ist, erlebt man beim Lesen der Publikationen unangenehme Überraschungen«, sagt sie mir. »Sie verfolgt eine geschickte Politik, um trotz der geringen Mitgliederzahl der Gemeinschaft maximalen Einfluss auszuüben. Wenn man Führungspersonen wie Abdullah Wagishauser oder Khola Maryam Hübsch in der öffentlichen Debatte sieht, denkt man, da gibt es kein Problem. Dabei vergisst man, dass die Scharia Teil des Programms ist. Dafür wird geworben, und die soll auch durchgesetzt werden: Schritt für Schritt, angefangen bei Verweigerungen des koedukativen Schwimmunterrichts oder der Verhüllungspflicht für Frauen und Mädchen.« Das Ziel sei, dass die ganze Welt irgendwann muslimisch werde – »das glauben die Anhänger ganz sicher, das glauben aber auch Mitglieder anderer muslimischer Organisationen!«.

Wie finanziert sich die Ahmadiya? Susanne Schröter: »Jedes Mitglied muss einen Anteil seines Gehalts abgeben. Ahmadis sind fleißige Leute. In Frankfurt sind sie sehr stark im Taxigeschäft verankert, aber es gibt auch Akademiker. Die Ahmadiya Muslim Jamaat ist straff organisiert. Wenn Sie an Veranstaltungen teilnehmen, können Sie sehen, dass es eine perfekte Organisation gibt. Zum Beispiel auf den jährlichen Großtreffen, den Jalsa Salana. Wenn Sie dort hingehen, werden Sie lückenlos betreut, da lässt Sie keiner aus den Augen.«

Über die Predigt und die Ahmadiya spreche ich auch mit Abdelhakim Ourghi. Was sagt er zu dem Buch, das ich gefunden habe? »Das Bedenkliche ist, dass der Autor ein islamisches Gesellschaftsmodell als Projekt für die Zukunft sieht«, sagt der Islam-Experte. »Unsere Staatsform der Demokratie kommt offensichtlich nicht als Regierungsform in Frage. Es ist schon ein gefährlicher Schritt, dass er diese Alternative für das westliche Europa vorschlägt.«

Ourghi weiter: »Die Ahmadiya wird von den Muslimen als eine abtrünnige Gruppe oder sogar Sekte betrachtet. Die Ahmadiya gibt sich nach außen hin immer sehr offen. Aber das ist nur eine Fassade. Dahinter stehen große Missionierungsbemühungen. Sie missionieren sehr aktiv. Nach innen sind sie sehr konservativ. Sie schreiben ihren Frauen und Mädchen zum Beispiel sogar vor, was sie zu studieren haben.« Ich frage, wer genau das vorschreibe. »Die Gemeinde«, sagt Ourghi, »die Gemeinde schreibt den Mädchen vor, welche Fächer sie studieren sollen. Sie plädieren weiterhin für die Verschleierung der Frauen. Die Ahmadiya ist nicht liberal. Die Sunniten haben das Problem, sie anzuerkennen. Das hat damit zu tun, dass das Oberhaupt der Ahmadiya als Nachfolger des Propheten gilt. Es ist für die Mehrheit der Muslime nicht vertretbar, dass diese Person in direkter Verbindung mit Gott steht, denn der Mensch kann halt nur ein Mensch sein. Außerdem sind die Muslime der Überzeugung, dass es nach Mohammed keinen weiteren Propheten gibt. Und das Ahmadiya-Oberhaupt scheint wie ein Prophet zu sein.«

Über die Broschüren und deren fragwürdige Inhalte spreche ich auch mit dem Bundesamt für Verfassungsschutz. Von den Beamten möchte ich wissen, ob diese Schriften ausreichend sind, um etwa mit V-Leuten oder im Rahmen einer Observation genauer zu untersuchen, was in der Moschee gepredigt oder verbreitet wird. Die Antwort: Man könne davon ausgehen, dass dies nicht ausreiche, weil ja nicht konkret zur Gewalt aufgerufen werde. Daher seien die Inhalte aus Sicht des Verfassungsschutzes wohl unbedenklich. Dazu äußert sich auch ein Experte, der damit nicht zitiert werden möchte: »Der Verfassungsschutz ist in einer schwierigen Situation. Wenn man es wirklich ernstnimmt, was hier in den muslimischen Milieus gedacht wird und was sich in Broschüren und Predigten niederschlägt, dann müsste man alle überwachen. Deswegen suchen sie sich diejenigen raus, die am derbsten sind.«

Das Interview mit dem Imam der Wilmersdorfer Moschee

Ich treffe den Imam der Ahmadiya-Moschee, Amir Aziz, zu einem Gespräch in seinem Gemeindehaus. Wir führen das Gespräch auf Englisch. Amir Aziz spricht etwas Deutsch, aber nicht so gut, dass es für ein differenziertes Interview ausreicht.

Worauf basiert Ihre Gemeinschaft?

»Die grundlegende Idee war, die Botschaft des Islams den Menschen im Westen zu erklären. Und mit Fehlannahmen aufzuräumen. Ganz besonders zum Beispiel mit Bezug auf den Dschihad. Damals und auch heute noch glauben die meisten muslimischen Schulen, dass man gegen die Ungläubigen in den Kampf ziehen soll. Wir sehen ja, dass es viele fundamentalistische Strömungen gibt, die sagen, es sei verpflichtend für jeden Muslim, gegen Ungläubige zu kämpfen. Wir glauben, dass der Dschihad nur eine defensive Aufgabe ist, dass wir nur kämpfen dürfen, wenn wir Ziele von Aggression sind. Ein weiterer wichtiger Punkt der Ahmadiya ist, dass wir glauben, dies ist das Zeitalter des Intellekts und des Wissens. Und daher müssen wir uns zusätzlich mit Wissen ausstatten, um unsere Religion den Menschen nahezubringen. Eine grundlegende Idee war zu missionieren. Denn es war eine Zeit, als christliche Missionare nach Indien kamen. Und sie wollten ihre Religion dort verbreiten. Und daher sagte die Ahmadiya, dann ist es jetzt Zeit, unsere Religion im Westen zu verbreiten. Es ist eine Frage der Freiheit: Sie sind frei, ihre Religion zu verbreiten, dann sind wir aber auch frei, unsere zu verbreiten.«

Wie ist die Ahmadiya organisiert?

»Diese Moschee wurde von der Lahore-Ahmadiya erbaut, einer der beiden Gruppierungen, die sich 1914 getrennt haben. Die andere ist die Jamaat al-Ahmadiya. Der Unterschied zwischen beiden Gruppierungen ist, dass wir glauben, dass der Gründer der Ahmadiya ein Reformer war. Die anderen glauben, er war ein Prophet. Wir glauben, Prophet Mohammed war der letzte Prophet. Der zweite Unterschied ist, dass wir glauben, jeder, der die Schahada³ rezitiert, ist ein Muslim. Die anderen glauben das nicht. Und wir glauben sehr viel stärker an demokratische Grundsätze, auch in Bezug auf unsere Organisation. Die andere Gruppe hat diese Grundsätze so nicht. Unsere Gruppe hatte die erste Mission im Jahr 1912 in London errichtet und dann als zweite diese hier in Berlin.«

Die Katholiken haben einen Papst. Wer ist der Anführer Ihrer Gruppe?

»Wie ich sagte, die Lahore-Ahmadiya funktioniert nach demokratischen Prinzipien. Wir haben ein Oberhaupt, das wir ›Amir‹ nennen. Er wird von den Anhängern gewählt. Außerdem haben wir einen obersten Rat mit 15 Mitgliedern. Diese werden auch von den Anhängern gewählt. Diese 15 Ratsmitglieder sind diejenigen, die die Gruppe operativ leiten. Unser Hauptsitz ist in Pakistan, in Lahore. Der sogenannte Generalsekretär ist der administrative Chef der Organisation. Dann gibt es weitere Abteilungsleiter zum Beispiel für Finanzen oder Missionierung.«

Und Sie können hier frei entscheiden, was Sie predigen?

»Ja, ich kann frei entscheiden, was ich hier in Berlin predigen möchte, aber natürlich nichts, was gegen die Ahmadiya-Politik verstößt. Wir müssen unsere Ideologie promoten.«

Was sind die Grundsätze dieser Ideologie?

»Folgende Punkte: Wir sind die Einzigen, die glauben, Prophet Mohammed war der letzte Prophet. Weiterhin glauben wir, dass jeder, der die Schahada rezitiert, zum Muslim wird. Der dritte Punkt ist, dass wir an die absolut friedliche und tolerante Natur des Islams glauben. Wir glauben daran, dass es keinen Zwang in der Religion gibt und dass jeder der Religion nachgehen kann, an die er glaubt. Und als unsere Hauptaufgabe sehen wir an, dass wir den heiligen Koran in alle Sprachen dieser Welt übersetzen wollen.«

Ich war zweimal bei Ihnen in der Moschee und bin auf Bücher aufmerksam geworden, die dort auslagen. Eines war von Muhammed Ali.

»Muhammed Ali war der Gründer unserer Gruppe, der Lahore-Ahmadiya. Und er war der Erste, der den Koran ins Englische übersetzt hat.«

In dem Buch standen Sätze wie »Rebellion gegen die Staatsautorität ist erlaubt bei einem Akt offenen Unglaubens«. Was soll das bedeuten?

»Ich glaube, Sie verstehen das falsch. Er meint genau das Gegenteil. Wir glauben nämlich, dass man nicht gegen die Staatsautorität rebellieren darf. Wir glauben, man muss die Gesetze des jeweiligen Landes respektieren. Was Muhammed Ali meint, ist, dass die meisten anderen Muslime glauben, dass es in Ordnung ist, gegen Staatsautorität bei einem Akt offenen Unglaubens zu rebellieren. Wir aber sind der Auffassung, Rebellion ist nur erlaubt, wenn unsere Grundrechte angegriffen werden. Wenn es ums Überleben geht. Aber davor haben wir noch das Gebot, wenn möglich, das Land zu verlassen.«

Wie sieht es denn mit Frauenrechten bei Ihnen aus? Manche sagen, die Ahmadiya vertrete ein sehr konservatives Frauenbild.

»Die Lahore-Ahmadiya ist die einzige Gruppe, in der Frauen absolute Freiheit genießen. Sie müssen kein Kopftuch tragen, denn das ist für uns ein Symbol arabischer Kultur und hat weniger etwas mit Religion zu tun. Das Einzige, was der Islam sagt, ist, dass, wann immer Männer und Frauen zusammen sind, sollen sich die Frauen angemessen kleiden. Und was ist angemessen? Wenn ich zur Arbeit gehe, trage ich ja auch keine Shorts. Und wenn Frauen etwa in einem Meeting sind, gemeinsam mit Männern, dann sollten sie sich angemessen kleiden und sich bedecken. Wichtig ist auch: Als unsere Gemeinschaft gegründet wurde, durften Frauen etwa noch nicht einmal in die Moschee gehen. Bis heute ist es ein Problem, dass in vielen Gegenden Frauen nicht in die Moscheen gehen dürfen. Wir waren es, die die Frauen in die Moscheen geholt haben, und sie nehmen an allen Aktivitäten teil. Sie arbeiten, und sie sollen gut ausgebildet sein. Unter den Ahmadis gibt es fast keine Analphabeten.«

Wie finanziert sich die Organisation?

»Jedes Mitglied soll monatlich spenden. Es gibt keine fixe Vorgabe, aber es sollten zehn Prozent des Einkommens sein. Aber es wird nicht eingetrieben, jeder spendet, was er kann und für richtig hält.«

Wie und warum sind Sie Imam geworden?

»Wir haben in Lahore eine Schule für Bildung und Religion, und die, die Imam werden wollen, gehen auf diese Schule. Gleichzeitig sollen diese Leute aber auch noch an der Universität studieren. Ich etwa habe meinen Master in englischer Literatur gemacht und habe als Lehrer gearbeitet. Dann bin ich später zusätzlich auf die Ahmadiya-Schule gegangen und habe auch Arabisch gelernt. In meinem Fall war es mein Vater, der wollte, dass ich Imam werde. Wir waren fünf Brüder und mein Vater sagte, ich solle mein Leben diesem Zweck widmen. Und dann habe ich meinen Job als Lehrer aufgegeben und bin Imam geworden.«

Die Aussagen des Imams und die der Experten gehen weit auseinander. Ich werde immer neugieriger und beschließe, von nun an regelmäßig Moscheen zu besuchen. Auf Anhieb fallen mir einige Moscheen ein, die ich kenne, weil ihre Minarette und Kuppeln weithin sichtbar sind, etwa die Şehitlik-Moschee in Berlin-Tempelhof oder die Imam-Ali-Moschee in Hamburg. Aber sonst? Ich googele und finde einige Moscheen. Viele der Webauftritte sind nicht besonders informativ. Ich rufe die angegebenen Telefonnummern an. Einige der Nummern stimmen nicht, Anschlüsse sind tot, oder über Monate hinweg melden sich ausschließlich Anrufbeantworter. Oft genug stellt sich die angegebene Telefonnummer als Faxnummer heraus. Ich frage mich: Woher wissen denn muslimische Zuwanderer, wo es Moscheen gibt? Ich frage einige arabische Freunde, wie sie von den Moscheen erfuhren, in die sie jetzt regelmäßig gehen. Über WhatsApp fragt ein Freund weitere Freunde, welche Moscheen sie denn empfehlen könnten. Eine der Antworten: die Moschee in der ersten Etage hinter dem Penny in Berlin-Wedding, die man von außen nicht erkennt und von der eben nur Eingeweihte wissen, dass es sie gibt.

Wie viele Moscheen und Muslime gibt es in Deutschland?

Ich dachte, das sei eine simple Frage mit einer klaren Antwort. Ganz so klar ist die Antwort aber leider nicht. Immerhin gibt es eine aktuelle, erst Ende 2016 veröffentlichte Zahl. Das Bundesamt für Migration und Flüchtlinge meldet:»In Deutschland lebten am 31. Dezember 2015 zwischen 4,4 und 4,7 Millionen Muslime.«[4] Grundlage sind Daten aus dem Zensus von 2011, der Asylgeschäftsstatistik, den Daten des Ausländerzentralregisters sowie die Studie»Muslimisches Leben in Deutschland« von 2008. Das ist zwar genauer als die Zahlen in der genannten älteren Studie – 3,8 bis 4,3 Millionen –, aber immer noch mit einer erheblichen Unsicherheit verbunden.

Auf die Frage, wie viele Muslime in Deutschland leben, lautet deshalb die Antwort: Wir wissen es nicht. Das Statistische Bundesamt erklärt mir hierzu ganz klar:»Es existieren keine wissenschaftlich belastbaren Zahlen zu Muslimen in Deutschland. In der vorletzten Volksbefragung waren die Angaben zur Religionszugehörigkeit freiwillig und haben so schlechte und unzuverlässige Ergebnisse erzielt, dass man bei der neuen Volkszählung gleich ganz darauf verzichtet hat.«

Meine zweite Frage lautet: Wie viele Moscheen gibt es in Deutschland? Eine simple Frage, und auch hierzu gibt es eine klare Antwort: Wir wissen es nicht. Nach Anfragen an die Landesinnenministerien, das Bundesinnenministerium, die Innenministerkonferenz, den Zentralverband der Muslime in Deutschland und das Statistische Bundesamt stelle ich fest: Es gibt kein Moscheeregister oder -verzeichnis. Die befragten Ministerien und Organisationen können nicht einmal annäherungsweise schätzen, wie viele Moscheen es bei uns aktuell gibt und wo sie sich befinden. Als ich beim Bundesinnenministerium anrufe und meine Frage vortrage, bittet man mich, Bescheid zu geben, wenn ich eine Zahl habe. Man würde sie gerne kennen.

Hat also der Verfassungsschutz eine Übersicht darüber, wer wo tätig ist, wo also welche Moschee sich befindet, um dann rasch erkennen zu können, dass dort verfassungsfeindliche Inhalte gepredigt werden? »Wir dürfen gar keine Listen führen«, teilt mir das Bundesamt für Verfassungsschutz auf Anfrage mit. Moscheen seien ja nicht pauschal verdächtig, daher dürften Moscheen nur bei konkreten Anhaltspunkten für extremistische Bestrebungen erfasst werden. Diese Anhaltspunkte ergeben sich aufgrund von Hinweisen aus der Bevölkerung, der Landeskriminalämter oder anderer Ermittlungsbehörden. Dann gebe es zwei Verfahrensmöglichkeiten. Zum einen ein offenes Monitoring über das Internet, um zu sehen, welche Veranstaltungen Moscheen oder Moscheevereine anbieten. Oder aber nachrichtendienstliche Vorgehensweisen, also die Observation der Moschee und den Einsatz von V-Leuten. Die Hürde zur Verwendung dieser Mittel sei jedoch ausgesprochen hoch, so müsse etwa konkret zum Heiligen Krieg, dem Dschihad, aufgerufen worden sein.

Wiederholt werde ich auf eine Website verwiesen, die man von staatlicher Seite für die Recherche von Moscheen nutze: moscheesuche.de. Dort kann der Interessierte Städte auswählen und sich die dort registrierten Moscheen mit Adresse anzeigen lassen. Die Seite führt (Stand 13. Februar 2017) 180 Minarette und 2284 Moscheen in Deutschland. Ein Blick ins Impressum offenbart, dass die Seite von einer Privatperson, Max K., aus Köln betrieben wird. Auf der Seite heißt es unter den Hinweisen zur Eintragung einer neuen Moschee: »Orte der Ahmadiya Kafir Jamaat mit ihrem ›Lügen-Messias‹ werden inshaAllah sofort gelöscht. Auch andere Orte der Rafidah-Schiiten[,] welche alle bis auf wenige der Sahaba und auch die Sunniten insgesamt als Ungläubige bezeichnen[,] werden inshaAllah sofort gelöscht. Das System verfügt über eine automatische Adresserkennung und wird bei einem Eintrag die Redaktion verständigen.« Mit »Ahmadiya Kafir Jamaat« zielt der Betreiber der Seite auf die bereits erklärte Ahmadiya Muslim Jamaat. Mit den Rafidah-Schiiten sind in diesem Fall offenbar allgemein die Schiiten gemeint. Rafidah ist ein arabischer Ausdruck, der in etwa »Ablehner« bedeutet.

Deutsche Behörden stützen sich also auf Listen, die eine Privatperson führt, die ganz offensichtlich von einer bestimmten ideologischen Grundhaltung geprägt ist. Da das Register zudem darauf beruht, dass nach freiwilliger Meldung Einträge erfolgen, darf bezweifelt werden, dass Moscheen, die unerkannt bleiben wollen, sich dort eintragen lassen. Eine zumindest annähernde Vollständigkeit ist daher unwahrscheinlich.

Ein Indiz für die mangelnde Zuverlässigkeit der Liste ist der Fall der Al-Rahman-Moschee in Berlin-Wedding. Die Moschee wurde über lange Zeit wegen salafistischer Prediger vom Verfassungsschutz beobachtet. Als ich im Dezember 2016 zur benachbarten Furqan-Moschee gehe, sagen mir Anwohner, die Al-Rahman-Moschee sei seit langer Zeit geschlossen. Dafür hatte ein paar Meter weiter die Furqan-Moschee eröffnet. Weder war die Al-Rahman-Moschee zu dem Zeitpunkt in der Liste als geschlossen gemeldet, noch war die Furqan-Moschee eingetragen. Auf meine Nachfrage beim Berliner Innensenat bekomme ich keine erklärende Antwort. Weder die Schließung noch die Eröffnung der neuen Moscheen waren bekannt.

Zum Vergleich: Die Kirchen in Deutschland führen eine genaue und öffentliche Auflistung über den Bestand ihrer Gebäude. Die evangelische Kirche zählt 14 800 Gemeinden, die katholische Kirche ungefähr 11 500 Gemeinden. Dass es eine derartige Auflistung gibt, ist natürlich der zentralen Organisation der Kirchen geschuldet. Eine ansatzweise vergleichbare zentrale Organisation oder Zusammenarbeit der muslimischen Verbände gibt es nicht. Im Gegenteil: In Deutschland existiert eine Vielzahl unterschiedlicher Organisationen, die in ihrer Gesamtheit aber nur einen Teil der bei uns lebenden Muslime vertreten, die vier größten höchstens zwanzig Prozent von ihnen.[5]

Was ich mich als Nächstes frage: Kann man überhaupt ermitteln, wie viele Moscheen es in Deutschland gibt? Die Antwort kommt schnell: nein. Es bestünde grundsätzlich die Möglichkeit, in allen Vereinsregistern Deutschlands nachzuschauen und die Zahl der angemeldeten Moscheevereine zu zählen. Aber auch diese Register erfassen nicht abschließend alle Moscheen in Deutschland, vor allem nicht die, die gar nicht angemeldet sind. Nun ließe sich natürlich anführen, dass solche informellen Gebetsplätze auch bei christlichen Glaubensgemeinschaften nicht aufgeführt werden. Ich vermute an dieser Stelle jedoch einfach einmal, dass die Zahl der »Hinterhofkirchen« in Deutschland irrelevant sein dürfte im Vergleich zu inoffiziellen muslimischen Gebetsräumen.

Die Zahlen, die öffentlich kursieren, stammen zumeist aus einer Studie aus dem Jahr 2012. Das Bundesamt für Migration und Flüchtlinge kommt darin zu dem Schluss, dass es damals 2342 islamische Gemeinden mit Gebetsräumlichkeiten in Deutschland gegeben habe. Diese Angaben wurden unter anderem auch von der Deutschen Islamkonferenz übernommen,[6] die diese Zahl als gesichert – »gibt es« – darstellt.

Wie zuverlässig können diese Daten sein? Als ich bei den Autoren der Studie nachfrage, wird mir erklärt: Für die Studie suchten die Autoren die Adressen und Kontaktdaten von bekannten muslimischen Organisationen zusammen und versuchten, diese telefonisch zu befragen. Lehnten die Organisationen das Gespräch ab, wurden die entsprechenden Moscheen nicht mitgezählt. Den Autoren sei dabei klar gewesen, dass dies natürlich insbesondere dann geschehe, wenn Moscheen und Gemeinden unerkannt bleiben wollten, weil sie verfassungsfeindliche Absichten verfolgen. Außerdem wurden die Kommunen in Deutschland angeschrieben und dazu aufgerufen, muslimische Gemeinden anzugeben. Viele Kommunen hätten nicht geantwortet oder angegeben, dass sie nicht wüssten, wie viele Gemeinden und Moscheen es bei ihnen gibt.

Ich mache eine Stichprobe und frage bei der Stadt Hannover an, ob mir die Stadtverwaltung die Zahl der Moscheen nennen könne. Am 19. Mai 2016 bekomme ich folgende E-Mail: »Unseres Wissens gibt es in Hannover 18 Moscheen.« Ich möchte wissen, wie diese Zahl ermittelt wurde. Vier Tage später erhalte ich diese Antwort: »Es gibt 26 muslimische Räume, die man als Moscheen bezeichnen könnte, wobei zwei nicht wirklich als öffentliche Gebetsstätten anzusehen sind, sondern als Vereinseinrichtungen mit angeschlossenem Gebetsraum für die Mitglieder. Im Ergebnis gibt es 24 Moscheen in Hannover. Außerdem gibt es zwei alevitische Vereine, die keine Moscheen unterhalten, sondern Kulturtreffpunkte. Wir zählen sie aber zu den muslimischen Organisationen. Nachdem es ja zunächst nur um die Anzahl ging – teilen Sie mir bitte noch einmal genauer mit, wofür Sie die Liste verwenden wollen? Wir möchten nicht, dass die Einrichtungen unter einen Generalverdacht gestellt werden.« Ich erhalte also in zwei Mails drei Zahlen – 18, 26 und 24 Moscheen – mit einer Schwankungsbreite von rund 25 Prozent.

Studentische Gebetsrunden, die in vielen Universitätsstädten zu finden sind, wurden überwiegend nicht erfasst. Aus all dem folgt, dass die angegebenen Zahlen wohl das Minimum dessen wiedergeben, was man an Moscheen vermuten kann. Die Zahl von 2342 Gemeinden und Gebetsräumen in Deutschland ist nicht mehr als ein Schuss ins Blaue – und inzwischen wahrscheinlich ohnehin restlos überholt, weil sich die Zahl seit der Studie im Jahr 2012 weiter nach oben entwickelt haben dürfte. »Es gibt keine andere Lösung, als Schätzungen zu machen«, bestätigt mir eine der Autorinnen der Studie.

Meine Moschee-Reise

Wann immer ein Beispiel für eine Hetzpredigt in deutschen Moscheen öffentlich Schlagzeilen macht, stört es mich, dass wir über diesen einzelnen, gerade aktuellen Fall sprechen – ohne aber damit zu verstehen, wie sich der Durchschnitt der muslimischen Predigten in Deutschland darstellt. Wird in allen Predigten hier und da gehetzt? Stehen diese erschreckenden Beispiele für eine bestimmte Grundhaltung in den Predigten, oder tun wir den meisten Moscheegemeinden Unrecht, wenn wir so verallgemeinern?

Über acht Monate hinweg gehe ich also regelmäßig in Moscheen, um die Predigten, die auf Arabisch oder Türkisch gehalten werden, zu hören. Die 13 Moscheen, die ich besuche, wähle ich willkürlich aus. Berlin, Hamburg, auch Karlsruhe. Ich gehe in die, die ich von außen erkenne, von der mir Freunde erzählen oder die ich einfach google. Jeden Moscheebesuch und jede Predigt werde ich im Folgenden kurz in die Schlagzeilen der jeweiligen Woche einordnen, um festzustellen, ob in den Predigten Bezug auf aktuelle Ereignisse genommen wird. Die Predigten stehen im Zentrum meines Interesses und meiner Überlegungen. Aber natürlich geht meine Betrachtung der Moscheen in Deutschland darüber hinaus: Wie erlebe ich meine Besuche? Wie stellen sich die Moscheen dar? Wen treffe ich an, und wie nimmt man mich auf?

Mir ist bewusst, dass ich kaum die vielen Stimmen der Muslime in Deutschland erfassen kann, sondern nur eine Stichprobe erhalte aus den tausenden Predigten, die Freitag für Freitag gehalten werden. Repräsentativ kann meine Untersuchung also nicht sein, aber einige Tendenzen feststellen, die sich mit einiger Wahrscheinlichkeit auf andere Moscheen übertragen lassen, gewiss aber nicht auf alle. So sei nur erwähnt, dass eine zahlenmäßig starke Gruppe wie die Aleviten gar keine Berücksichtigung findet.

Die Predigten werden im Folgenden vollständig übersetzt wiedergegeben. Ich habe keine Auswahl an Predigten getroffen – alle, die ich gehört habe, sind in diesem Buch aufgeführt. Die Frage der Predigtübersetzung gestaltete sich schwierig. Zwar spreche ich Arabisch, aber einerseits sind die Predigten in einem häufig sehr komplizierten Arabisch gehalten, andererseits wollte ich, um auf größtmögliche Unabhängigkeit bei der Übersetzung verweisen zu können, einen zertifizierten Übersetzer beauftragen. Ich kontaktierte eines der renommiertesten Übersetzungsbüros in Deutschland. Man bittet mich, eine der verschrifteten Predigten zur Ansicht zuzusenden, um den Aufwand abschätzen zu können. Ich bekomme eine Absage. Die Texte würden außerhalb des »normalen Arbeitsfeldes« der Übersetzer liegen, keiner traue es sich zu, diese »Art von Texten« richtig zu übersetzen. Man rät mir, im Umfeld einer Moschee nach einem Übersetzer zu suchen. Auch für die türkischen Predigten gestaltet sich die Suche nach einem Übersetzer schwierig.

Allein die Tatsache, dass ich mich für dieses Thema interessiere, bringt mir bei allen Anfragen den direkten Vorwurf ein, ich wolle doch nur »Islambashing« betreiben. Durch Freunde finde ich schließlich zwei hervorragende zertifizierte Übersetzer, die mir außerdem helfen, meine Fragen zu beantworten.

Nachdem ich die ersten arabischen Predigten besucht habe und auch die ersten türkischen Predigten übersetzt sind, stelle ich schnell fest: Die sprachliche Übersetzung ist das eine. Aber um wirklich zu erfassen, worum es in den Predigten geht, welche Botschaft bei den Moscheebesuchern ankommt, braucht es eine zweite, eine inhaltliche Übersetzung. Ich überlege mir, wie die Predigten inhaltlich zu decodieren sind, ohne dass ich mich dem Vorwurf einer tendenziösen Betrachtungsweise aussetze. Daher entscheide ich mich, mit verschiedenen Islamwissenschaftlern, aber auch mit Imamen die Inhalte zu besprechen unter der Fragestellung: Was nehmen Menschen mit, die diese Predigten hören?

Auch hier gestaltet sich die Suche nach Interviewpartnern ausgesprochen schwierig. Über Monate hinweg richte ich Anfragen an islamwissenschaftliche Fakultäten, mit denen wir häufig als Redaktion Interviews geführt hatten. Eine Universität vertröstet mich über Monate hinweg, man suche noch nach dem richtigen Ansprechpartner. Am 16. Dezember, drei Monate nach meiner ersten Anfrage, schreibt mir die Professorin der Islamwissenschaften, dass es nun zeitlich zu knapp sei für ein Gespräch. Als ich erwidere, dass ich notfalls auch noch Anfang Januar als Ausweichtermin anbieten könne, erhalte ich keine Antwort mehr. Mehrere weitere Universitätsprofessoren sagen mir, ich solle ihnen die Predigten zuschicken, was ich auch tue. Danach erhalte ich auch auf Nachfragen keine Antworten mehr. Das ist eine interessante Erfahrung, denn Islamwissenschaftler und Islam-Experten bieten sich Redaktionen sonst sehr bereitwillig als Interviewpartner zu aktuellen politischen Themen an. Umso überraschter bin ich über das Desinteresse, wenn es um die inhaltliche wissenschaftliche Einordnung und Kontextualisierung der von mir wiedergegebenen Predigten geht. Zahlreiche Experten gehen mir nach meinen Anfragen aus dem Weg, lassen Anrufe und E-Mails konsequent unbeantwortet. Ist es zu aufwändig, sich mit den teils langen Texten auseinanderzusetzen? Ist es zu sensibel, zu heikel?

Ein Islamwissenschaftler rät mir indirekt, das Projekt fallenzulassen: »Ihre Ausgangstexte, die Predigten, sind hochkomplexe intertextuelle Gebilde, die ein dichtes Netz von Bezügen zu anderen Texten (aus Koran, Hadith, Recht, Literatur) sowie zu aktuellen Ideologien und Ereignissen aufweisen. ... Es kann passieren, dass die Gräben sich dadurch weiter vertiefen, weil selbst liberale und tolerante Leser die Texte einfach extrem unverständlich und fremdartig und ›krude‹ finden. ... Dazu kommt, dass Sie wiedergeben, was in der Moschee gepredigt wird – also rein normativ von einem Prediger. Viele Muslime gehen auch nicht in die Moscheen, weil ihnen die Imame in Deutschland i.A. zu konservativ sind.« Ich antworte, dass ich es schwierig fände, sich einer Art Selbstzensur zu unterwerfen, weil die Predigten, die ich in den Moscheen höre, »zu konservativ« seien und »Gräben vertiefen« könnten.

In den acht Monaten, in denen ich Moscheen in Deutschland besuche, passiert viel. Die Briten entscheiden sich für den Brexit und gegen Europa, Teile des türkischen Militärs putschen gegen Präsident Erdoğan, Terror in Ansbach, Würzburg und Berlin. Ich gehe während des Ramadans in die Moschee, aber auch in der Woche vor Weihnachten. Donald Trump wird zum Präsidenten der Vereinigten Staaten von Amerika gewählt. Am vorletzten Tag des Jahres 2016 höre ich, wie der Imam auf das vergangene Jahr zurückblickt. Ich höre auch, welche Rolle der Terroranschlag von Nizza und der Krieg in Syrien spielen. Das habe ich in Deutschlands Moscheen gehört und gesehen:

Die Freitagspredigten

**»Ich habe gerade den Obstgarten für einen
Obstgarten im Paradies verkauft«**

Ort ◆ Umar-ibn-al-Khattab-Moschee Berlin
Glaubensrichtung ◆ sunnitisch
Sprache ◆ Arabisch
Datum ◆ 24. Juni 2016
Thema ◆ die Armensteuer

Die Woche

Europa wird von einem politischen Erdbeben erschüttert: Die
Briten stimmen für den Brexit, den Ausstieg aus der Europäischen Union. Das Ergebnis des Referendums stürzt die EU in die
bisher größte Krise seit ihrer Gründung. Medien und Politik ma-
len Szenarien, nach denen nach dem Brexit der Frexit, Italexit
oder der Austritt der Niederlande aus der Europäischen Union
folgen könnten. Rechtspopulisten wie Marine Le Pen (Frankreich) und Geert Wilders (Niederlande) verkünden, im Falle
eines Wahlsieges ebenfalls EU-Austritts-Referenden abhalten
zu wollen.

In Rom und Turin ziehen Kandidaten der Protestbewegung
»Fünf Sterne« in die Rathäuser ein. Die italienische Hauptstadt
wird fortan von der Rechtsanwältin Virginia Raggi regiert.

Das Flüchtlingshilfswerk der Vereinten Nationen (UNHCR) gibt erschütternde Zahlen heraus: 65,3 Millionen Menschen sind weltweit auf der Flucht – mehr als jemals zuvor.

Die Moschee

Die Umar-ibn-al-Khattab-Moschee wurde 2010 eröffnet. Sie liegt in Berlin-Kreuzberg an einer prominenten Kreuzung. Viele Berliner kennen die Moschee, denn die Kuppel und die Minarette sind von der U-Bahn-Linie 1 aus gut zu erkennen, die auf einem Hochgleis an dem Gebäude vorbeiführt. Umar ibn al-Khattab war der zweite Kalif des Islams und damit einer der sogenannten rechtgeleiteten Kalifen. Er war ursprünglich ein Feind der jungen muslimischen Bewegung, wurde schließlich aber bekehrt und unternahm umfangreiche Eroberungsfeldzüge, unter anderem nach Ägypten und Syrien. 644 n. Chr. wurde er ermordet. Träger ist der »Islamische Verein für wohltätige Projekte« und damit die vom mystischen Sufismus beeinflusste, ursprünglich im Libanon beheimatete Al-Habasch-Bewegung.

Die Moschee nimmt eine komplette Straßenecke ein. Im Erdgeschoss gibt es einen Bio-Schnellimbiss – nicht billig, sondern edel. Daneben ein Reisebüro, das Flüge in alle erdenklichen türkischen Provinzhauptstädte anbietet. Durch eine Glasschiebetür betrete ich die Moschee. Ich staune. Die Einrichtung im Foyer ist sehr edel: feine Hölzer, aufwändige Verzierungen, Kristalllüster. Gegenüber der Eingangstür öffnet sich eine Flügeltür. In dem Gebetsraum ist Platz für etwa tausend Gläubige.

Es ist meine erste Freitagspredigt für dieses Buch. Ich habe ein komisches Gefühl. Zuvor war ich schon sehr häufig in Moscheen – in Kairo, in Beirut, in Dubai, aber auch in Deutschland.

Aber eben noch nie zu einer Freitagspredigt. Es herrscht eine andere Stimmung als zum Beispiel an einem Tag der offenen Moschee. Ich wusste ja, wie das muslimische Freitagsgebet abläuft. Aber als ich dann im Gebetsraum sitze und sich alle zum Gebet erheben, frage ich mich: Mache ich jetzt mit? Werfe ich mich zu Boden und berühre mit der Stirn den Gebetsteppich? Versuche ich, nicht aufzufallen? Und stelle fest: Das möchte ich nicht. Ich möchte mich nicht verstellen. Das führt zu einer eigenartigen Situation: Ich stehe genau in der Mitte des Raumes mit mehreren hundert Gläubigen, die sich plötzlich auf den Boden knien – nur ich bleibe stehen und ernte verwunderte, fragende Blicke. Ich überlege: Ist es leichter, in einer Kirche »unerkannt« zu bleiben? Sicher, wir Christen haben auch feststehende Abläufe im Gottesdienst, sprechen gemeinsam das Vaterunser, folgen der Liturgie. Aber in diesem Moment in der Moschee, als sich hunderte gleichzeitig niederknien, um ihre Ergebenheit gegenüber Gott zu bezeugen, entsteht eine besonders starke Gruppendynamik. Sich dem zu entziehen, wie ich es tue, ist nicht vorgesehen.

Die Predigt

Friede sei mit euch und Gottes Gnade und Segen.

Lob sei Gott, wir danken Ihm und erhöhen Ihn und bitten Ihn um Vergebung. Vor den Übeln unseres Selbst und unseren schlechten Taten nehmen wir Zuflucht bei Gott. Wen auch immer Gott rechtleitet, den kann niemand irreführen, und wen auch immer Gott irreführt, den kann niemand rechtleiten. Ich bezeuge, dass es keinen Gott gibt außer Gott in Seiner Einzigkeit und dass Er keinen Teilhaber noch Ihm Gleichartigen hat, und keine Stelle und keinen Ort und kein Wo und keinen Platz und kein Wie und keine Glieder und keinen Körper und keine Gestalt. Er war schon da, als es noch keinen Ort gab, und Er ist jetzt noch, was Er gewesen ist. Und ich bezeuge, dass unser Herr und Erhabener und Anführer und Augapfel Muhammad[7] Sein Diener und Gesandter ist, Sein Auserwählter und Liebling, der die Botschaft überbracht und die ihm übertragene Aufgabe erfüllt und die Umma[8] gut beraten hat.

Gottes Segen sei auf unserem Herrn Muhammad und seiner Sippe und allen Gesandten, die Er gesandt hat. Gott segne Dich und schenke Dir Heil, mein Herr, Gesandter Gottes. Gott segne Dich und schenke Dir Heil, mein Herr, Abu Zahra [Anrede Muhammads als Vater der Fatima], Abu l-Qasim [Beiname Muhammads], Muhammad.

Wir wissen keinen Ausweg und bitten Dich um Hilfe, hilf uns, Gesandter Gottes, so Gott will. Und weiter: Diener Gottes, ich rate euch und mir, Gott den Erhabenen zu fürchten.

Es sagt unser Gott, gesegnet und erhaben sei Er: »*Ihnen wurde nichts anderes befohlen, als Gott zu verehren, rechtgläubig, im Glauben ihm allein sich anvertrauend, das Gebet zu verrichten und die Armensteuer zu entrichten. Das ist die Religion, die Bestand hat.*« [98:5][9]

Und der Gesandte Gottes, Gott segne ihn und schenke ihm Heil, sagt, wie von Muslim[10] überliefert: »Es gibt niemanden, der Gold oder Silber besitzt und dessen Anteil [in Form der Armensteuer Zakāt] nicht entrichtet, ohne dass ihm am Tag der Auferstehung Platten aus Feuer angefacht werden, die im Höllenfeuer erhitzt werden. Dann werden seine Seite, seine Stirn und sein Rücken mit ihnen gebrandmarkt. All dies wird an einem Tag geschehen, dessen Ausmaß fünfzigtausend Jahre beträgt, bis zwischen den Dienern [den Menschen] gerichtet wird und er [der Mensch] sieht, welchen Weg er nehmen muss: entweder zum Paradies oder zur Hölle.‹

Da wurde ihm gesagt: ›Gesandter Gottes, und was ist der Fall mit den Kamelen?‹ Er sagte: ›Es gibt niemanden, der Kamele besitzt und deren Anteil […] nicht entrichtet, ohne dass vor ihnen am Tag der Auferstehung eine sanfte Ebene ausgebreitet wird. Und es wird nicht ein einziges junges Kamel fehlen, und sie werden ihn mit ihren Hufen niedertreten und mit ihren Mäulern beißen. Sooft das erste von ihnen an ihm vorbeigegangen ist, wird das letzte wieder zu ihm geführt. All dies wird an einem Tag geschehen, dessen Ausmaß fünfzigtausend Jahre beträgt, bis zwischen den Dienern [den Menschen] gerichtet wird und er [der Mensch] sieht, welchen Weg er nehmen muss, entweder zum Paradies oder zur Hölle.‹

Es wurde dann gesagt: ›Gesandter Gottes, was ist denn der Fall mit Rindern und Schafen?‹ Da sagte er: ›Es gibt niemanden, der Rinder oder Schafe besitzt und deren Anteil nicht entrichtet, ohne dass vor ihnen am Tag der Auferstehung eine sanfte Ebene ausgebreitet wird. Und es wird von ihnen keines fehlen, das nicht ein krummes Horn, kein Horn oder ein gespaltenes Horn hat. Sie werden ihn mit ihren Hörnern stoßen und mit ihren Hufen niedertreten. Jedes Mal, wenn das erste von ihnen an ihm vorbeigegangen ist, wird das letzte wieder zu ihm kommen. All dies wird an einem Tag geschehen, dessen Ausmaß fünfzigtausend Jahre beträgt, bis zwischen den Dienern [den Menschen] gerichtet wird und er [der Mensch] sieht, welchen Weg er nehmen muss, entweder zum Paradies oder zur Hölle.‹«

Dieser Hadith, meine Lieben, enthält eine deutliche Mahnung für jene, welche die Armensteuer zu entrichten hatten und dies nicht getan haben. Die Armensteuer ist eine der größten

Pflichten des Islams, die der Gesandte Gottes, Gott segne ihn und schenke ihm Heil, im Gabriel-Hadith[11] genannt hat: Islam heißt, zu bezeugen, dass es keinen Gott gibt außer Gott und dass Muhammad sein Prophet ist, das Gebet zu verrichten, die Armensteuer zu entrichten, im Ramadan zu fasten und zum Haus [Gottes, also nach Mekka] zu pilgern. Die Armensteuer wurde den Besitzern von Vermögen, auf die Armensteuer fällig wird, von Gott, gesegnet und erhaben sei Er, auferlegt.

Wer die Armensteuer nicht entrichtet hat, aber von seiner Verpflichtung dazu überzeugt ist, [und] sagt, es ist eine Pflicht, die mir auferlegt wurde, aber sie aus Geiz nicht entrichtet hat, ist zwar nicht ungläubig [oder: lästert nicht Gott], hat aber gegen Gott, gesegnet und erhaben sei Er, eine große Sünde begangen. Er verdient es, dafür im Feuer der Hölle gemartert zu werden. Jenem Feuer, von dem es heißt, dass das irdene Feuer nur ein Siebzigstel des Feuers im Jenseits sei. Jenem Feuer, von dem es heißt, dass es tausend Jahre lang angefacht wurde, bis es rot wurde, dann noch einmal tausend Jahre, bis es weiß wurde, und dann noch einmal tausend Jahre, bis es schwarz wurde, ein finsteres Schwarz. Möge Gott, gesegnet und erhaben sei Er, uns vor ihm schützen und vor der Bestrafung im Grab.[12] Die Armensteuer, meine Lieben, ist eine Notwendigkeit, die Gott der Erhabene jenen auferlegt hat, für die sie obligatorisch ist. Sie wird auf spezifische Arten von Vermögen erhoben.

Nicht auf alles wird Armensteuer erhoben. Sie wird fällig auf Kamele, Rinder und Schafe, nicht auf anderes Vieh, das [nicht] zum Zwecke des Handeltreibens gehalten wird. Nicht auf Esel und nicht auf Pferde wird Armensteuer erhoben, außer es wird damit Handel getrieben. Außerdem wird Armensteuer fällig auf Datteln, Oliven und Feldfrüchte, welche die Menschen als Nahrung zu sich nehmen, wie Weizen, Hafer, Linsen, Mais und

Kichererbsen. Ebenso fällt die Armensteuer an auf Gold und Silber. Wer Besitzer eines Mindestvermögens [niṣāb] an Gold ist, was etwa 85 Gramm reinen Goldes entspricht, und wer Besitzer eines Mindestvermögens an Silber ist, was etwa 600 Gramm reinen Silbers entspricht, und dieses Gold und dieses Silber ein Jahr lang in Besitz hat, so muss der Besitzer dieses Goldes und dieses Silbers die darauf anfallende Armensteuer entrichten, die sich auf ein Viertel des Zehntels beläuft, also 2,5 Prozent, und er muss dem nachkommen. Wenn du Papierwährung besitzt und dieses Geld den Wert von etwa 600 Gramm reinen Silbers hat und dieses Geld, dieser Betrag, den du hast, genau ein volles Mondjahr[13] in deinem Besitz ist, so musst du auch darauf Armensteuer zahlen, ein Viertel des Zehntels, also 2,5 Prozent.

Auch im Handel ist die Armensteuer zu entrichten, wenn das Mindestvermögen erreicht wird und wenn es bei der Handelstätigkeit um den auf Gewinn ausgelegten Umtausch von Vermögenswerten geht. So ist am Ende des Mondjahres, am Ende des Jahres der Wert der Ware, die sich in deinem Besitz befindet, und der Wert des Vermögens, das du aus diesem Handel generiert hast und das du für die Handelstätigkeit nutzen willst, zu betrachten, der Wert von all diesem. Auf das Handelsvermögen ist ein Viertel des Zehntels an Armensteuer zu entrichten.

Dann gibt es noch eine Art von Armensteuer, die Armensteuer der Körper [Zakāt al-Badan] oder die Armensteuer des Fastenbrechens [Zakāt al-Fitr], deren Entrichtung in einen Teil des Monats Ramadan und einen Teil des Monats Shawwal fällt. Ab dem Zeitpunkt, an dem am letzten Tag des Ramadans die Sonne untergeht, muss die Armensteuer entrichtet werden, für sich selbst und für die, denen sie obliegt, wenn sie Muslime sind, wie die Ehefrau, die betagten Eltern und auch die kleinen Kinder. Dafür gibt es Bestimmungen.

Wir haben draußen eine Kiste und [für die Entrichtung der Armensteuer des Fastenbrechens] den Wert von fünf Euro festgelegt, der gesteigert werden kann. Wer die Armensteuer des Fastenbrechens entrichtet, kann diese fünf Euro überschreiten und kann damit für Gott, gesegnet und erhaben sei Er, spenden.

Das sind die Dinge, auf die die Armensteuer erhoben wird, meine Lieben.

Der Zeitraum, für den die Armensteuer zu entrichten ist, muss nicht zwangsläufig der Ramadan sein. Vielmehr wird jedes Vermögen für sich berechnet. Bei Gold und Silber ist die Bedingung, wie gesagt, das Verstreichen eines ganzen Mondjahres, eines arabischen Hidschra-Jahres, von dem eines vollständig verstreichen muss. Das muss aber nicht unbedingt im Ramadan [9. Monat des islamischen Mondjahres] sein. Wenn jemand seit dem Monat Raǧab [7. Monat des islamischen Mondjahres] des vergangenen Jahres ein Mindestvermögen an Gold besitzt, so muss er die Armensteuer [nach Jahresfrist] entrichten und darf nicht sagen, ich warte, bis der Ramadan kommt, um die Armensteuer zu entrichten. Die verspätete Zahlung der Armensteuer ist eine unentschuldbare, schwere Sünde und ein großes Verbrechen.

Bei Gütern, für die das Verstreichen der Jahresfrist keine Bedingung dafür ist, dass die Armensteuer fällig wird, wie Datteln und Oliven beispielsweise, wird die Armensteuer mit Erreichen des richtigen Zustands [des Reifezustands] fällig. Das Verstreichen eines Jahres ist also nicht die Voraussetzung für die Entrichtung der Armensteuer auf Datteln, Oliven und auch auf Feldfrüchte.

Wir müssen darauf achtgeben, Brüder, dass wir das, was Gott, gesegnet und erhaben sei Er, uns von unserem Vermögen zu entrichten auferlegt hat, auch entrichten. Darüber hinaus müssen wir darauf achten, wie legitim der Inhalt von Rechtsgutachten ist, die einige Menschen zu dem, was Gott der Allmächtige offenbart hat, erstellen. Sie wollen damit den Menschen ungerechtfertigt Vermögen wegnehmen, diejenigen, die für das Eintreiben des als Armensteuer geleisteten Vermögens zuständig sind. Sie sagen, dass dem Muslim auferlegt wurde, die Armensteuer auf sein Haus zu zahlen, das er den Leuten vermietet, oder auf das Fahrzeug, das er vermietet, oder sie sagen, er muss die Armensteuer auf sein Ladengeschäft entrichten, das er vermietet. Das ist nicht das von Gott, gesegnet und erhaben sei Er, offenbarte Gesetz. Die Armensteuer ist fällig auf die genannten Vermögen. Sie wollen damit den Menschen das Vermögen wegnehmen. Sie sagen, wenn du ein Haus hast, dann musst du auf dieses Haus die Armensteuer entrichten, und wenn du einen Betrieb hast, dann musst du die Armensteuer auf die Maschinen des Betriebs entrichten, und auch wenn du einen Laden hast, dann sagen sie, du musst die Armensteuer auf dieses Geschäft entrichten. Dies ist nicht im von Gott offenbarten Gesetz, und wer die Armensteuer darauf entrichtet in der Absicht, dass dies Armensteuer sei, der hat zur Pflicht gemacht, was in Gottes Offenbarung keine Pflicht ist, und eine Missetat begangen. Wie gesagt, wird die Armensteuer auf Waren, auf Handelswaren, auf das aus dieser Handelstätigkeit generierte Vermögen fällig. Wenn eine Person jedoch für Gott, den Erhabenen, im Ramadan spenden möchte, weil Ramadan der Monat der Wohltätigkeit und Aufwendung ist, dann sagen wir ihm, er gebe für Gott Almosen, aber nicht in der Absicht, eine Pflicht zu erfüllen, nicht, weil es Pflicht ist, denn die Armensteuer wird fällig auf die genannten Vermögen.

Darüber hinaus, meine Lieben, müsst ihr wissen, wem ihr eure Armensteuer gebt, denn möglicherweise gibt man seine Armensteuer einem Menschen und denkt, man hat seine Pflicht und Schuldigkeit getan. Wenn dann der Tag des Jüngsten Gerichts kommt, und man ist die Armensteuer noch immer schuldig, weil man sie nicht demjenigen entrichtet hat, der einer der Personengruppen angehört, denen man sie zu entrichten verpflichtet ist. Diese sind im Buch Gottes, gesegnet und erhaben sei Er, genannt: *»Die Almosen sind bestimmt für Arme und Bedürftige und die sich um sie kümmern* [d. h. die sich um die Verteilung der Almosen kümmern]; *die Leute, deren Herz gewonnen werden soll, für Sklavenfreikauf* [Fortsetzung: *»und für Schuldner, und für den Kampf* (wörtlich: *für den Weg Gottes) und für den ›Sohn des Weges‹* (den Reisenden)«] *– als Pflicht von Seiten Gottes. Gott ist wissend, weise.«* [9:60]

Diese acht Personengruppen sind die, denen die Armensteuer aus dem Vermögen gegeben wird. Und ich mache euch darauf aufmerksam, dass das, was der Erhabene gesagt hat, »für den Weg Gottes«, nicht jede Wohltat meint. Das heißt, du darfst keine Armensteuer bezahlen, um ein Krankenhaus zu bauen oder eine Schule, selbst wenn dort Religionsunterricht gegeben wird. Du darfst auch keine Armensteuer zahlen, um ein Buch zu drucken oder einen Brunnen zu bohren oder etwas in der Art. Es gibt nämlich bestimmte Gruppen, und wir müssen lernen, diese Gruppen zu deuten: wer der Arme ist und wer der Bedürftige, und so weiter, bis alle acht Gruppen gedeutet sind. Dieses Wissen ist nötig, damit unsere Armensteuer richtig entrichtet wird und mit dem Gesetz, das durch Gott, gesegnet und erhaben sei Er, offenbart wurde, in Einklang steht. Und damit das Vermögen, das Gott, gesegnet und erhaben sei Er, uns übereignet hat, segensreich sein möge, hat Gott mich und euch zu denen gehören lassen, die sein Wort hören und seine guten Taten befolgen.

Ich sage das, was ich gesagt habe, und bitte Gott den Allmächtigen für mich und für euch um Vergebung. Lob sei Gott. Wir loben ihn. Vor den Übeln unseres Selbst und unseren schlechten Taten nehmen wir Zuflucht bei Gott. Und weiter: Diener Gottes, ich rate euch, Gott den Erhabenen zu fürchten.

Ich erinnere euch an das, was der Gesandte Gottes, Gott segne ihn und schenke ihm Heil, gesagt hat:»Kein Almosen verringert das Vermögen.« Denn der, der Almosen entrichtet, ob es nun ein Pflichtalmosen, wie die Armensteuer, oder ein freiwilliges Almosen [Ṣadaqa] ist, und scheine es auch so, also verringere sich dadurch sein Vermögen, wird doch im Jenseits eine großartige Belohnung dafür erhalten. Gott, gesegnet und erhaben sei Er, wird ihn vielleicht vor dem Höllenfeuer retten, selbst wenn er Gott, gesegnet und erhaben sei Er, nur eine halbe Dattel als Almosen gegeben hat. Hat nicht der Gesandte Gottes, Gott segne ihn und schenke ihm Heil, gesagt:»Schützt euch vor dem Höllenfeuer, und sei es nur mit einer halben Dattel.«

Wenn er Gott, gesegnet und erhaben sei Er, [nur] eine halbe Dattel als Almosen gibt, so wird ihm Gott, gesegnet und erhaben sei Er, vielleicht seine großen und kleinen Sünden wegen dieses Almosens vergeben. Heute ist das Leiden von Muslimen kein Geheimnis, wie viele Arme es unter ihnen gibt, wie vielen von ihnen Katastrophen widerfahren sind, wie vielen Unglück widerfahren ist, das ihr Vermögen aufgezehrt hat, sie also kein Vermögen mehr übrighaben, ihr Vermögen verlorengegangen ist. Wenn also jemand Almosen für Gott den Erhabenen gibt, so wird ihm großes Wohl von Gott dem Allmächtigen zuteil.

Ich erinnere euch daran, meine Lieben, dass der Verein die Verteilung der Armensteuer an die Empfangsberechtigten übernommen hat. Er gibt die Armensteuer also nicht an irgendwen, sondern nur an die, die sie laut dem Gesetz, das von Gott, gesegnet und erhaben sei Er, offenbart wurde, zu erhalten berechtigt sind. Macht euch also sogleich daran, Gutes und Richtiges zu tun.

Es heißt im Hadith, dass ein Nichtmuslim eine Dattelpalme besaß, die sich zum Haus eines Gefährten des Gesandten Gottes, Gott segne ihn und schenke ihm Heil, hinneigte. Die Kinder dieses Gefährten aßen von den Datteln dieser Palme, die sich zu ihnen herabneigte. Der Besitzer der Palme wurde darüber wütend, kam zum Gesandten Gottes und berichtete ihm von der Sache. Der Gesandte Gottes, Gott segne ihn und schenke ihm Heil, sprach mit dem Gefährten, und dieser sagte ihm, »Gesandter Gottes, ich wusste davon nichts, und hätte ich es gewusst, hätte ich es ihnen verboten. Wir sind arme Leute.« Sie waren arm, und seine Kinder aßen von den Früchten dieses Baumes. Und der Gesandte Gottes, Gott segne ihn und schenke ihm Heil, sagte:»Wer kauft diesen Baum, auf dass ihm im Paradies ein (Obst-)Garten zuteilwerde?« Einer der Gefährten sagte:»Ich, Gesandter Gottes«, und so kaufte er diesen Baum von dieser Person für einen Obstgarten von ihm und schenkte ihn daraufhin diesem armen Gefährten. Danach begab er sich zu seiner Ehefrau und rief sie. Sie sagte ihm,»was ist mit dir?«, und er sagte ihr, »ich habe gerade den Obstgarten für einen Obstgarten im Paradies verkauft, den mir der Gesandte Gottes, Gott segne ihn und schenke ihm Heil, versprochen hat«. Seine Frau sagte:»Ich schwöre bei Gott, du hast bei dem Verkauf gewonnen.«

Jene Menschen haben das Diesseits aus ihren Herzen gelöst. Möge uns Gott, gesegnet und erhaben sei Er, ihrem Vorbild folgen lassen.

Möge Gott, gesegnet und erhaben sei Er, den Kummer der Muslime zerstreuen und ihre Situation zum Besseren wenden.

Wisset, ihr Lieben, dass Gott euch einen großartigen Befehl gegeben hat. Er hat euch befohlen, für seinen edlen Propheten zu beten, ihm Frieden zu wünschen.

Er sagte: »*Siehe, es sprechen Gott und seine Engel den Segen über den Propheten. Ihr, die ihr gläubig seid, sprecht über ihn den Segen, und grüßet mit dem Friedensgruß!*« [33:56]

Gott, schenke Muhammad Heil und der Familie Muhammads, wie Du Abraham und Abrahams Familie Heil geschenkt hast, und segne Muhammad und die Familie Muhammads, wie Du Abraham und Abrahams Familie gesegnet hast.

Diskussion

Weite Teile der Predigt klingen für uns sehr fremd und eigenartig. Mir fällt auf, dass sich die Predigt in einer ganz anderen Welt abspielt. Da wird eine Welt gezeichnet, die ist nicht Deutschland, sondern ein idealisierter Naher Osten. Prof. Susanne Schröter erklärt mir hierzu: »Der Bezug auf Datteln und Kamele ist Programm, man lebt geistig in dieser märchenhaften Welt, die ja sehr bildhaft ausgemalt wird. Das Bestreben ist, dass die Gemeindemitglieder in dieser Welt gehalten werden und nicht in Deutschland ankommen, weil man glaubt, dass von der deutschen Gesellschaft ein schädlicher Einfluss ausgeht, dass das Virus der Freiheit ansteckend ist.«

Was mir während der Predigt auffiel, waren die vielen Flüchtlinge, die zuhörten. So unverfänglich die Inhalte einerseits sind – größtenteils besteht die Predigt aus langatmigen Ausführungen über die Regeln zur Armensteuer –, so sehr vermisse ich einen Brückenschlag nach Deutschland. Als ich mit einem Moscheebesucher ins Gespräch komme, einem Flüchtling aus Syrien, erzählt er mir, dies sei sein erster Ramadan außerhalb der Heimat und er habe keine Vorstellung davon, ob und wie man als Muslim in Deutschland Ramadan begehen kann. Der Imam könnte diesen Menschen ganz konkrete Erklärungen anbieten, anstatt über die Besteuerung von Kamelen und Feigen zu referieren, die mitten in Berlin kaum praktische Relevanz haben dürfte.

Ich möchte mit dem Imam der Umar-ibn-al-Khattab Moschee sprechen und kehre noch einmal dorthin zurück. Hinter der Glasschiebetür rechts gibt es eine Art Rezeption. Ein junger Mann sitzt dort. Ich frage: »Sprechen Sie Deutsch?« Er schaut mich halb verdutzt, halb beleidigt an: »Ja, natürlich.« Ich sage ihm, dass ich ein Buch schreibe, dass ich mir eine der Predigten angehört habe und dass ich dazu ein paar Fragen an den Imam habe. »Kein Problem, dazu müssen Sie mit unserem Presseverantwortlichen sprechen«, sagt er und gibt mir eine selbstgedruckte Visitenkarte mit dessen Kontaktdaten.

Ich erreiche den Pressesprecher Birol Ucan und sage ihm, dass ich gerne mit dem Imam sprechen möchte. »Das ist leider nicht möglich«, sagt Ucan. Er sei für die Pressegespräche zuständig. Ich sage ihm, dass ich inhaltliche Fragen zu einer Predigt habe und daher der Imam vielleicht der bessere Ansprechpartner wäre. »Der Imam spricht nur Arabisch.« Ich sage, das trifft sich gut, ich spreche nämlich auch Arabisch. »Der Imam möchte nicht mit Journalisten sprechen, aber dafür stehe ich gerne zur Verfügung.«

Ich merke an, dass mir die prachtvolle Ausstattung der Moschee aufgefallen ist. »Ja, wir haben viel Unterstützung erfahren von Händlern, Handwerkern. Moschee und Unterhalt sind spendenfinanziert.« Ich sage ihm, dass mir in der Predigt die langen

Ausführungen zu Regeln der Armensteuer aufgefallen sind, Datteln, Feigen, Huftiere. Welche Relevanz das für Muslime in Berlin hat. »Das ist Allgemeinwissen für Muslime«, sagt Ucan, »auch für Büroangestellte, die etwa keine Landwirtschaft betreiben. Manche Sachen lernt der Muslim, obwohl es ihn nicht betrifft. Es schadet ja nicht, das zu wissen. Auch arme Menschen sollten das lernen, obwohl sie ja gar keine Armensteuer zahlen müssen.«

Anschließend gibt er mir noch einige Erklärungen zur Armensteuer: Wichtig sei, dass derjenige, der Armensteuer zahlt, sich entweder selber einen Empfänger aussuchen muss, der als »arm« eingestuft wird. Oder er könne jemanden beauftragen, wie etwa die Moschee, welche die Armensteuer dann weiterleitet. Wichtig sei zudem, dass es die identische Sache ist, also derselbe Geldschein, dieselbe Münze, derselbe Weizen. Dadurch entstünde bisweilen ein erheblicher organisatorischer Aufwand. Gleichzeitig werde aber daher stets versucht, die Dinge in der unmittelbaren Umgebung der Moschee an Arme zu geben, um den Aufwand gering zu halten.

Ich recherchiere die Umstände des Moscheebaus. Schätzungen zufolge haben die Baukosten etwa zehn Millionen Euro betragen. Hinzu kommen die monatlichen Unterhaltkosten für den siebenstöckigen Bau. Während der Bauphase hatten sich sogar Vertreter islamischer Verbände erstaunt gezeigt, dass eine solche Summe aufgetrieben werden kann. Sicher, vollkommen unmöglich ist das nicht. Aber lässt sich überhaupt nachvollziehen, welche Verbindungen ein Moscheeverein ins Ausland hat, etwa mit Blick auf die Finanzierung?

Kirchen finanzieren sich unter anderem über die Kirchensteuer. Und Moscheen? Die überwiegende Zahl der muslimischen

Verbände wirbt, zum Beispiel auf ihren Websites, um Spenden. »Wir wissen aber, dass einige türkische und arabische Moscheen in Deutschland durch die Islamische Weltliga mit Sitz in Riad finanziert werden«, so Abdelhakim Ourghi. Es sei vermutlich so, dass die türkische Diyanet-Behörde die Moscheen in Deutschland trage und finanziere, viele der Imame aber durch die Islamische Weltliga bezahlt würden. Die Islamische Weltliga wurde 1962 gegründet. Hinter ihr steht maßgeblich das Königreich Saudi-Arabien, das die Organisation seit den 1970er Jahren mit mehr als 90 Milliarden Dollar unterstützt haben soll.

Sämtliche Daten über Vereinsspenden unterstehen in Deutschland dem Bank- und Steuergeheimnis – auch dann, wenn der Spender etwa im türkischen oder arabischen Ausland sitzt. Regelmäßig überprüft wird in Deutschland die Gemeinnützigkeit eines Vereins – und in diesem Zusammenhang auch die Grundlage für dessen Finanzierung. Anfang Mai 2015 stellte ich eine Anfrage an den Berliner Finanzsenat: Ob die Herkunft von Spenden zum Beispiel an Islam- und Moscheevereine überprüft werde. Die Antwort lautete zusammengefasst: Nein, außer wenn »besondere Gründe Anlass« für eine genauere Prüfung gäben.

Die allgemeine Aussage des Berliner Finanzsenats sagt natürlich noch nichts darüber aus, ob jemals einem solchen Verein die Gemeinnützigkeit aberkannt wurde, weil eine dubiose Finanzierung vorlag. Nachdem mir die Berliner Behörden dazu keine Auskunft erteilen möchten, stelle ich eine entsprechende Anfrage an das Finanzministerium in Nordrhein-Westfalen. Sie wird wie folgt beantwortet: »Sobald eine Organisation im NRW-Verfassungsschutzbericht als verfassungsfeindlich eingestuft wird, entscheidet das zuständige Finanzamt, ob es dieser Organisation die Gemeinnützigkeit entzieht. Zu konkreten

Einzelfällen können wir leider aufgrund des in §30 der Abgabenordnung festgelegten Steuergeheimnisses nichts sagen. Wir bitten um Ihr Verständnis.«

Interessant ist: Offenbar ist eine verfassungsfeindliche Organisation nicht auch automatisch nicht gemeinnützig. Anscheinend kann es theoretisch einen gemeinnützigen, zugleich aber auch verfassungsfeindlichen Moscheeverein geben.

»Wir leben in dieser Umgebung, die stark auf uns einwirkt, dich auslöscht«

Ort ◆ Al-Furqan-Moschee Berlin
Glaubensrichtung ◆ sunnitisch
Sprache ◆ Arabisch
Datum ◆ 8. Juli 2016
Thema ◆ Glaubensfestigkeit

Die Woche

Die deutsche Nationalmannschaft ist bei der Europameisterschaft in Frankreich ausgeschieden, das Land in Katerstimmung. Viele Deutsche drücken nun der isländischen Nationalmannschaft die Daumen. Die Isländer haben viele mit einer starken Leistung überrascht und sich unter anderem mit einem besonderen Schlachtruf zahlreiche Sympathien erworben.

Am Morgen des 7. Juli erreicht uns die Eilmeldung von einer Schießerei in Dallas. Der 25-jährige Micah Xavier Johnson hatte während einer Demonstration das Feuer auf Polizisten eröffnet, die die Demonstration begleiteten. Fünf Sicherheitskräfte wurden getötet.

Wenige Tage zuvor sprengte sich in Bagdad ein IS-Selbstmordattentäter in einem Einkaufszentrum in die Luft. Mehr als hundert Menschen sterben – einer der tödlichsten Anschläge in der irakischen Hauptstadt seit Jahren.

Die Moschee

Ich bin zufällig auf die Al-Rahman-Moschee im Berliner Stadtteil Wedding aufmerksam geworden, als wir einmal am Wochenende mit unserer Tochter zu einem Bereitschaftsarzt mussten, der in einem Krankenhaus in der Nähe der Moschee Dienst hatte. Ich parkte das Auto auf dem Parkplatz eines Supermarktes und bemerkte viele junge, arabischsprechende Männer, die an mir vorbei in Gruppen über den Parkplatz liefen und in einem Gebäude verschwanden, das ich als Industriebau beschreiben würde.

Als ich meine Beobachtung dem Arzt erzählte, sagte er, da sei eine Moschee untergebracht. Später stieß ich auf einen Artikel, in dem die Moschee eine Rolle spielte. Er handelte von jungen Salafisten, die in bestimmten Berliner Moscheen radikalisiert wurden – darunter eben diese Moschee hinter dem Supermarkt, die in dem Artikel als »Al-Rahman-Moschee« bezeichnet wurde. Al-Rahman ist eine der häufig verwendeten Bezeichnungen für Allah und heißt übersetzt »Allerbarmer«. Araber beginnen einen Vortrag oder eine Rede häufig mit dem Satz »bi-Ism Allah, al-Rahman al-Raheem« – »im Namen Gottes, des Allerbarmers und Allbarmherzigen«.

Ich besorge mir die genaue Anschrift über moscheesuche.de. Als ich zu der angegebenen Adresse in der Tromsöstraße 6 fahre, finde ich keine Moschee. Ich gehe in einen kleinen Döner-Laden, der im Erdgeschoss der angegebenen Adresse untergebracht ist, und frage nach der Al-Rahman-Moschee. »Die ist schon lange zu«, sagt der türkische Verkäufer, »dafür hat gleich hier eine andere arabische Moschee aufgemacht.« Er deutet auf den gegenüberliegenden Hauseingang. Es regnet in Strömen, aber auf der Straße herrscht dichter Betrieb. In dem Industriebau befindet sich der »Afro«-Laden »Punjab« mit »afrikanischen Lebensmitteln«. Ich frage mich, was das wohl für spezielle Lebensmittel sind, denn im Schaufenster erkenne ich Äpfel, Tomaten, Möhren. Sofort fallen mir die vielen schwarzen Menschen auf. Einige von ihnen sprechen Arabisch, wahrscheinlich kommen sie aus dem Sudan.

Die Moschee befindet sich im dritten und vierten Obergeschoss. Träger ist das Interkulturelle Zentrum für Dialog und Bildung e. V. Als ich in den klapprigen Fahrstuhl steige, fängt das Licht an zu flackern. Im vierten Stock ist es sehr hell. Es ist das oberste Geschoss, und in die Decke sind Fenster eingelassen, so dass das Tageslicht von oben hereinfällt. Der Boden ist mit arabischen Teppichen ausgelegt. Am Eingang ist eine Art Buchhandlung. Kaufen kann man dort allerlei religiöse Bücher, aber ich sehe auch Jules Vernes' *Reise zum Mittelpunkt der Erde* für sieben Euro auf Deutsch. Gegenüber dem Buchladen liegt ein Kiosk, in dem ein breit lachender älterer Mann arabische Lebensmittel verkauft. In der daneben liegenden Cafeteria haben es sich ein paar Männer an Tischen bequem gemacht, während an der Wand das arabische »Quran-TV« läuft. Ein junger Mann kommt auf mich zu. »Hallo, du sprichst Arabisch, oder?« Er kennt mich aus dem Fernsehen.

Es ist 12 Uhr 30, im Gebetsraum drängen sich die Menschen. Später frage ich den Vorstand der Moschee, wie viele Leute da waren. »1200«, sagt er. Gebetet wird, wo immer noch Platz ist auf den beiden Etagen. Auch im dritten Stock, wo sich eigentlich Klassenräume befinden, stehen und sitzen die Moscheebesucher auf jedem freien Fleck. Es gibt Platzanweiser, welche die immer noch hinzudrängenden Menschen zu den letzten freien Ecken weisen. Gebetsteppiche werden auf die (blanken) Linoleumböden der Flure gelegt, damit auch dieser Platz genutzt werden kann. Die Besucher sind jung. Viele Kinder, nicht älter als zehn Jahre, Jugendliche. Wer älter als 35 ist, kann hier schon alt genannt werden.

Die Predigt

Lob sei Gott, wir loben ihn und bitten ihn um Hilfe und Vergebung. Vor den Übeln unseres Selbst und unseren schlechten Taten nehmen wir Zuflucht bei Gott. Wen Gott rechtleitet, den kann niemand irreführen, und wen auch immer Gott irreführt, den kann niemand rechtleiten. Ich bezeuge, dass es keinen Gott gibt außer Gott in Seiner Einzigkeit, dass mein Herr keinen Teilhaber noch etwas Ihm Gleichartiges hat, dass es nichts gibt, das Er nicht vermag, und dass es keinen Gott gibt außer ihm. Und ich bezeuge, dass Muhammad Sein Diener und Gesandter ist. Gott segne ihn und seine Sippe und seine Gefährten und schenke ihnen vielmals Heil.

Gott, schenke Muhammad Heil und der Familie Muhammads, wie Du Abraham und Abrahams Familie Heil geschenkt hast, und segne Muhammad und die Familie Muhammads, wie Du Abraham und Abrahams Familie gesegnet hast in allen Welten. Denn du bist des Lobes und Preises würdig.

Diener Gottes, ich rate euch und mir, Gott den Erhabenen zu fürchten und ihm zu gehorchen.

Gott der Erhabene wies uns in Seinem Buch an: »*Oh ihr, die ihr glaubt! Fürchtet Gott, wie man ihn wahrhaft fürchten soll! Ihr sollt nicht sterben, es sei denn, dass ihr gottergeben seid [oder: dass ihr Muslime seid].*« [3:102] »*O ihr, die ihr glaubt! Fürchtet Gott und redet auf gerade Art und Weise. Gott wird eure Werke gelingen lassen und euch eure Sünden vergeben. Wer Gott und seinem Gesandten gehorcht, der hat einen großen Gewinn erzielt.*« [33:70 f.] »*Ihr Menschen, fürchtet euren Herrn! Siehe, ›der Stunde‹ [gemeint ist der Anbruch der Endzeit] Beben ist ein gewaltig Ding. Am Tag, da ihr sie sehen werdet, wird jeder Stillenden gleichgültig werden, was sie stillte, und jede Schwangere wird ihre Leibesfrucht verlieren. Die Menschen siehst du als betrunken an, doch sind sie nicht betrunken. Hart aber ist die Strafe Gottes.*« [22:1 f.]

Liebe Gläubige, einer der erzählerischen Hadithe, die vom Propheten, Gott segne ihn und schenke ihm Heil, überliefert sind, ist sein Hadith im Sahih Muslim,[14] überliefert von dem hochgeehrten Prophetengenossen Suhaib ar-Rumi, möge Gott Erbarmen mit ihm und Wohlgefallen an ihm haben und ihn zufriedenstellen.

Er berichtete uns vom Propheten, Gott segne ihn und schenke ihm Heil, der erzählte: Unter den Leuten, die vor euch waren, gab es einst einen König, der hatte einen Zauberer in seinen Diensten. Als dieser Zauberer alt wurde, sagte er zum König: »Lieber König, ich bin nun alt geworden, schick mir einen Jungen, den ich die Zauberei lehren kann. Einen Jungen, den ich die

Zauberei lehren kann, der eine schnelle Auffassungsgabe hat und bestimmte Eigenschaften erfüllt.«

Es wurde also ein Junge ausgewählt und zum Zauberer geschickt, damit dieser ihn lehre. Dieser Junge sollte sodann ein ergebener Diener dieses Königs werden. Der König zu dieser Zeit glaubte, meine Lieben, oder wollte, dass die Leute glaubten, er wäre ein Gott, wie es so typisch ist für Könige und Präsidenten und Inhaber wichtiger Posten, auf denen Sie, meine Lieben, mit allen Mitteln bleiben wollen, auf rechte oder unrechte Weise. Ob es moralisch ist richtig oder nicht, das spielt keine Rolle.

Dieser Junge wurde also geschickt, um die Zauberei weiterzuführen, um diesen König zu bewahren, der ein Gott war, der sich selbst als Gott bezeichnete. Dieser Junge also, so berichtet es unser geliebter Prophet, Gott segne ihn und schenke ihm Heil, begegnete auf seinem Weg einem Mönch. Dieser Mönch erkannte in ihm Gutes. Dieser Mönch war ein Diener Gottes, des Allmächtigen, der sich zum Glauben an die Einheit Gottes, des Allmächtigen, bekannte. Jedes Mal, wenn er ihn [auf seinem Weg zum Zauberer] traf, vermittelte [der Mönch] ihm einen Begriff davon, dass wir alle Menschen sind, dass es keinen Schaden noch Nutzen gibt außer von Gott, keinen, der die Dinge ändert, außer Gott, dass der Lebensunterhalt [arzāq][15] von nirgendwoher kommt außer von Gott. Geheimdienstberichte sind ohne Nutzen, die einsamen Gefängniszellen verbreiten keine Angst, und hohe Führungspositionen ändern nichts am Lebensunterhalt und am Zeitpunkt des Todes.

Und so begann dieser Mann jenen Jungen mit seiner schnellen Auffassungsgabe davon zu überzeugen, dass wir alle Menschen sind und die gleichen Eigenschaften haben, dass der König auch nichts weiter war als ein Mensch wie wir. So geriet [der Junge] in einen [inneren] Konflikt zwischen dem Glauben an Gott den Allmächtigen und was dafür sprach und dem Glauben an diesen König, für den sprach, dass schon seine Väter und Vorväter daran geglaubt hatten. Sein Zustand stabilisierte sich jedoch nach diesem Konflikt, als er [einmal] auf seinem Weg einen Vorfall mitbekam. Ein großes Tier versperrte den Menschen den Weg und ließ sie nicht passieren. Da sagte er [sich], heute werde ich sehen, welcher von beiden der Rechte ist. Er nahm einen Stein und sagte: »Gott! Wenn die Sache des Mönchs und des Herrn des Mönches recht ist, dann, Gott, werde ich es mit diesem Stein töten. Einem Stein, der, wenn er nicht hilft, auch nicht schadet.« Die Menschen versuchten mit ihren Schwertern und Pfeilen, mit ihren Feldwerkzeugen und deren Schneiden und allem, was sie hatten, das Tier zu töten, aber es brachte alles nichts. Da sagte der Junge »Im Namen Gottes« und warf den Stein, und jenes Tier wurde getötet. Da glaubte der Junge, dass Gott der Schöpfer war und dass der König nichts weiter als ein Geschöpf war.

Er aber ging weiter hin und her und sprach zu dem Mönch darüber, was geschehen war. Da sagte der Mönch zu ihm: »Mein Sohn, du bist weitergekommen als ich bei Gott. Du wirst geprüft werden, und dann sollst du beweisen.« Und tatsächlich begann der Junge, so Gott will, Blinde und Leprakranke von ihren Leiden zu befreien, und er heilte mit Gottes Erlaubnis.

Eines Tages hörte einer der Höflinge des Königs, der erblindet war, von ihm. Er kam zu ihm in einer dunklen Nacht und brachte Geschenke und begab sich in seine Hände und sagte ihm: »Nimm dies alles, ich will nur, dass du mich heilst.« Da sagte der Junge: »Ich bin es nicht, der heilt. Ich bewirke nichts. Es ist Gott, der heilt.« Da sagte der Höfling: »Auf welche Weise?« Und der Junge sagte: »Indem du an Gott glaubst.« Und er sprach zu ihm von Gott und dass der König nichts weiter als eine Kreatur ist wie du. Davon wurde der Höfling überzeugt und bezeugte, dass es keinen Gott gab außer Gott, und bekannte sich zum Islam. Sodann betete der Junge zu Gott dem Allmächtigen, und Gott der Allmächtige heilte den Höfling.

Dieser begab sich zurück zum König und saß dort bei ihm. Und der König fragte ihn:»Was hat dir deine Sehkraft wiedergegeben?« Da sagte der Höfling:»Gott.« Der König sagte:»Ich also!« Da sagte der Höfling:»Nein, mein Herr und dein Herr ist Gott!« Da wurde dieser Höfling so lange gefoltert, bis er den Namen des Jungen preisgab, und der Junge wurde so lange gefoltert, bis er den Namen des Mönches preisgab. Als der Mönch herbeigebracht wurde, sagte man ihm:»Gib deinen Glauben auf. Du bist der Kopf in dieser Angelegenheit und die Grundlage des Bösen.« Dies war er aus der Sicht des Königs, der fälschlicherweise für sich selbst Göttlichkeit beanspruchte. Da sagte der Mönch: »Ich rücke nicht einen Finger breit von meinem Glauben ab.« Da wurde die Säge auf die Mitte seines Kopfes gesetzt, und er wurde in zwei Hälften geteilt. Dann wurde der Höfling herbeigebracht und ihm gesagt:»Rücke von deinem Glauben ab, dann bleibst du, wie du bist.« Da sagte er:»Ich rücke nicht von meinem Glauben ab, denn der, der mich heilte, war Gott, und ich rücke nicht von ihm ab.« So wurde auch er gespalten.

Nun blieb dem König noch der Junge. Es gehört nicht zum Naturell der Könige und Tyrannen, dass sie ihre Schlechtigkeit offen zur Schau stellen. Er wollte seine verbrecherische Tat, mit der er die beiden getötet hatte, verdecken und ihnen den anderen folgen lassen. So sagte er:»Wo sind die Soldaten und die Leibgarde und die Wachen?« Sie kamen, und er sagte: »Bringt ihn in einem großen Käfig [qarqur: ein großer Korb, der für Fischfang genutzt wird] hinaus auf das Meer. Wenn ihr mitten auf dem Meer angekommen seid und er abschwört, dann bringt ihn wieder her, wenn nicht, dann werft ihn dort ins Wasser.« Und so nahmen sie ihn denn mit, und die Leute sahen ihn. Sie sagten:»Das ist der, der mich geheilt hat, das ist der, der mich gesundgemacht hat, das ist der, der mich geheilt hat, so Gott will. Das ist der, der sagt, es gibt für ihn keinen Gott außer Gott. Wo bringen sie ihn hin?« Es wurde gesagt:»Sie bringen ihn weg, um ihn zum Tode zu verurteilen.« Da fragten sie:»Wo?« Es wurde gesagt:»Hinaus auf das Meer.« Und so brachten sie ihn denn hinaus aufs Meer und sagten ihm:»Rückst du von deinem Glauben ab?« Da sagte er:»Nein. Gott, schütze mich vor ihnen, auf welche Art Du willst.« Da schaukelte der Käfig, und sie fielen ins Wasser.

Der Junge kehrte zu den Leuten zurück. Er kam zu Fuß zum König gelaufen, kehrte in sein Verderben zurück, wie wir aus unserer Sicht sagen würden. Dieser Mann würde sterben, und er kehrte zum König zurück, der sagte:»Wo sind die, die mit dir waren?« Der Junge sagte:»Gott der Allmächtige hat mich von ihnen befreit.« Da sagte der König:»Bringt ihn auf den Gipfel von dem und dem Berg und werft ihn von dort hinunter.« So brachten sie ihn denn zu jenem Ort und kamen auf dem Gipfel an und sagten:»Rückst du von deinem Glauben ab?« Da sagte er: »Nein. Gott, schütze mich vor ihnen, auf welche Art Du willst.« Da erbebte der Berg, und sie fielen herunter, und der Junge kehrte sodann zu den Leuten zurück, und alle Leute sahen ihn. Er war gegangen, um getötet zu werden, und siehe da, er kehrte zurück. Er war gegangen, um getötet zu werden, und siehe da, er kehrte zurück. Er ging zurück zum König, der ihm sagte: »Was hast du getan?« Der Junge sagte:»Gott hat mich vor ihnen gerettet, und damit vor dem, was du wolltest.«

Zum Schluss sagte er:»Du hast mich nicht getötet. Willst du mich töten?« Da sagte der König:»Ja, ich will dich töten. Du bedrohst den gesellschaftlichen Frieden. Du änderst die Vorstellungen der Menschen. Du bringst die Leute dazu, auf Gott zu bauen und ihn zu fürchten und bei Gott Schutz zu suchen. Sie stehen nicht mehr zu mir. Ich spiele keine Rolle mehr in ihrem Leben.« So sind die Tyrannen, ihr Lieben. Da sagte der Junge zu ihm:»Wenn du mich töten willst, so versammle die Menschen.« Der König fragte:»Ja, und was dann?« – »Nimm einen Pfeil aus meinem Köcher.« – Der König stimmte zu:»Ja, und was dann?« – »Stecke ihn genau in die Mitte des Bogens.« – »Und dann?« – »Sag: Im Namen des Herrn dieses Jungen. Dann schieße ihn mitten in mich hinein, und ich werde sterben.«

Da rief der König alle die Leute zusammen, die noch immer diesen Jungen, der noch sehr jung war, dazu aufrufen sahen, Gott zu folgen, der an seiner Religion festhielt, trotz Kreuzigung und Erschießen mit Pfeil und Bogen als Todesstrafen. Und da war der König, der»im Namen des Herrn dieses Jungen« sagte, mit lauter Stimme – worüber sich die Exegeten nicht einig sind. Er sagte es und schoss den Pfeil in das Gesicht und die Stirn des Jungen, der tot niederfiel, der starb. Und der König war erleichtert.

Was aber passierte dann, meine Lieben? Das ganze Volk glaubte. Alle riefen wie aus einem Munde:»Wir glauben an den Herrn des Jungen. Wir glauben an den Herrn des Jungen. Du bist nicht unser Herr und bist kein Gott.« Wie kamen nun jene zum Glauben, meine Lieben? Als dieser Muslim an seinem Gehorsam Gott gegenüber festhielt, als dieser junge Mann bewies, dass er Gott dient, erweckte Gott damit ihre Herzen und erleuchtete ihre Gemüter. Da sagte der König:»Hebt einen Graben aus und eine Furche, und bringt mir eine große Menge Brennholz. Treibt dann die Leute an einem Ort zusammen. Wer an mich glaubt, wird gerettet, und wer nicht an mich glaubt, der wird in dieses Feuer geworfen.« Da warfen sich die Leute mit ihren Gesichtern zu Boden. So kam die Reihe an eine junge Frau, die einen kleinen Jungen trug. Er saß in ihrem Schoß, war beinahe noch ein Säugling. Sie zögerte: Soll ich mit ihm in das Feuer springen, oder sage ich, dass ich an diesen König als einen Gott glaube? Und als Gott sie so für einen Moment festhielt, da sagte dieser kleine Junge zu ihr:»Mutter, du bist auf dem rechten Weg, sei standhaft und fürchte dich nicht, werde nicht schwach.« Im Hadith heißt es, dass das Feuer, in das sie geworfen wurde, ihr Paradies war und dass das Feuer für diesen König bei Gott dem Allmächtigen angefacht wurde.

Meine Lieben. Ich habe diesen Hadith gelesen, als ich nach dem Ramadan über mich selbst und über uns nachgedacht habe. Meine Lieben, wir müssen am Gehorsam Gott, dem Allmächtigen gegenüber festhalten. Wir haben keine Gewehre vor uns und keine Gräben, keine Furchen und keine Schwerter, keine Könige und so weiter. Wir leben in einer westlichen Umgebung, in der du frei bist. Das ist ein wichtiger Wert, zu dem der Islam angespornt hat. Es gibt keinen Zwang in der Religion. Die Freiheit ist etwas Grundlegendes. Wenn die Völker befreit werden und der Mensch befreit wird, dann wird er innovativ, produktiv, freigebig. Und so gibt es keinen Zwang in der Religion. Die Freiheit hat die Religiosität überflügelt, damit du frei entscheidest, was du tust und wie du reagierst. Wir hatten nun Ramadan, und wir waren frei zu entscheiden, liebe Brüder, in dieser Zeit zu fasten, und so haben wir gefastet. Und siehe da, nun verlässt er [der Ramadan] uns, meine Brüder, und was sagen wir nun zu ihm? Sagen wir, nun ist es vorbei mit dem Gehorsam, sagen wir, nun ist es mit der Religiosität zu Ende? Reicht es nun? [Sagen wir,] wir werden auf dich warten, lieber Ramadan, bis du wiederkommst? Nein, wir wollen, dass der Muslim, meine Lieben, fest ist in seinem Gehorsam Gott gegenüber.

Was meinen wir mit Festigkeit? Manchmal ist unsere Vorstellung von Festigkeit – du findest manchmal eine Rede oder einen Aufruf oder einen Artikel oder einen Ausdruck, darin wird dir gesagt: Pass auf, dass du dich [nicht] rückwärts wendest, auf dem Absatz kehrtmachst,[16] und so weiter und so fort. Vielleicht hörst du in einer Rede, dass du die ganze Nacht wach sein und den ganzen Tag fasten sollst. Nein, nein, mein Bruder, Gott hat uns [religiöse] Pflichten [farā'iḍ][17] auferlegt, und wir meinen mit Festigkeit, dass du den Verordnungen Gottes stets nachkommst: Die fünf Gebete, hüte dich davor, sie zu unterlassen. Die Armensteuer, wenn du das für die Entrichtung der Armensteuer erforderliche Mindestvermögen besitzt. Wenn du sie nicht im Ramadan bezahlt hast, dann bezahle sie in einem anderen Monat. Dann [sind da] die gottesdienstlichen Verrichtungen [Umūr ʿibādiyya], die frommen Handlungen [Ṭāʿāt], die Sittlichkeit [Aḫlāq], das soziale Zusammenleben [Muʿāmalāt], die [zwischenmenschlichen] Beziehungen [ʿalāqāt] – das ist religiöse Pflicht [wāǧib], das musst du stets einhalten, darin musst du fest sein.

Dann verrichte so viele nicht vorgeschriebene gute Werke [Nawāfil], wie du kannst. [Wenn] du acht oder elf Gebete [Rukʿāt] während des Nachtgebets [Qiyām al-Layl] verrichtest, versuche darauf zu achten, zwei Gebete vor dem Schlafengehen zu beten und das Witr-Gebet[18] vor dem Schlafengehen zu verrichten. [Wenn] du den Koran während des Monats gelesen hast, versuche keinen Tag verstreichen zu lassen, an dem du nicht eine halbe oder ganze Seite gelesen hast. Lies – dein Tag sollte einmal das Öffnen des Korans beinhalten. Versuche, das gemeinschaftliche Gebet bei dir zu Hause zu verrichten, und nur in deiner Religion. Drittens, komme nicht mit Verbotenem [Muḥarram][19] in Kontakt. Die Tabus [Muḥarramāt] sind gefährlich. Die Tabus schwächen dich im Herzen. Die Tabus entfernen [dich] von Gott. Die Tabus erzürnen Gott und machen ihn zornig auf uns. Das Verbotene, liebe Brüder, entzieht dir den Segen. Deshalb gilt, was der Prophet zu Mu'az sprach: »Hüte dich vor den Sünden, denn sie ziehen den Zorn Gottes auf dich.« Und gibt es einen von uns, der den Zorn Gottes auf sich ziehen möchte? Nein.

Gottes Zorn bedeutet Unglück im Diesseits und im Jenseits. Selbst wenn sich die Zeichen des Materialismus bei dir ändern, so wiegt doch Gottes Zorn schwerer.

Ich habe gesagt, was ihr gehört habt, und bitte Gott für mich und für euch um Vergebung. Lob sei Gott allein! Heil und Segen auf seine Diener, die er auserwählt hat.

Und weiter: Meine Lieben, zweifellos leben wir in dieser Umgebung, die, wie wir immer wieder sagen, eine offene Umgebung ist, die starken Einfluss hat. Eine Umgebung, die stark auf uns einwirkt. Sie gleicht einem gewaltigen Strom, der dich auflöst, dich auslöscht, dir deine Werte nimmt und durch seine Werte ersetzt. Wie kann der Gläubige da festbleiben? Es gibt eine Reihe von wichtigen Mitteln. Zunächst einmal, dass du die Vorzüge des Gottesgehorsams kennst. Warum bete ich nicht? Wenn ich bete, was geschieht dann? Wenn ich Gott diene, was passiert dann? Wenn ich meinen Eltern gehorche, wenn ich Gutes sage, wenn ich mit denjenigen verkehre, die rechtschaffen sind, wenn ich regelmäßig die Gebete verrichte, wenn ich tue, was sich geziemt, wenn ich Almosen gebe, wenn ich sittlich bin, wenn ich Hass und Neid aus meinem Herzen tilge und andere Krankheiten, die das Herz befallen, und und und ... und sie beiseitelasse und Gott nahe komme – was passiert dann? Es wird dir Segen beschert in deinem Lebensunterhalt [rizq]. »Wer Gott fürchtet, für den sieht Er einen Ausweg vor und sorgt für ihn auf eine Weise, mit

welcher er nicht rechnet.« [65:2-3] *»Hätten die Bewohner der Städte ge-*
glaubt und Gottesfurcht gehabt, hätten Wir ihnen Segnungen aufgetan,
vom Himmel und der Erde.« [7:96]

Gott wird dir Segen zuteilwerden lassen für deinen Körper und
für deine Zeit. Ihr und ich, wir haben das Gefühl, dass kein
Segen [mehr] in den [heutigen] Zeiten liegt [dass die Zeit so
schnell verfliegt], und im Vermögen [dass das Geld nie reicht,
egal wie viel es ist], und in den Tagen [dass sie verfliegen]. Als
ob der Monat ein Funken ist, der vorbei und verstrichen ist. Als
ob es mit unserer Lebenszeit genauso ist. Gott beschert Segen,
wenn etwas geleistet wird. Sind wir mit Gott, gepriesen und erhaben sei Er, so wird er uns das Glück bescheren, das die Käufer
zu kaufen versucht haben zu höchsten Preisen. Sie haben es
nicht erlangt. *»Wer Gutes tut, sei es Mann oder Frau, und dabei gläubig*
ist« – das Ergebnis ist –, *»den werden wir, fürwahr, ein gutes Leben leben*
lassen!« [16:97] Gott der Allmächtige wird dich ein gutes Leben
leben lassen. Gott wird dir Gutes zuteilwerden lassen, und Gutes für dich, dein Kind, dein Vermögen, dein Haus, deine Ehefrau und für alle Dinge bedeutet, Gott gehorsam zu sein. Wenn
sich dein Haus durch Gottesgehorsam auszeichnet, kommt das
Gute. *»Und täten sie, wozu sie ermahnt wurden, wäre es doch gewiss*
besser für sie und stärkender. Dann würden wir ihnen gewiss reichen Lohn
von uns geben und sie, fürwahr, auf den rechten Weg geleiten.« [4:66]

Die Rechtschaffenheit der Kinder, meine Lieben, ich sage es immer wieder, ist die größte Herausforderung, vor der wir stehen,
die größte Herausforderung. Nicht das Geld, nicht die Aufenthaltsgenehmigung, nicht die Sprache, nichts anderes, all das
kommt [von selbst]. Die größte Schlacht aber, für die du deine
Augen öffnen musst und dich wappnen musst, ist, wie du deine
Kinder bewahrst, wie du sie mit deiner Religion verbindest, wie
dieser Nachwuchs aufwächst, ein Aufwachsen, wie es Gott dem

Allmächtigen gefällt. Was wir von unseren Kindern wollen, ist viel. Du sollst große Hoffnungen in sie setzen. Wir müssen ihnen die Hoffnung einpflanzen und den Ehrgeiz. Wir sollten nicht einfach warten, bis sie ihren Abschluss machen, und dann sagen, [sie sollen] irgendeinen Job [machen], irgendeine Arbeit, die Geld bringt, mit der man Geld verdienen kann. Ihr seid eine Diaspora. Wir sind eine Diaspora, wir müssen etwas haben, was uns auszeichnet, und das sind unsere Söhne und Töchter [wörtl.: wir müssen eine Krone auf dem Kopf haben, und unsere Krone sind unsere Söhne und Töchter], sie sind Vorbilder.

Gestern, meine Lieben, war ich bei der Ehrung einer Schwester [im Glauben], einer Tochter von Muslimen, meine Lieben, eine herausragende Tochter aus einer herausragenden Familie. Sie ragt heraus auf der Ebene der ganzen Stadt Berlin, hat einen Notendurchschnitt von einhundert Prozent erreicht. Sie wurde von einem Verein für Chemie in Berlin geehrt, sie wurde von ihrer Schule geehrt, weil sie die beste Schülerin der ganzen Schule war und die beste Schülerin von ganz Berlin. Und weil sie, und das ist das Größte und Wichtigste, in ihrem Charakter, Benehmen und Anstand die Beste war. Angesichts dessen können wir unsere Häupter erheben, liebe Brüder. Damit können wir aufsteigen, damit können wir uns durchsetzen [im Gedränge], dadurch bekommen wir einen Stellenwert, und darauf müssen wir achtgeben.

Mein Bruder, der du in dieses Land geschickt wurdest, wenn du etwas sein willst, wirst du es sein. Wenn du es nicht sein willst, dann ist das deine Sache. Wenn du [nur] darüber nachdenkst, wenn du an zehn, fünfzehn, zwanzig, dreißig oder zehn [Euro?] kommst und das das Einzige ist, was dich beschäftigt, dann wirst du irregehen. Die Korridore und Schränke [oder: Räderwerke] dieses Ortes sind groß, sie fassen uns alle.

Es muss uns klar sein, meine Lieben, dass zu den Früchten des Gottgehorsams die Rechtschaffenheit der Kinder gehört. Gott sagt uns in der Sure »Die Höhle«, die wir jede Woche lesen: *»Und ihr Vater war fromm. Dein Herr nun wünschte, dass sie erst ihre Volljährigkeit erreichen und dann ihren Schatz ausheben sollten – aus Barmherzigkeit von deinem Herrn.«* [18:82] Was machte Er, um ihren [der beiden Kinder] Schatz zu bewahren? Er nahm einen Propheten [Moses] in Dienst und machte den Propheten besser. Er schickte die beiden [Al-Khidr und Moses], um den Schatz jenes rechtschaffenen Mannes zu bewahren, der rechtschaffene Kinder hatte. Ihr Vater war rechtschaffen. Bist du rechtschaffen? Betest du? Dienst du Gott? Hältst du dich fern von dem Verbotenen [ḥarām]? Bist du ein Vorbild für dein Kind? Bist du ein rechtschaffenes Vorbild, auf dass Gott nach dir auch deine Kinder bewahre, ob du nun am Leben oder tot bist? Der Gottesgehorsam hat diese Wirkung.

Die Gründe für die Festigkeit sind viele. Wir bleiben bei den Vorzügen des Gottesgehorsams und was darin liegt und werden fortfahren mit den verbleibenden Gründen, die uns für die Festigkeit im Gottesgehorsam angegeben werden.

Sprecht vielmals über Muhammad den Segen und grüßt ihn mit dem Friedensgruß. [Bittgebet zum Abschluss]

Diskussion

In der Predigt sind zwei Aussagen enthalten, die sich offenbar entgegenstehen: »Wir leben in einer westlichen Umgebung, in der du frei bist. Das ist ein wichtiger Wert, zu dem der Islam angespornt hat. Es gibt keinen Zwang in der Religion. Die Freiheit ist etwas Grundlegendes. Wenn die Völker befreit werden und der Mensch befreit wird, dann wird er innovativ, produktiv, freigebig.« Das klingt zunächst wie ein Lob auf die Freiheiten in unserer westlichen Welt. Kurz darauf sagt der Prediger aber: »Meine Lieben, zweifellos leben wir in dieser Umgebung, die, wie wir immer wieder sagen, eine offene Umgebung ist, die starken Einfluss hat. Eine Umgebung, die stark auf uns einwirkt. Sie gleicht einem gewaltigen Strom, der dich auflöst, dich auslöscht, dir deine Werte nimmt und durch seine Werte ersetzt. Wie kann der Gläubige da festbleiben?« Er fährt fort mit der Anweisung, vor allem auf eine strenge Religiosität der Kinder zu achten, denn das sei etwa wichtiger als das Erlernen der Sprache. Die Geschichte mit dem König und dem Jungen verfestigt für mich den Aufruf an eine besondere Gottergebenheit. Ich verstehe diese so, als repräsentiere der König die dem Gläubigen feindselige Umgebung, also der westlichen Welt, der gegenüber der Junge und die Mutter ihre Glaubensfestigkeit sogar bis in den Tod verteidigen.

Über die Predigt spreche ich mit dem Islamwissenschaftler Professor Reinhard Schulze von der Universität Bern in der Schweiz.

Wenn ich in der Kirche die Geschichte von Kain und Abel höre, weiß ich sofort, worum es geht, welche Message davon ausgeht. Ist das bei solchen Parabeln, Bildern, Predigten in einer Moschee für die dort Anwesenden genauso?

»Die Geschichte von dem Zauberer und dem Jungen gehört ganz sicher nicht in das normale Repertoire, das ein Moscheebesucher kennt. Aber die Anwesenden werden die Hauptmessage verstehen, auch wenn sie manche Bilder, die dort verwendet werden, eher stirnrunzelnd zur Kenntnis nehmen und sie überhören. Die Hauptaussage in der Predigt ist aber gut verständlich. Wenn der Zuhörer aus der Moschee geht, kann er gut sagen, worüber gerade gepredigt wurde.«

Was ist denn die zentrale Botschaft der Predigt?

»Die Predigt hat den Duktus, dass beklagt wird, die ernsthafte Auseinandersetzung mit dem Islam sei nicht mehr gegeben. Von der Haltung her zeigt das eine stark wertkonservative Richtung.«

Steht eine solche Predigt stellvertretend für das, was man in einer normalen Moschee bei uns im Westen zu hören bekommt?

»Ja, das ist Mainstream. Vor allem bei Predigern, die nicht in einem deutschen Umfeld sozialisiert worden sind. Insbesondere bei arabischen Predigern ist der Zuzug viel wichtiger. Die kommen nach wie vor in den meisten Fällen mit einem Touristenvisum aus Ägypten oder anderen Ländern der Region. Das ist dann auch der Predigthaltung anzumerken.

Diese Predigt geht aber tatsächlich auf deutsche Verhältnisse ein und beinhaltet eine etwas merkwürdige Passage über Freiheitsrechte. Das finde ich an sich schon erstaunlich. Daher vermute ich, dass der Prediger mehr versucht als andere, die deutschen Verhältnisse im Blick zu haben, und er sein Publikum auch so einschätzt, dass es mit den deutschen Verhältnissen vertraut ist.«

Wie nehmen junge Muslime so etwas auf?

»Viele junge Menschen gehen gar nicht mehr in die Moschee. Für die ist das ohnehin alles ganz merkwürdig. Ein normaler muslimischer Jugendlicher hört sich eine solche Predigt gar

nicht mehr an und geht nicht in die Moschee. Der Religionsmonitor von Bertelsmann gibt sehr gut Auskunft über die Be-
sucherzahlen unterschiedlicher muslimischer Generationen.
Und da wird gezeigt, dass der Jugendverlust derselbe ist wie in
den christlichen Kirchen. Von daher sind die Moscheepredigten
ausgerichtet auf einen Menschen, der Trost haben möchte in
einer Welt, in der er sich als Verlierer fühlt und von der er denkt,
dass er sie nicht mehr kontrolliert. Die Predigten geben diesen
Menschen eine Art moralischen Rückhalt.«

Das deckt sich nicht mit meiner Beobachtung. Einen Alters-
durchschnitt der Besucher in der Al-Furqan zu schätzen, ist sehr
schwierig. Aber ich war mit Ende dreißig einer der Älteren. Wie
empfinden junge Muslime bei uns solche Predigten? Ich treffe
Yasser Abumuailek. Er ist 37 Jahre alt, ist Journalist und kommt
aus Gaza. Seit zehn Jahren lebt er in Deutschland. Mit ihm spreche ich über die Predigt aus der Al-Furqan-Moschee.»Das sind
Themen, die man aus der Heimat kennt. Diese Predigt könnte
auch aus einer Moschee in Gaza stammen«, sagt er. Ich erzähle
Yasser davon, dass mir vor allem die vielen Kinder und Jugendlichen in der Moschee aufgefallen sind.»Der Moscheebesuch hat
eine gesellschaftliche Bedeutung. Ich bin mit meinem Vater ab
meinem sechsten Lebensjahr in die Moschee gegangen, als ich
im Stande war, die Predigten zu verstehen. In einem nicht mehrheitlich muslimisch geprägten Land ist das umso wichtiger für
viele.« Manche Moscheen betrieben sehr offen Jugendarbeit,
bestätigt mir Yasser.»Imame wenden sich in ihren Predigten
häufig vor allem an junge Menschen.«

Über die Predigt spreche ich auch mit dem Imam der Moschee.
Er heißt Khaled al-Sadiq, ist 39 Jahre alt und kommt aus dem
Jemen. Seit 2013 ist er festangestellter Imam der Moschee. Sein
Vertrag ist unbefristet. Al-Sadiq ist verheiratet und hat vier Kin-

der. Deutsch spricht er bisher kaum, obwohl er seit vier Jahren in Deutschland lebt. Aber er besuche einen Sprachkurs, sagt er mir. Al-Sadiq sieht wesentlich jünger aus, als er ist. Er hat auffallend weiße Zähne, ist schmal gebaut, auf dem Kopf trägt er einen Turban. Ältere Gemeindemitglieder küssen ihm im Vorbeigehen die Hände. Er ist ganz offensichtlich eine Autorität. Wir brauchen einige Minuten für die kurze Strecke vom Gebetsraum in sein Büro, weil er von zahlreichen Leuten angesprochen wird und jedem kurz antworten möchte. Wir führen das Gespräch auf Arabisch.

»Ich bin Imam geworden, weil ich mich für islamische Wissenschaften interessiert habe, so wie sich andere für Chemie, Physik oder andere Wissenschaften interessieren. Ich möchte mich mit den Seelenwünschen der Menschen auseinandersetzen«, erzählt er mir. Ob es von seiner Familie gewollt gewesen sei, dass er Imam wurde? »Das kann man so nicht sagen, meine Brüder machen zum Beispiel ganz andere Sachen, einer ist Ingenieur, ein anderer arbeitet als Geschäftsmann. Das Leben der Muslime in Deutschland ist natürlich ganz anders als im Nahen Osten.« Ich frage ihn, was er mit der Predigt über den Zauberer und den Jungen aussagen wollte. »An die Predigt kann ich mich nicht erinnern«, antwortet er. Viel mehr können wir nicht besprechen. Es liegt nur wenig Zeit zwischen dem Freitagsgebet und dem Nachmittagsgebet, kaum mehr als zehn Minuten. Draußen höre ich bereits den erneuten Gebetsruf. Khaled al-Sadiq muss zurück in den Gebetsraum.

»Nehmt euch Zeit für das Lernen, das Studium der islamischen Wissenschaften, denn bei Gott, euch wird nur das rechte Wissen retten!«

Ort ◆ Dar-al-Hekmah-Moschee, Berlin
Glaubensrichtung ◆ sunnitisch
Sprache ◆ Arabisch
Datum ◆ 15. Juli 2016
Thema ◆ Streit im Islam

Die Woche

Frankreich wird von einem weiteren islamistischen Terroranschlag heimgesucht: Während der Feierlichkeiten zum französischen Nationalfeiertag rast in Nizza ein Lkw in eine Menschenmenge. Der tunesische Attentäter Mohamed Lahouaiej Bouhlel tötet mindestens 86 Menschen, etwa 400 werden verletzt. Der Anschlag löst eine erneute Sicherheitsdebatte aus.

Theresa May wird neue britische Premierministerin. Ihr Vorgänger David Cameron hatte nach dem Brexit-Referendum seinen Rücktritt erklärt. May steht nun vor der Aufgabe, Großbritannien aus der EU zu führen. Sie erklärt, sie wolle »den Brexit zu einem Erfolg machen«.

Das Statistische Bundesamt gibt neue Zahlen zur Einwanderung heraus: 2015 kamen 2,14 Millionen Menschen nach Deutschland, mehr als je zuvor.

Die Moschee

Dar al-Hekmah heißt auf Arabisch »Haus der Weisheit«. Die Moschee ist in einem langgestreckten Flachdachbau untergebracht, nicht weit vom seit der Flüchtlingskrise 2015 berüchtigten LaGeSo (Landesamt für Gesundheit und Soziales) im Berliner Stadtteil Moabit. Sie liegt im Erdgeschoss, über dem Eingang hängt ein Plakat mit der Aufschrift »Kultur- und Freizeithaus, Moschee« und »Familie – Kultur – Integration«. Direkt daneben befinden sich ein großer Kindergarten und ein Hundespielplatz. Auf der anderen Seite eines Parkplatzes liegt der »Jugendclub Zille«. Der Eingangsbereich ist winzig. Sofort, als ich die Kunststofftür öffne, muss ich mir auf einer Schwelle, die vielleicht 40 Zentimeter breit ist, die Schuhe ausziehen und in einen Schrank stellen. Dahinter ist schon alles mit Teppichen ausgelegt. Die Moschee ist sehr verwinkelt, wahrscheinlich, weil die Räume ursprünglich nicht zu diesem Zweck entworfen wurden. Rechts führt ein langer Flur bis zum Waschraum. Daneben sehe ich den Gebetsraum für Frauen. Die Tür ist verschlossen, an ihr ist ein großes Schild mit einer abwehrenden Hand angebracht: »Betreten verboten«. Links hinter der Eingangstür reihen sich mehrere Räume, die zusammen die Gebeträume der Moschee bilden. Die Räume sind nicht höher als zweieinhalb Meter. Es gibt verschiedene Sitzmöglichkeiten: Plastikstühle, aber auch kleine Sofa-Nischen.

Die Predigt

Lob sei Gott, der die Wahrheit wahrgemacht hat bis zum Jüngsten Tag. Und wie soll es auch nicht so sein, wenn Gott doch spricht: *»Und sprich: ›Gekommen ist die Wahrheit, verfallen ist der Trug.‹ Siehe, der Trug ist zum Verfall bestimmt.«* [17:81] Er machte den

Trug zunichte bis zum Jüngsten Tag, denn was ist beglückender als an der Wahrheit festzuhalten und den Trug zu beseitigen bis zum Tag des Abschieds [des Jüngsten Gerichts].

Wir loben Ihn, gepriesen und erhaben sei Er, vielmals und preisen Ihn am Morgen und am Abend. Ich bezeuge, dass es keinen Gott gibt außer Gott in Seiner Einzigkeit und dass Er keinen Teilhaber hat. Und wir bezeugen, dass unser Herr Muhammad Sein Diener und Gesandter ist.

»Er ist es, der seinen Gesandten mit der rechten Leitung sandte und mit der Religion der Wahrheit, um ihr zum Sieg zu verhelfen über alle Religion. Gott genügt als Zeuge.« [48:28] Wer Gott gehorcht und Seinem Gesandten, der ist rechtgläubig und rechtgeleitet, und wer sich Gott und Seinem Gesandten widersetzt, der geht irre und handelt ungerecht, und hat schon klar verloren.

Und weiter: Ihr Muslime! Möge Gott der Erhabene euch Glück bescheren und eure Fehler tilgen. Ich werde heute vielleicht etwas wissenschaftlich, denn es mangelt uns an den einfachsten wissenschaftlichen Dingen. Die Gelehrten des Islams in ihrer Gesamtheit waren sich darin einig, dass die Worte, die die Herzen beruhigen [Raqā'iq], und die Verlockungen des Jenseits ausschließlich auf der [islamischen] Wissenschaft [ʿilm][20] gründen. Du verlockst jemanden, der Wissen hat. Der Unwissende aber, den verlockst du zur Wissenschaft selbst, denn der Nichtwissende wird nicht durch die empfohlenen Handlungen [Mandūbāt] angezogen, nicht durch die Verlockungen des Jenseits und die Überlieferungen zur Vortrefflichkeit [Faḍā'il], sondern durch das, was zwangsläufig von der Religion bekannt ist.

Die Menschen heute wollten ihre Gemeinschaften zu Gemeinschaften der Prophetengefährten [Sahāba] und -nachfolger machen. Nein, mein Herr, die Gemeinschaften der Propheten-gefährten und die Gemeinschaften der Prophetennachfolger be-saßen die Grundlagen der Wissenschaften, und ihnen war das Notwendige in den Wissenschaften bewusst. Es gibt einen gro-ßen Unterschied zwischen dem Erdboden und den Plejaden.[21]

Ihr Muslime! Wenn wir zu unseren Gemeinschaften in Europa kommen, stellen wir fest, dass die Leute keinen Unterschied zwischen der Wahrheit und dem Nichtigen machen, sondern Wahrheit und Nichtiges vermischen. Gott, gepriesen und erha-ben sei Er, tadelte ein Volk und sagte: »*Vermengt die Wahrheit nicht mit Nichtigem, und verbergt sie nicht, wo ihr doch Wissen habt!*« [2:42] Und verbergt sie nicht, wo ihr doch Wissen habt – das sind diejenigen, die die Wahrheit verbergen und doch wissen, dass das, wozu sie aufrufen, nichtig ist. Aber die Menschen wollen sich nicht die Mühe machen, die Wahrheit zu erfahren, und so findest du sie Zuflucht suchen in den Armen derer, die sie [zum Nichtigen] aufrufen.

Am Tag der Auferstehung [am Jüngsten Tag] wird dich das nicht entschuldigen, o Muslim, du kannst dich nicht entschuldigen. Und behaupte nicht, dass du unwissend warst, denn dann machst du deine Unwissenheit zur Entschuldigung. Denn Gott der Erhabene sagte in klarer Offenbarung: »*Folgt denen, die keinen Lohn von euch verlangen und rechtgeleitet sind!*« [36:21]

Außerdem bekräftigt das Hadith, dass die Menschen in der End-zeit jedem Schreihals [wörtl.: jedem, der kräht und iaht] hinter-herlaufen werden. Das sind die Prophezeiungen des Gesandten Gottes, Gott segne ihn und schenke ihm Heil, sie werden hinter jedem Schreihals herlaufen und sich von der Wahrheit und den Anhängern der Wahrheit [den Muslimen, arab. ahl al-Haqq] lossagen. Das sehen wir heute, und der Beweis für das, was ich sage, ist das, was Bukhari in seinem Sahih [Hadithsammlung] vom Gesandten Gottes, Gott segne ihn und schenke ihm Heil, überliefert hat: Er sagte am Ende des Hadith: »Wenn kein Gelehrter mehr da ist, werden die Menschen die Unwissenden zu ihren Führern nehmen«, das heißt, die Menschen wünschen dies, und »sie werden die Unwissenden [zur Lösung ihrer Probleme] heranziehen, und jene werden sie leiten [wörtl.: Rechtsgutachten/Fatwas abgeben], ohne selbst [den Islam] zu kennen. Somit werden sie fehlgeleitet sein, und sie werden [die Menschen] irreleiten.« Somit werden sie fehlgeleitet sein, und sie werden [die Menschen] irreleiten.

Lasst uns ein wenig darüber sprechen, was zu Beginn des Ramadans und zum Ende des Ramadans geschehen ist. Einige Menschen verursachten eine Streitigkeit im Ramadan und eine Streitigkeit am Ende des Ramadans, wie die Streitigkeit zwischen Malik und Asch-Schafi'i[22], und das ist ein großer Fehler. Das ist ein Fehler, den man nicht durchgehen lassen darf. Ein gravierender Fehler. Vielleicht gefällt es einigen Leuten nicht, was ich da sage, aber sie müssen es über sich ergehen lassen.

»Er [der Esel] magerte ab, bis er so dünn war, dass seine Nieren [durch die Haut] schienen, bis selbst jeder Mittellose nach seinem Preis fragte.« Er magerte ab, beim Herrn der Kaaba [Gott][23], er magerte ab, bis er so dünn war, dass seine Nieren [durch die Haut] schienen, bis selbst jeder Mittellose nach seinem Preis fragte.

Die Streitigkeit zwischen Malik und Asch-Schafi'i, oder die Streitigkeit zwischen Malik und Abu Hanifa,[24] ist keine, die die grundlegenden Dinge betrifft, es geht dabei nicht um die Dinge, zu denen die überlieferten Textbelege[25] eindeutig sind. Bei der Streitigkeit geht es vielmehr um die korrekte selbständige

Rechtsfindung [Iğtihād], und hierzu möchten wir euch ein Beispiel geben. Gott, gepriesen und erhaben sei Er, sprach: *»Verboten ist euch das Verendete, Blut, Schweinefleisch und das, worüber ein anderer Name als der Gottes gepriesen wurde; dann das Erwürgte, Erschlagene, Gestürzte und Gestoßene und was ein wildes Tier anfraß – außer ihr schlachtet es [...].«* [5:3]

Schaut euch die Streitigkeit zwischen Malik und Asch-Schafi'i an. Die Streitigkeit zwischen Malik und Asch-Schafi'i liegt in der Ausrichtung des Verses [und] liegt darin begründet, dass es keine Textbelege gibt, die diesen Vers genau einteilen. Wohin nun [sollten sie sich mit dieser Streitigkeit] wenden? Gott, gepriesen und erhaben sei Er, sprach: *»Und wenn ihr über etwas streitet, so bringt es vor Gott und den Gesandten, wenn ihr an Gott glaubt und an den Jüngsten Tag.«* [4:59]. Und so brachten wir, so brachte Imam Malik die Streitigkeit mit Asch-Schafi'i vor die überlieferten Handlungsweisen [Sunna] des Gesandten Gottes, die das Buch [den Koran] erläutert. Er fand aber keine überlieferte Norm [in der Sunna], welche die beiden für eine Lösung ihrer Streitigkeit heranziehen konnten. So wandten sie sich dem Buch selbst zu, und das Buch ließ die beiden Fälle, die beiden unterschiedlichen Meinungen zu, warum? Weil die Hinwendung in dieser Streitigkeit hier zur Sprache erfolgt, laut dem Buch Gottes, »außer ihr schlachtet es«. Und das, was nach »außer« steht, ist bei Asch-Schafi'i mit dem verbunden, was vor »außer« steht, und bei Malik ist das, was nach »außer« steht, nicht mit dem verbunden, was vor »außer« steht.

Niemand kann in dieser Sache eine Korrektur vornehmen, denn es ist eine rechtliche Streitigkeit, eine Streitigkeit zwischen zwei jungen, furchtlosen Löwen. Denn es ist eine Streitigkeit, und wer sich an das eine hält, hat recht, und wer sich an das andere hält, hat recht. Das nennen wir Streitigkeit, liebe Muslime.

Denn der eine hat die Sprache zugrunde gelegt, und der andere hat die Sprache zugrunde gelegt, und der Hinweis darauf, die Sprache als Grundlage zu verwenden, ist der Ausspruch Gottes des Erhabenen: *»Siehe, wir sandten es herab als Lesung auf Arabisch, vielleicht begreift ihr ja.«* [12:2]

Die Sprache hat also entschieden, aber kein eindeutiges Urteil gefällt, sondern ein Urteil für zwei Lager gefällt und beide Lager unterstützt. Das ist die lobenswerte Streitigkeit, derer wir als Menschen bedürfen. Dass aber der, der nicht versteht, mit dem streitet, der es nicht versteht – hört mit eurem Verstand zu, und enthaltet euch der Sympathien und Parteilichkeit –; was ich sage, ist, dass ich keiner Partei angehöre, ich spreche kein Recht aus Parteilichkeit oder Konfessionszugehörigkeit, vielmehr sage ich eine Wahrheit, in der ich mich ausschließlich Gott, gepriesen und erhaben sei Er, widme. Die Streitigkeit des Unwissenden mit dem Unwissenden ist ein Übel. Lassen wir die Streitigkeit der Unwissenden wie die Streitigkeit der Gelehrten und Rechtsgelehrten sein? Wie können wir die Abnormität zur Regel machen, und die Regel zur Abnormität, wie können wir das zulassen, liebe Muslime?

Wir kommen nun zur Sichtung [der Mondsichel zu Beginn des Ramadans]. Gott, gepriesen und erhaben sei Er, hat die Sichtung eindeutig gemacht. An die Sichtung halten sich die Muslime, warum? Damit jeder Muslim mit der Mondsichel in Verbindung steht. Wenn wir aber die Sache den Astronomen in die Hand geben, so überlassen wir das Urteil drei Menschen in jedem Staat, oder einem Menschen, der über das Schicksal der Menschen bestimmt. Auf die Weise machen wir unsere Religion der Religion des Priesters ähnlich. Die Katholiken machen sich abhängig von einem Mann im Rom. Wir sind nicht so. Nicht jeder kennt sich mit der Berechnung aus. Die Berechnung ist also eine andere

Sache. Deshalb können die Gelehrten die Berechnung in Europa erlauben, in einem einzigen Fall.

Wenn wir fünfhundert Jahre zurückschauen, als die Entfernungen noch groß waren zwischen Europa und den islamischen Ländern, dann [sehen wir, dass] die Nachrichten von [der Sichtung der] Mondsichel überbracht wurden und vielleicht nach einer Woche angekommen sind. Die Rechtsgelehrten sind sich darin einig, dass in den Ländern, in denen es Nebel oder Wolken gibt und die Menschen dort die Mondsichel gar nicht sichten können, in diesem Fall die Berechnung zur Ermittlung [des Erscheinens] der Mondsichel [verwenden] dürfen. Ich habe dies schon mehrmals gesagt. Jetzt aber haben wir die Technologie, und wenn wir hören, dass die Mondsichel in einem Land [gesichtet wurde], fasten wir.

Früher, zu Zeiten von Muawiya ibn Abi Sufyan,[26] wurde die Mondsichel in Damaskus gesichtet, und die Nachricht davon kam noch in derselben Nacht in Marokko an. Die Marokkaner mussten also nicht auf die Berechnung zurückgreifen, denn es gab ein einziges Kalifat und die Übermittlung erfolgte über Leuchtfeuer, über die Entzündung von Feuern auf den Berggipfeln, so dass die Nachricht sich schnell bis nach Marrakesch verbreitete, das damals noch gar nicht gegründet war, und bis nach Al-Andalus [Spanien], das damals noch gar nicht erobert war. In Ländern wie dem der Bulgaren hingegen, wo der Himmel bewölkt ist und niemand aus anderen Ländern ihnen den Monat mitteilte, mussten sie jeweils Monatsbeginn und Monatsende per Berechnung ermitteln.

Dies ist ein Fall, den es wirklich gibt [oder: gegeben hat]. Dass wir aber in unserer heutigen Zeit, in der ein Telefonanruf [ausreicht], in der wir die Konferenzen in aller Welt, auf denen über die Mondsichel und die Sichtung diskutiert wird, auf dieselbe Weise und im selben Moment, live, verfolgen, wie können wir da behaupten, dass Monatsbeginn und Monatsende unterschiedlich sind?

Es gibt keine Ausrede für uns. Wenn wir die Regel überschreiten und uns an die Abnormität klammern, wird das Abnormität im Rechtsgutachten genannt. Davon ausgehend sagten die Gelehrten, dass derjenige, der den Menschen [auf Grundlage der] Abnormität eine Fatwa ausstellt, kein Gelehrter ist. Ein Gelehrter ist jener, welcher der Mehrheit folgt. Wie der Gelehrte Ibn Abi Schaiba in seinem Muṣannaf [eine Hadithsammlung] vom Gesandten Gottes, Gott segne ihn und schenke ihm Heil, in zusammenhängender Überliefererkette überlieferte:»Folgt der Mehrheit der Muslime.« Adh-Dhahawi [oder vielleicht: adh-Dhahabi] und andere sagten: Mit der Mehrheit ist die Mehrheit der Gelehrten des Islams gemeint, nicht der Allgemeinheit, denn die Allgemeinheit wird gestärkt durch die Gelehrten des Islams. Wenn es zu wenige Gelehrte des Islams gibt, ist die Allgemeinheit schwach. Deshalb heißt es im Hadith:»Wenn kein Gelehrter mehr da ist, werden die Menschen« – also die Allgemeinheit –»die Unwissenden zu ihren Führern wählen und sie [zur Lösung ihrer Probleme] heranziehen. Jene werden sie leiten, ohne selbst [den Islam] zu kennen. Somit werden sie fehlgeleitet sein, und sie werden [die Menschen] irreleiten.«

Liebe Muslime, niemand hat das Recht, eine Streitigkeit zu verursachen, außer er ist ein Gelehrter. Wenn es eine Streitigkeit gibt, benennen wir sie, wir bezeichnen die eine Partei als diejenige, die Recht hat, und die andere Partei als diejenige, die Unrecht hat. Wir sagen, das Richtige ist unrichtig, und die Gottesverehrung auf die richtige Weise ist zulässig, und die Gottesverehrung auf die unrichtige Weise ist zulässig, denn die Streitigkeit ist unter den Gelehrten aufgetreten. Wenn aber eine Streitigkeit durch Menschen entsteht, die keine Gelehrten sind, dann ist das Richtige ein Übel und das Unrichtige ein Übel, denn jener, der das Richtige gesagt hat, hat es einfach so richtig getroffen, und jener, der das Falsche gesagt hat, ist auf Unglück und Übel gestoßen.

Liebe Muslime, ich habe Menschen gehört, die auf YouTube sprechen und eine Streitigkeit wie die Streitigkeit derer, welche die Rechtsquellen selbständig auslegen [Muǧtahidūn], verursachen. Nein, bei Gott, nicht so wie die Streitigkeit der selbständig Auslegenden, denn sie fürchten Gott in diesem ihrem Handeln. Wir wurden heimgesucht von Menschen, die sich an den Textbelegen festklammern und dabei von allen Menschen am wenigsten über die Textbelege wissen. Wir wurden heimgesucht von Menschen, die über dich Schlussfolgerungen ziehen aus dem Buch Gottes und der Sunna des Propheten, ohne sich bewusst zu machen, was das Buch und was die Sunna sind. Es gibt Menschen, die ihr Verständnis des Buches und ihr Verständnis der Sunna zu einem Teil des Buches Gottes und einem Teil der Sunna machen. Wenn du ihm widersprichst, wirft er dir vor, dem Koran und der Sunna zu widersprechen.

[Dann sage ihm:] »Ich habe deinem unglücklichen Verständnis widersprochen. Was aber die Textbelege angeht, so sind sie uns das Teuerste. Wir sind unterschiedlicher Meinung über dein Abgleiten und deine lügnerischen Behauptungen, und wir können deine Behauptungen nicht zu einem Teil der Textbelege machen.« Ich habe dazu eine Abhandlung geschrieben, die ich »Das Richtige sagen in Erwiderung auf die, die ihr Verständnis zu einem Teil des Buches machen« genannt habe. Ich habe erklärt, dass die Auslegungen keine Textbelege sind.

Es hat einmal eine Konfession [oder: Sekte] von Menschen ihre Vorstellungen zu Textbelegen gemacht. Sie sagen, dass ihre Vorstellungen Teil des Buches und der Sunna sind. Das sind eure Vorstellungen, liebe Leute, geht nicht den Weg der Irreführung. Fürchtet Gott und führt nicht die Menschen und euch selbst in die Irre.

Dort ist Imam Asch-Schafi'i, der von dem Vers das verstanden hat, was er verstanden hat – machen wir aus dem Verständnis von Asch-Schafi'i einen Textbeleg? Nein! Und dort ist Imam Malik, der von dem Vers das verstanden hat, was er verstanden hat – machen wir aus seinem Verständnis einen Textbeleg? Nein, das ist das Verständnis von Malik, und das ist das Verständnis von Asch-Schafi'i. Wir können die selbständige Rechtsauslegung nicht zu einem Textbeleg machen. Die selbständige Rechtsauslegung, die aus den Reihen [der Gelehrten] kommt, können wir nicht zu einem Textbeleg machen. In ihrer Gesamtheit können wir sie vielleicht zu einem Textbeleg machen, wenn wir die selbständige Rechtsauslegung selbst verteidigen. Wenn wir aber die [Streit-]Fragen der selbständigen Rechtsauslegung verteidigen, dann können wir die Fragen nicht zu Textbelegen machen.

Was haben die Menschen in früheren Zeiten gesagt? Die malikitische Rechtsschule [Maḏhab], was ist das [denn]? Denn vielleicht diskutiert ein selbständig Auslegender [Muǧtahid] diese Rechtsschule. Und wenn er sagen würde, dies ist die Rechtsschule des Gesandten Gottes, dann wäre diese Diskussion, selbst wenn es eine einfache Diskussion wäre, doch Gotteslästerung. Heute ziehen die Menschen ein weißes Gewand an und lassen sich ihr Kopfhaar wachsen und sagen dann, das ist die Rechtsschule des Gesandten Gottes.[27] Welche Rechtsschule? Das heißt, du würdest die Gemeinschaft der Muslime [Umma] in ihrer Gesamtheit ausschließen und der Umma eine Rechtsschule zuweisen, gar über sie urteilen, dass sie Bewohner der Hölle [sein werden]. »*Siehe, das war die klare Prüfung!*« [37:106]

Liebe Muslime, die Freitagspredigten allein reichen nicht aus. So wie ihr euch Zeit nehmt fürs Café und für das abendliche Gespräch zu Hause, so nehmt euch Zeit für das Lernen, für das Studium der islamischen Rechtswissenschaft [Fiqh], denn bei Gott, euch wird nur das rechte Wissen retten. Den Kaffee trinkt ihr und geht auf die Toilette, und damit ist die Aufgabe des Kaffees erfüllt. Trinkt ihr Tee, ist es genauso. Esst ihr Fleisch, ist es genauso. Das Wissen aber bleibt, das Wissen aber bleibt für immer.

Imam Beiruni war krank und ans Bett gefesselt. Hört gut zu. Jeder wusste, dass er dem Tode nahe war, und er selbst wusste es. Als er aufwachte, fragte er einen Gelehrten etwas zu einer Erbangelegenheit, und der Gelehrte antwortete ihm. Da wurde ihm gesagt, »lieber Imam, du stehst an der Schwelle zum Jenseits und bist dem Tode nahe, was nützt dir diese Information?« Er sagte, »ich möchte Gott dem Erhabenen gegenübertreten und dies wissen. Das ist mir lieber, als Gott dem Erhabenen gegenüberzutreten und es nicht zu wissen.« Seht diesen Ansporn zum Wissen.

Deshalb, liebe Muslime, wenn ich vielleicht auch nicht alles sagen konnte, was ich im Sinn hatte, so wird doch der Verständige auch den Hinweis verstehen und hat verstanden, was ich sagen wollte. Ich bitte Gott, gepriesen und erhaben sei Er, um Erfolg. Lob sei Gott, dem Herrn aller Schöpfung.

Diskussion

Nach der Predigt bleibt bei mir manche Frage offen. Um zu erschließen, was die zentrale Botschaft dieser Predigt ist, muss ich einige der Inhalte zunächst mit Experten besprechen. Zunächst: Die Geschichte mit der Streitigkeit zwischen Malik und Asch-Schafi'i: Was soll das heißen? In welche Richtung weist diese Anspielung? Und gibt es einen aktuellen Bezug? Verena Klemm, Orientalistin an der Universität Leipzig, gibt mir Auskunft:

»Malik, Schafi und Abu Hanifa sind die historischen Autoritäten der drei sunnitischen Rechtsschulen der Malikiten, Schafi'iten und Hanafiten (hinzu kommen die Hanbaliten). Malik auf der einen Seite und Schafi'i und Abu Hanifa auf der anderen Seite interpretieren den berühmten Vers vom Speiseverbot unterschiedlich. Malik deutet den Vers aus der 5. Sure so, dass man kein Fleisch von verletzten Tieren essen darf. Dabei berücksichtigt er nicht den mit Gedankenstrich vom Satz getrennten Zusatz: ›– außer ihr schlachtet es‹. Schafi'i betrachtet diesen Zusatz als dem Satz zugehörig, so dass er zu der gegenteiligen Interpretation kommt, dass man ein verletztes Tier verzehren darf, wenn es kurz vor dem Tod noch rechtzeitig rituell geschlachtet wird. Dem Prediger geht es darum zu zeigen, dass es sich bei diesen diametralen Positionen um einen legitimen Streit zwischen Muslimen handelt, weil beide auf solider sprachwissenschaftlicher Grundlage argumentieren, auch wenn sie zu verschiedenen Ergebnissen kommen. Er rechtfertigt die selbständige Rechtsfindung der beiden.«

Eine andere Passage, die mir auffällt, ist jene über die Sichelsichtung. Ich fasse die Botschaft so auf: Exakte Wissenschaft brauchen wir nicht, denn wer die Sichel sieht, braucht keine Berechnung. Aber es scheint auch um Grundsätzliches zu gehen:

»Wenn wir zu unseren Gemeinschaften in Europa kommen, stellen wir fest, dass die Leute keinen Unterschied zwischen der Wahrheit und dem Nichtigen machen, sondern Wahrheit und Nichtiges vermischen.« Was heißt das? Verena Klemm:

»Eine der muslimischen Dauerstreitigkeiten ist der Streit um den Neumond, der den Anfang und das Ende des Fastenmonats Ramadan markiert. Es gibt verschiedene Methoden, die Präsenz des Neumonds festzustellen: erstens die Sichtung mit bloßem Auge oder zweitens die von vielen Sunniten abgelehnte astronomische Vorausberechnung. Drittens haben die Gelehrten auf der arabischen Halbinsel, der Entstehungsstätte des Islams, den Anspruch, den Neumond quasi am Originalschauplatz zu sichten und diesen Moment überall in der islamischen Welt zum verbindlichen Anfang oder Ende des Fastenmonats zu erklären. Dieser Berliner Prediger entscheidet sich dafür, der astronomischen Messung zu folgen. Denn in Europa lässt sich wegen der Wolkendecke der Neumond nicht erblicken. Den Gelehrten aus Saudi-Arabien will er auch deshalb nicht folgen, weil er sich nicht von ihnen abhängig machen will wie die Katholiken vom Papst. Der Prediger vertritt also eine ›europäisch-islamische Lösung‹.«

Nach diesen Erläuterungen kommt die Predigt bei mir zwar als inhaltlich sehr komplex und fremdartig an. Aber sie ist die eine von nur zwei Predigten, in denen das Leben in Deutschland nicht als negativ bewertet wird oder eine starke politische Prägung besteht. Die Kernaussage ist für mich eine Warnung vor Predigern und Gruppen, die für sich in Anspruch nehmen, den Islam zu vertreten, aber dazu gar nicht legitimiert sind, und spielt dabei auf die Salafisten an. Außerdem beinhaltet die Predigt den klaren Aufruf, sich weiterzubilden.

Als ich Professor Ourghi die Predigt zeige, ist dies die einzige, bei der er sagt: »Das ist eine harmlose Predigt! Denn ihre zentrale Botschaft ist: Eignet euch Wissen an!« Wobei sich dies klar auf religiöses Wissen bezieht und nicht auf weltliche Bildung.

Ich kehre noch einmal in die Dar al-Hekmah Moschee zurück, um mit dem Imam zu sprechen. Es ist Montagmittag, die Moschee ist komplett leer. Nur in einem der verzweigten Gebetsräume sitzt ein Mann auf einem Plastikstuhl. »Sind Sie der Imam hier?« »Kein Deutsch«, sagt der Mann. Ich versuche es auf Arabisch. »Ja, der Imam bin ich«, antwortet der Mann daraufhin. Wir setzen uns in eine der Sofaecken, die es in dem Gebetsraum gibt. Er stellt sich vor als Muhammed Suleiman, 41 Jahre alt, aus Ägypten. Er ist etwas untersetzt und hat eine sogenannte Sabiba. Das ist ein runder, dunkler Fleck auf der Stirn an der Stelle, die beim Niederwerfen den Gebetsteppich berührt. Wenn jemand viel betet, bildet sich dort mit der Zeit eine Art Hornhaut, eine dunkle Verfärbung, die ein Zeichen für besonders gläubige Muslime ist. »Eigentlich sind wir zwei Imame hier«, sagt Muhammed, »aber mein Kollege ist gerade in Mekka, in Saudi-Arabien.« Muhammed sagt mir, er sei seit 2014 in Deutschland. »Davor lebte ich aber bereits zehn Jahre in Italien. Ich spreche gut Italienisch und habe auch eine italienische Aufenthaltsgenehmigung.« Dank der Schengen-Raum-Regeln könne er damit ja auch ganz einfach in Deutschland leben.

»Die Arbeit als Imam ist eine schwierige Arbeit«, so Muhammed weiter, »denn wir tragen eine große Verantwortung für die Muslime, vor allem hier.« Die meisten der Besucher seien Araber und Türken, aber die Predigten seien nur auf Arabisch. Hin und wieder würden auch ein paar Deutsche am Freitagsgebet teilnehmen. Ich sage Muhammed, dass einer der Islamwissenschaftler, mit denen ich über die Predigten gesprochen habe, diese besser als andere bewertet habe, weil es einmal nicht darum gegangen sei, dass die Welt religiöser werden müsse, sondern dass die Menschen sich Wissen aneignen sollten. Es ist offensichtlich, dass sich Muhammed über dieses Feedback freut. »Wir haben draußen ›Integration‹ auf dem Schild stehen, und natürlich sind Moscheen Orte für Integration. Wir müssen darüber reden, was da draußen in diesem Land gilt und was auf den Straßen geschieht. Damit die Jungen lernen und verstehen. Sehen Sie, ich kann Ihnen nicht einmal auf Deutsch antworten. Das ist doch nicht gut.«

»Oh Herr, halte sämtliche inländischen und ausländischen Feinde unserer Religion, unseres Staates und unserer Nation fern!«

Ort ♦ Şehitlik-Moschee Berlin
Glaubensrichtung ♦ sunnitisch
Sprache ♦ Türkisch
Datum ♦ 22. Juli 2016
Thema ♦ Der Putschversuch

Die Woche

Es ist die Woche des Putschversuches in der Türkei. Die Nachrichten überschlagen sich: Am 15. Juli 2016 um kurz nach 22 Uhr sperren Soldaten zwei der drei Bosporusbrücken in Istanbul, über Ankara fliegen Kampfjets. Wenig später rücken am

Istanbuler Atatürk-Flughafen Panzer vor. Schnell verbreiteten sich Meldungen von einem Putsch durch Teile des türkischen Militärs. Um Mitternacht wird im türkischen Fernsehen eine Meldung der Putschisten verbreitet, die die Machtübernahme durch das Militär verkünden. Um kurz nach ein Uhr nachts rufen die Imame im ganzen Land im Gebetsruf die Bevölkerung dazu auf, sich den Putschisten entgegenzustellen. Am frühen Morgen wird klar: Der Putschversuch ist gescheitert, Recep Tayyip Erdoğan bleibt Präsident der Türkei. Erdoğan reagiert auf den Putschversuch mit harter Hand. Tausende angeblich regimekritische Türken werden verhaftet. Die genauen Hintergründe sind unklar. Präsident Erdoğan beschuldigt den in im US-Exil lebenden Fethullah Gülen, Drahtzieher des Putschversuchs zu sein. Andere Stimmen behaupten, Erdoğan selbst habe den Putsch inszeniert, um seine Macht weiter auszubauen und sich über ein Bedrohungsszenario zusätzliche Befugnisse zu verschaffen.

Die Moschee

Die Şehitlik-Moschee ist einer der besonders auffälligen Moscheebauten in Berlin. »Şehit« ist die türkische Bezeichnung für Märtyrer. »Şehitlik« (»Martyrium«) bezieht sich auf türkische Gefallene des Ersten Weltkriegs, welche auf dem Friedhof neben der Moschee begraben liegen. Die Moschee befindet sich in der Nähe des ehemaligen Flughafens Tempelhof direkt am vielbefahrenen Columbiadamm. Kuppel und Minarett sind weithin sichtbar. Das Innere der Moschee ist prächtig ausgestattet mit teuren Teppichen, riesigen Kronleuchtern und Mosaiken an den Wänden. Es wirkt auf mich etwas überladen. Der Stil ist nicht modern, sondern eher altmodisch-orientalisch beziehungsweise osmanisch.

Ich kenne die Moschee. Im Dezember 2015 haben wir dort eine Ausgabe meiner deutsch-arabischen Talkshow »Marhaba – Ankommen in Deutschland« produziert. Wir hatten damals einen positiven Eindruck von der Zusammenarbeit. Die Moscheemitarbeiter waren interessiert und offen.

Die Predigt

In Deinem Heiligen Buch schreibst du vor, Märtyrer solle man nicht als Tote bezeichnen, mein Gott. Führe die Märtyrer mit den Propheten, mit anderen Märtyrern und Gläubigen zusammen, mein Gott! [Zuruf der Gemeinde: Amen!] Führe unsere Märtyrer mit den Märtyrern von Badr und Uhud,[28] mit den Märtyrern von Canakkale, Malazgirt[29] und Sakarya[30] im Paradies zusammen, mein Gott! [Zuruf der Gemeinde: Amen!] Unser Herr, der Prophet, gibt vor, das Märtyrertum sei das höchste Amt hinter dem des Propheten. Führe unsere Märtyrer in dieses hohe Amt, mein Gott! [Zuruf der Gemeinde: Amen!] Gib denjenigen, die es auf unsere Einheit und unser Wohl abgesehen haben, die unsere Ehre und Selbstachtung mit Kugeln beschießen, keine Gelegenheit, mein Gott! [Zuruf der Gemeinde: Amen!] Rette und bewahre unsere Nation und unser Land vor jeglichen inländischen und ausländischen Umtrieben und Hetze, die unsere Nation und Religion in ihren Grundfesten erschüttern würden! [Zuruf der Gemeinde: Amen!] Schenke unserer Nation, die in ihrer gesamten Geschichte gegen jegliche Angriffe heldenhaft Widerstand leistete, angesichts dieser Mordanschläge Standhaftigkeit, Geduld, Nüchternheit und Willensstärke, mein Gott! [Zuruf der Gemeinde: Amen!] Gib denjenigen, die es auf das Wohl, den Frieden und die Brüderlichkeit unserer Nation abgesehen und diesen eine Falle gestellt haben, keine Gelegenheit, mein Gott! [Zuruf der Gemeinde: Amen!] Wende ihre Fallen gegen sie selbst, verdamme diejenigen, die die Ehre unserer edlen Nation verachten, mein Gott! [Zuruf der Gemeinde: Amen!] Bewahre uns alle und unsere Nation vor der Zwietracht, jedweder Bosheit und Hetze, die sämtliche Terrornetzwerke in die Reihen unserer Nation säen möchten, sowie vor deren Bestrebungen, uns gegenseitig zu Verstößen gegen das Recht der Brüderlichkeit zu bewegen, mein Gott! [Zuruf der Gemeinde: Amen!] Trenne kein einziges Mitglied unserer Nation – gleichgültig, wie groß sein Leid ist – nicht einmal für einen einzigen Augenblick von Recht und Gesetz, von der Gerechtigkeit und der Barmherzigkeit, mein Gott! [Zuruf der Gemeinde: Amen!] Schütze unsere dem Paradies ähnelnde Heimat mit ihrem Westen und Osten, mit ihrem Norden und Süden, auf die alle Unterdrückten und Benachteiligten, egal welcher Sprache, Hautfarbe und Rasse, ihre Hoffnungen setzen, vor jedweder Not und Leid! [Zuruf der Gemeinde: Amen!]

Unsere Märtyrer, die für unsere Unabhängigkeit und Zukunft ihr Leben ließen, überlassen wir Deiner endlosen Barmherzigkeit. Behandele sie barmherzig, mein Gott! [Zuruf der Gemeinde: Amen!] Schenke ihren Eltern, Kindern und Ehepartnern, Geschwistern und unserer gesamten Nation Geduld, mein Gott! [Zuruf der Gemeinde: Amen!] Beschere unseren Veteranen schnelle Genesung, mein Gott! [Zuruf der Gemeinde: Amen!] Gib denen, die unsere Hoffnung und unseren Frieden zerstören wollen, keine Gelegenheit. Oh Herr, halte sämtliche inländischen und ausländischen Feinde, die den Fortbestand unserer Religion, unseres Staates und unserer Nation erschüttern würden, von uns fern. [Zuruf der Gemeinde: Amen!] Wir stützen uns auf Dich, wir vertrauen Dir, unsere Kraft schöpfen wir aus unserem Glauben. Lasse nicht zu, dass wir untergehen und zerfallen, mein Gott! [Zuruf der Gemeinde: Amen!] [unverständlich] Führe diesen edlen Widerstand unserer Nation als einen Widerstand für Recht und Gerechtigkeit zum Ziel, mein Gott! [Zuruf der Gemeinde: Amen!] Nimm unsere Gebete zu Ehren von Heiligen, Märtyrern an, mein Gott! [Zuruf der Gemeinde: Amen!]

Verzeihe uns! Lasse unsere Einheit und Einigkeit, unseren Frieden und unsere Eintracht bis zur Ewigkeit fortwähren, mein Gott! [Zuruf der Gemeinde: Amen!] Lasse unsere Liebe und unseren Respekt Dir gegenüber ewig bestehen, mein Gott! [Zuruf der Gemeinde: Amen!] Weise die Hände, die zum Gebet an Dich in die Höhe gereckt werden, die Dich um Deine Gunst anbeten, und unsere Herzen, die voller Liebe für Dich sind, nicht unerhört zurück, mein Gott! [Zuruf der Gemeinde: Amen!] Mein Gott, schenke uns im Jenseits und im Diesseits Deinen Segen und Deine Güte! Führe uns zum Paradies, mein Gott! [Es folgt ein Gebet auf Arabisch und danach der Gebetsruf des Muezzins. Danach werden die Gemeindemitglieder aufgerufen, sich einzureihen und die Reihen zu füllen. Es folgt ein weiteres Gebet.]

Meine verehrten Geschwister! Es gibt nationale und spirituelle Werte, die die Nationen aufrechterhalten. Liebe zur Heimat und Nation gehört auch zu diesen Werten. Ohne Heimat kann es keine Nation, ohne Nation keine Heimat geben. Das Leben mit Ehre und Würde in Freiheit sowie die Ausführung der religiösen Aufgaben ist nur durch das das Eintreten für eine unabhängige Heimat möglich. Aus diesem Grund wird in unserer Religion die Heimatliebe als Teil des Glaubens betrachtet.

Geehrte Gläubige! So wie es für die Menschen individuell Prüfungen gibt, haben auch Nationen Prüfungen. Als Nation haben wir fast in jeder Epoche der Geschichte ernste Prüfungen abgelegt. Wir waren mit sehr vielen Ereignissen konfrontiert, die unsere Existenz, unseren Glauben, unsere heilig erachteten Werte und unseren Frieden zur Zielscheibe von skrupellosen und gnadenlosen Mächten gemacht hatten. So hat unsere Nation in der Nacht des 15. Juli 2016 eine ernste Prüfungsnacht erlebt. Wir sind Zeuge davon geworden, dass durch die Hand von internen und externen Bösen sowie einer unseligen Struktur ein Putschversuch gegen die Unabhängigkeit unserer Nation und der Demokratie unseres Landes unternommen wurde. Diese der eigenen Nation zugefügte Behandlung der amoklaufenden Junta wird seitens der Nation sicherlich nicht vergessen werden, und man wird die an diesem fürchterlichen Versuch Beteiligten ewig verdammen.

Gott sei Dank, mit der Hilfe unseres erhabenen Herren Allah, der Besonnenheit und Weitsicht unserer Nation, der aufrichtigen Bittgebete und Fürbitten der unterdrückten und benachteiligten Völker entsprechend den Aussagen im Koran haben wir die Geschwisterlichkeit, Einheit und Eintracht festigen und aus dem Feuerring entfliehen können, in den wir als Nation hineingestoßen wurden. Unsere noble Nation hat mit diesem Eintreten seinen Glauben und seine Loyalität für die Rechtsstaatlichkeit, für die universalen und demokratischen Werte nochmals bekräftigend der ganzen Welt verkündet.

Aber durch dieses Ereignis wurde sichtbar, dass diejenigen, die seit vierzig Jahren die Saat der Aufwiegelei, Aufruhr und Feindschaft säen, unserer Nation sehr großen Schaden zugefügt haben.[31] Diejenigen, die den eigenen Verstand, die eigene Vernunft und den eigenen Geist anderen zu Diensten stellen, haben nochmals den größten Verrat gegenüber unserer Nation und der Religion der Wahrheit, Gerechtigkeit und Barmherzigkeit begangen. Die Menschen wurden durch Instrumentalisierung der religiösen und nationalen Werte belogen, um die eigenen Ziele und teuflischen Pläne zu verwirklichen.

Folglich sollten wir so umsichtig sein und solch ein Bewusstsein haben, dass wir als Nation nicht zulassen, dass uns jemand hinsichtlich Gottes täuschen soll, wie im gnadenreichen Koran gesagt wird. Denn diese Religion hat ein Buch, einen Propheten und ein vom Propheten uns hinterlassenes Erbe von Bräuchen und Werten [Sunna] und ein vorbildhaftes Leben. Außerdem haben wir einen Verstand und ein Herz, die uns der erhabene Gott geschenkt hat. Die islamische Religion ist nicht heute entstanden. Es gibt eine 14 Jahrhunderte währende Erfahrung und einen ernstzunehmenden Sachverstand der Zivilisation. Dieses sehend, sollten wir unsere Umwelt richtig einschätzen und unsere Religion richtig erlernen und richtig praktizieren, damit sich bestimmte Kreise nicht anmaßen, sowohl uns als auch unsere Familien und Kinder unter Instrumentalisierung Gottes zu täuschen und damit in Wirren und Aufruhr zu führen.

Meine geehrten Geschwister! Wir wünschen Gottes Barmherzigkeit für die gefallenen Märtyrer unserer Heimat bei diesem erfolgreich verhinderten und zu verurteilenden Ereignis, teilen unserer Nation unsere herzliche Anteilnahme mit und bitten um schnelle Genesung für die Verletzten. Möge Gott unsere Einheit und Eintracht beständig sein lassen, unsere Heimat und die ganze Menschheit von jeglichem Bösen und verräterischen Fallen bewahren. Möge Gott unsere Nation ähnliche Trauer nicht noch mal erleben lassen.

[Gebet auf Arabisch] Oh Gott, bewahre unseren Staat und unsere Nation vor jeglichem Bösen! [Zuruf der Gemeinde: Amen!] [Gebet auf Arabisch und auf Türkisch]

Diskussion

Ich lege die Predigt Abdelhakim Ourghi vor und befrage ihn dazu.

Ist das nicht eher eine politische Ansprache als eine Predigt?

»Man muss immer auch den Kontext im Blick haben und was das für ein Imam ist, der diese Predigt hält. Hier ist es ein DITIB-Imam, also ein Staatsbeamter. Er gehört zum Ministerium für religiöse Angelegenheiten. Das heißt, diese Imame vertreten die Richtlinien der AKP. Deshalb redet er die ganze Zeit über die Nation, und das bedeutet für ihn das Türkentum. Das ist eine politische Predigt im Sinne von Erdoğan und seiner Partei. Diese Predigt hat den Zweck, die enge Verbundenheit vieler Türken in Deutschland mit der Türkei aufrechtzuerhalten. Wir wissen auch, dass die DITIB-Imame Hasspredigten gegen die Gülen-Anhänger gehalten haben und dass man sie denunziert hat. Für mich hat das nichts mit Religion zu tun, sondern die Moscheen werden als Orte politischer Propaganda missbraucht. Wenn wir über Integration von Muslimen in Deutschland sprechen, dann ist eine solche Predigt eher ein Hindernis.«

Ist diese Predigt von der Religionsfreiheit gedeckt?

»Wir müssen auch definieren, was Religion in Deutschland bedeutet. Religion heißt ja nicht, dass unter dieser Überschrift jeder machen darf, was er will. Das ist keine Religion, das ist Ideologie. Und letztlich, wage ich zu sagen, entwickelt sich hier ein Staat im Staate. Eine solche Ansprache wie diese Predigt hat in einer Moschee nichts zu suchen.«

Inwieweit werden hier Politik und Religion vermengt?

»Sie vermengen hier zwei ganz verschiedene Begriffe, Heimat und Religion. Die Heimat ist für die Imame ganz klar die Türkei. Es ist die Instrumentalisierung der Religion zu politischen Zwecken. Was haben Erdoğan oder die AKP mit dem Propheten Mohammed zu tun? So etwas darf nicht in Moscheen auf deutschem Boden gepredigt werden!«

Professor Susanne Schröter ergänzt: »Das Märtyrertum scheint bei der DITIB immer häufiger aufzutauchen. Die Märtyrer sind die entscheidenden Figuren, die einen daran erinnern, dass man seine Heimatliebe nicht verlieren soll. Und mit ›Heimat‹ ist natürlich Anatolien gemeint.«

Das Personal der Şehitlik-Moschee stand für ein Gespräch leider nicht zur Verfügung.

»Die Gläubigen sollen auf Erden keine Unruhe stiften«

Ort ◆ Yunus-Emre-Moschee Berlin
Glaubensrichtung ◆ sunnitisch
Sprache ◆ Türkisch
Datum ◆ 5. August 2016
Thema ◆ Warnung vor »Hetzern«

Die Woche

Die Türkei erhöht den Druck auf die EU und fordert Visa-Freiheit für ihre Bürger. Bei Nichterfüllung droht die Regierung mit einem Ende des Flüchtlingsdeals. Die EU bleibt hart.

In Wien gerät der Kanzler Christian Kern durch den Rechtsruck in Österreich unter Druck. Er regt an, die EU-Beitrittsverhandlungen mit der Türkei abzubrechen. Aus Ankara erntet er dafür heftige Kritik.

Auf dem Rückflug vom Weltjugendtag in Krakau sagt Papst Franziskus, er halte es für falsch, den Islam als terroristisch zu bezeichnen oder ihn mit Gewalt gleichzusetzen. Auch getaufte Katholiken verübten täglich Gewalttaten.

Die Moschee

Ein Bekannter schickt mir eine E-Mail mit einer Google-Maps-Markierung an der Stelle, wo die Moschee liegen soll. Er schreibt, sie könne aber auch etwas weiter die Straße hinunter liegen. Ich steige an der S-Bahn-Station Wedding aus. Bei der angegebenen Adresse finde ich im Erdgeschoss einen türkischen Elektronikhandel. Ich frage den Verkäufer, ob er weiß, wo hier eine Moschee liegt. »Eine Moschee? Hier? Keine Ahnung.« Ich probiere es im türkischen Supermarkt nebenan und frage die Frau an der Kasse. »Mustafa«, brüllt sie durch den Laden und fragt auf Türkisch nach. Die türkische Kundin hinter mir an der Kasse diskutiert nun mit. Das Ergebnis: »Wir wissen nicht, wo hier eine Moschee ist.« Ich laufe die Straße mehrfach hinauf und hinunter. Dann entdecke ich über einem Teppichgeschäft einen türkischen Schriftzug und daneben klein und versteckt den Zusatz »Camii«, das türkische Wort für Moschee, wie ich inzwischen weiß. Einen Eingang finde ich zunächst nicht. Dann gehe ich durch eine Einfahrt in den Hinterhof und sehe einen Treppenaufgang und dann eine Art überdachte Stahlbrücke, die an das Gebäude angebaut wurde. Über sie erreiche ich die im ersten Obergeschoss befindliche Moschee. Der Gebetsraum ist groß und hell mit einer hohen Decke. Er fasst mindestens tausend Personen. Von außen hätte ich es nie für möglich gehalten, dass sich hier ein so großer Raum verbirgt. Benannt ist sie nach Yunus Emre, einem Sufi und klassischen Dichter, der im 12. und 13. Jahrhundert in Anatolien lebte.

Die Predigt

Obwohl sie ihn selbst nicht sehen können, glauben sie an Gott, der sie und ihr täglich Brot und alles andere erschaffen hat. Und sie glauben an alle Geschöpfe, die einen Auftrag von Gott erhalten haben. [Koranzitat auf Arabisch][32] Und sie erheben sich zum Gebet und verrichten ihren Gottesdienst. Welchen Gottesdienst verrichten sie? Sie beten fünf Mal am Tag gen Mekka.

So wie es Gott befohlen hat, erheben sie sich zum Gebet. Der Prophet, möge der Frieden und Segen Gottes mit ihm sein, sagt: »Das wichtigste Merkmal, das den Muslim vom Ungläubigen unterscheidet, ist das Gebet!« Wenn ihr herausfinden wollt, ob ein Mensch ein Muslim ist oder nicht, dann schaut euch an, welchen Gottesdienst er verrichtet, wie er betet. Rufen wir uns den Hadith von unserem Propheten, möge der Frieden und Segen Gottes mit ihm sein, zu diesem Thema in Erinnerung: »Das tägliche Gebet [Namaz] ist das wichtigste Merkmal, das den Muslim vom Ungläubigen, vom Hetzer unterscheidet.« Gläubige Menschen beten, wie es Gott befiehlt. Sie beten in Kenntnis dessen, warum sie beten müssen. Während sie diese Pflicht erfüllen, empfinden sie es nicht als eine Last, wie es der Hetzer tut. Wenn die Hetzer beten oder sich auf das Gebet vorbereiten, tun sie das, als wäre es eine Last. Sie tun es mit großer Unzufriedenheit. Wir werden wieder beten. Wenn wir beten, damit andere uns beim Gebet sehen können, damit wir es anderen zeigen können, dann ist das ein Fehler. Und dieser Fehler wird im Koran als ein Merkmal genannt, das die Hetzer kennzeichnet.

Und dann: [Koranzitat auf Arabisch] Sie übergeben die von Gott geschenkten Gaben und das täglich Brot an die Menschen, die auf dem rechten Weg zu Gott mit Privilegien ausgestattet werden. [Koranzitat auf Arabisch] Jene Menschen, die mit diesem Pflichtbewusstsein vorgehen, glauben an das von Gott gesandte Buch, an den Koran als Wegweiser und an alle heiligen Bücher, die von Gott vor dem Koran gesandt wurden. Und: [Koranzitat auf Arabisch] Sie glauben auf jeden Fall auch an das Jenseits. Menschen, die ein Leben mit diesem Pflichtbewusstsein geführt haben, haben im Hinblick auf das, was sie an ihrem Lebensabend und im Jenseits erwartet, keinen Anlass zu Sorge und Zweifel. Sie müssen sich also keine Gedanken darüber machen, ob sie wegen dieser oder jener ihrer Taten von Gott bestraft werden. Welches Bewusstsein haben sie? Am Schluss der Sure [4] »An-Nisa«[33] heißt es: [Koranzitat auf Arabisch] Wer eine gute Tat vollbringt, die so viel Gewicht wie ein Stäubchen hat, wird dafür auch entsprechend belohnt. Wer eine böse Tat vollbringt, die so viel Gewicht wie ein Stäubchen hat, wer sich gegenüber Menschen, gegenüber den Rechten von Menschen bzw. von Öffentlichkeit boshaft verhält, wird dafür entsprechend sühnen. Für pflichtbewusste Menschen besteht in diesem Zusammenhang kein Anlass zum Zweifel. Und dann: [Koranzitat auf Arabisch] Sie stehen über allen von Gott geschenkten [unverständlich] und werden auch die Befreiung erlangen.

Unser Gott versetzt uns und alle unsere geehrten Mitgläubigen, die wie ihr die Moscheen füllen, in Moscheen gehen, auf das Freitagsgebet warten, sich die Predigt anhören, in Kenntnis darüber, welche Merkmale unser Glaube aufweisen muss und mit welchem Bewusstsein wir vorzugehen haben. In dem darauffolgenden Koranvers werden die Merkmale von Ungläubigen beschrieben. In den anschließenden Versen bis zum 21. Vers [der Sure 2] beschreibt Gott die Merkmale von Hetzern. Im 11. Vers wird eines dieser Merkmale folgendermaßen beschrieben: [Koranzitat auf Arabisch] Ihnen wurde aufgetragen, sie sollen auf Erden keine Unruhe stiften. Unser Gott warnt uns vor Menschen, die nicht entscheiden konnten, ob sie zu den Muslimen oder den Ungläubigen gehören, die nicht wissen, woran sie glauben, wofür sie es tun, wem sie dienen, wessen Interessen ihre Gedanken entsprechen, die ihren Verstand an Dritte überlassen haben. [Koranzitat auf Arabisch] Gott warnt uns vor ihnen und sagt, wir sollen ihnen nicht trauen. Gott fordert uns auf, keine Unruhe auf Erden zu stiften. Wenn Sie die Hetzer aufrufen, sich darauf zu besinnen, warum sie erschaffen wurden, warum sie glauben müssen und welche Pflichten sie gegenüber ihrem

Schöpfer haben, werden Sie die Antwort bekommen: [Koranzitat auf Arabisch] »Wir sind es aber, die Gutes bewirken!« Wer gibt diese Antwort? Die Hetzer geben sie. Das heißt diejenigen, die sich vom Zweck ihrer Schöpfung entfernt haben. Ihre Gebete und Taten sind – rufen wir uns die Sure [98] »Al-Bayyina« in Erinnerung. Im 5. Vers heißt es dort: [Koranzitat auf Arabisch] Als Menschen, die Zuflucht in der Religion suchten und die sich an der Gerechtigkeit orientieren, wurde ihnen befohlen, sich in die Dienste Gottes zu stellen, ihr Gebet zu verrichten und die Armensteuer zu entrichten.

Wir haben den Auftrag, nur die Religion Gottes zu verfolgen, nur für die Gunst Gottes nützliche Gedanken zu verfolgen, gute Taten zu vollbringen und sonst für niemanden außer Gott, für keine andere Institution, für kein anderes Verständnis, für keinen anderen Gedanken tätig zu werden, also nur im Sinne und Interesse Gottes zu agieren. Das Gegenteil wäre ein großer Irrweg und würde bedeuten, dass man seine Intelligenz und seinen Verstand in die Hände von anderen gelegt hat. Ich bete dafür, dass Gott uns alle vor einem solchen Irrweg bewahrt.

Verehrte Gemeinde! Wir verfolgen es in den Medien, in der letzten, also dieser Woche wurde in der Türkei unter Führung der Religionsbehörde [Diyanet] ein Islamrat abgehalten. Dorthin kamen Gelehrte aus der Türkei, die im Namen der Religion sprechen, den Menschen eine Orientierung in Religionsfragen geben, ihnen die Bestimmungen des Korans vermitteln und Einschätzungen zu einer neu entstandenen Problematik abgeben dürfen. Wir alle haben das in den Medien verfolgen können. Diese Menschen haben einen Beschluss gefasst. Auch diesen können wir alle in den Medien nachlesen. Hier möchte ich auf einen Teil der Resolution hinweisen.

Wie in dem vorhin zitierten Vers sind wir verpflichtet, nur die Religion Gottes zu verfolgen. Das bedeutet aber auch, dass es die größte Pflicht von uns Muslimen ist, keine andere Person, keine andere Institution, kein anderes Verständnis außer Gott an dessen Stelle zu setzen. Gleichgültig, ob es die Person A, B, C, D, E, F, G ist, in religiösen Gemeinden – ich versuche den Beschluss sinngemäß wiederzugeben –, gleichgültig, ob es um die Person A, B, C, D, E, F oder G geht, wenn wir den Koran nicht als unseren Wegweiser anerkennen, wenn wir jenen Überbringer des Korans, den Propheten Mohammed, möge der Frieden und Segen Gottes mit ihm sein, nicht als unseren Wegweiser anerkennen, wenn wir andere Geschöpfe außer ihm als unseren Wegweiser anerkennen, dann bleibt von unserer Religion und unserem Glauben keine Spur übrig.

Im Koran sagt unser Prophet Mohammed, möge der Frieden und Segen Gottes mit ihm sein: [Zitat aus dem Koran auf Arabisch] »Genauso wie ihr bin ich auch nur ein Mensch.« [18:110, 41:6] Gott zitiert also im Koran den Propheten, möge der Frieden und Segen Gottes mit ihm sein, und sagt, dass auch er ein Mensch ist, dass er menschliche Züge aufweist. An anderer Stelle ist eine weitere Aussage zu finden, in der der Prophet zitiert wird: [Koranzitat auf Arabisch] »Du wirst eines Tages sterben, genauso wie die anderen Menschen sterben werden.« [39:30] Das heißt: Wenn du stirbst, wirst du Rechenschaft ablegen, genauso wie die Menschen um dich herum, die Rechenschaft ablegen werden. Unser Gott beschreibt also unseren Herren, den Propheten, möge der Frieden und Segen Gottes mit ihm sein, im Koran mit diesen Worten, mit diesen menschlichen Merkmalen. Gott spricht davon, dass er sterblich ist, dass das Leben vergänglich ist.

Heute wird in religiösen Gemeinden, bei verschiedenen Interpretationen der Religion leider, leider, leider, ohne den Koran zu kennen, ohne Menschenkenntnis, ohne die Kenntnis von unserem Propheten, möge der Frieden und Segen Gottes mit ihm sein, ohne die Vermittlung von Hadith und den Handlungsweisen unseres Propheten [Sunna] an die Menschen – ich treffe all diese Aussagen mit Blick auf das Religionsverständnis von Gemeinden – das eigene Religionsverständnis den Menschen eingeimpft. Sie tun so, als hätten sie die Weisheit mit Löffeln gegessen, als wären sie die einzig wahren Gläubigen, als müssten alle ihren Glauben so leben wie sie. Das haben sie in der Vergangenheit getan, tun es heute und werden es auch in Zukunft tun.

Lasst uns bitte nicht solche Fehler begehen – gleichgültig, welcher Gemeinde wir angehören, welches Religionsverständnis wir auch verfolgen. Wenn im Mittelpunkt unseres Glaubens und Denkens der Koran und das vorbildliche Leben unseres Propheten Mohammed, möge der Frieden und Segen Gottes mit ihm sein, stehen, werden wir nicht dem Fehler unterliegen, dass alles Erforderliche und Richtige von einer einzigen Person ausgehen wird, gleichgültig, wie diese Person heißt und welche Eigenschaften sie vorweist. In der Vergangenheit hätten wir diesem Fehler nicht unterliegen dürfen und dürfen es auch in Zukunft nicht. Unser Wegweiser ist der Koran, unser Wegweiser ist unser Prophet, möge der Frieden und Segen Gottes mit ihm sein.

Ich hatte schon einmal in Erinnerung gerufen und tue es jetzt erneut: Hodscha Nasreddin[34] verliert eines Tages in der Scheune seinen Ring. Er sucht in der dunklen Scheune nach dem Ring und kann ihn dort in der Dunkelheit nicht finden. Dann geht er in den Vorgarten seines Hauses und sucht dort weiter. Sein Nachbar beobachtet, wie er stundenlang hastig nach seinem

Ring sucht, und geht dann voller Neugier zu ihm. Er sagt:»Ich habe beobachtet, wie du hier stundenlang etwas suchst. Was ist es denn, wonach du suchst?« Hodscha Nasreddin antwortet: »Ich suche meinen Ring, den ich verloren habe.« –»Wo hast du denn deinen Ring verloren?« –»Ich habe ihn in der Scheune verloren.« –»Warum suchst du ihn hier im Garten?« –»Weil es in der Scheune stockdunkel ist!«

Wie beim Ring von Hodscha Nasreddin wissen wir als bewusste Muslime, Menschen und als Menschheit, was wir verloren haben, suchen es aber am falschen Ort. Was wir verloren haben, ist das Buch Gottes, der Koran. Wir alle ohne Ausnahme, einschließlich meiner Person, lesen den Koran nicht gebührend. Wir versuchen nicht, seinen Sinn vollständig zu erfassen, den Gesandten Gottes, möge der Frieden und Segen Gottes mit ihm sein, sowie dessen Hadith und Sunna zu verstehen. Wenn wir uns darum nicht bemühen, entstehen Wissenslücken. Im Namen der Religion treten Institutionen, Verständnisse auf, die diese Lücken füllen möchten und ihre Pseudoreligion vermitteln, die außerhalb der Religion stehen und nichts mit ihr gemeinsam haben. Und irgendwann glauben wir ihnen dann auch und verdunkeln unser Leben im Diesseits und Jenseits. An diesem Punkt möchte ich uns alle aufrufen, unsere diesbezüglichen Pflichten zu erfüllen. Unsere diesbezügliche Pflicht ist der Vorsatz, den Koran zu lesen und zu verstehen, nach seinen Vorgaben zu leben, den Propheten zu verstehen, ihn zu unserem Wegweiser und sein Leben zu unserem Vorbild zu machen. Genauso wie es die Scheune war, in der Hodscha Nasreddin hätte seinen Ring suchen müssen, genauso sind es der Koran und die Sunna unseres Propheten, möge der Frieden und Segen Gottes mit ihm sein, wo wir die Wahrheit suchen müssen. Gott möge uns in diesem Sinne den richtigen Weg weisen und das Glück schenken, auf dem rechten Weg bleiben zu können.

Bezüglich des [unverständlich] bringen wir vierzig Mal am Tag die göttliche Wahrheit zum Ausdruck. Vierzig Mal am Tag sagen wir beim Gebet:»Dir allein dienen wir, und Dich allein flehen wir um Hilfe.«[1:5] Man richtet sein Gebet an Gott. Alle Handlungen, die wir als Untergebene von Gott unternehmen, also das Gebet, die Pflichtabgabe, der Hadsch, gute Taten sowie alle anderen Handlungen im sozialen Leben führen wir für die Gunst Gottes aus. Und Gott lässt uns das vierzig Mal am Tag aussprechen. Dabei sagen wir auch [Koranzitat auf Arabisch], dass wir nur ihn um Hilfe anflehen. Er lässt uns vierzig Mal am Tag sagen, dass wir von keiner anderen Person oder Institution Hilfe zu erwarten haben. Wir sollten uns immer wieder auf diese göttliche Wahrheit besinnen. Gott möge uns ein Leben in dem Bewusstsein schenken, dass wir nur für die Gunst Gottes beten und nur Hilfe von ihm erwarten können.

Werte Gemeinde! In Kürze beginnt die Zeit des Opferfestes. Mit Gottes Segen werden wir am 11. September das Opferfest feiern. Das Schlachten eines Opfertieres ist bekanntlich für alle Muslime, die das erforderliche Mindesteinkommen haben, eine Pflicht. Wir müssen diese Pflicht nicht persönlich erfüllen. Wir müssen nicht unbedingt selbst schlachten. Wir können diese Aufgabe auch an unsere Verwandten übertragen. Wir können sie auch an Institutionen weitergeben, denen wir vertrauen. Haben Sie auch dieses Jahr Vertrauen in die DITIB oder Diyanet. Am Eingang der Moschee haben Sie wahrscheinlich entsprechende Aushänge gesehen. Sie können sich vertrauensvoll an uns wenden. Sie können hier die Vollmacht für die Schlachtung eines Opfertiers erteilen. Die Kosten betragen dabei 150 Euro.

Ich hatte das in den vergangenen Jahren bereits erläutert, aber lassen Sie mich noch mal erläutern, wie wir auf den Betrag von 150 Euro kommen. Wie Sie wissen, unterscheiden sich die Kosten für die Schlachtung eines Opfertieres von Land zu Land. In einigen Ländern belaufen sich die Kosten auf hundert Euro. In anderen Ländern liegen sie darunter oder darüber. Wenn wir die Vollmacht erteilen, obliegt die Entscheidung darüber, in welchem Land die Schlachtung vorgenommen wird, nicht uns. Wir erteilen lediglich die Vollmacht. Dann wird entschieden, in welchen Ländern die Not am größten ist. Und dort wird dann letztendlich auch geschlachtet und an Bedürftige weitergegeben. Nach der Schlachtung wird dann an die Mobilnummer, die Sie hinterlegt haben, eine SMS geschickt, mit der Sie informiert werden, wo die Schlachtung vorgenommen wurde. Oder wir erhalten eine E-Mail mit den entsprechenden Informationen, die wir am Schwarzen Brett im hinteren Teil unserer Moschee aushängen. In den allermeisten Fällen werden Sie das schon miterlebt haben.

Wenn es keine Schwierigkeiten bei der Post gibt, bekommen Sie dann ein Dankschreiben mit den entsprechenden Informationen. Wenn Sie zum Beispiel die Information bekommen, dass das in Ihrem Auftrag geschlachtete Opfertier 100 Euro gekostet hat, und Sie sich fragen, was mit dem Differenzbetrag von 50 Euro passiert ist, kann ich das wie folgt beantworten: Der Restbetrag wird an die Diyanet-Stiftung überwiesen, um später für andere wohltätige Zwecke verwendet zu werden. Wenn Sie uns also die Vollmacht erteilen und 150 Euro einzahlen, wird das Opfertier in Ihrem Namen in den unterschiedlichsten Ländern der Welt geschlachtet.

Wie Sie wissen, rufen wir an jedem ersten Freitag des Monats zu Spenden für unsere Moschee auf. Auch an diesem Spenden-Freitag möchten wir einen solchen Aufruf starten. Gott möge Ihre Spenden vergelten.

Gestatten Sie mir einen letzten Hinweis: Morgen und übermorgen, ferner am 13. und 14. sowie am 20. und 21. August wird in der Şehitlik-Moschee im Anschluss an das Mittagsgebet ein Seminar angeboten, an dem sich unsere Glaubensbrüder und -schwestern, welche an der von der DITIB organisierten Hadsch-Pilgerfahrt teilnehmen, beteiligen und über die Verhaltensregeln beim Hadsch informieren können. Also am kommenden Samstag und Sonntag sowie an den beiden folgenden Wochenenden finden diese Seminare statt. Und schließlich möchte ich an das Gemeindemitglied Korkmaz Vural erinnern, den viele von uns kennen und der vor kurzem verstorben ist. Gott möge ihn segnen. Bei dieser Gelegenheit möchte ich Sie aufrufen, in seinem Namen und im Namen der anderen Verstorbenen das Fatiha-Gebet[35] zu sprechen. [Gebet auf Arabisch]

Geehrte Gläubige! Unser erhabener Herr Allah sagte: »Wir haben den Menschen ja in schönster Gestalt erschaffen«, und weil er ihn auf schönste Weise erschaffen hat, auch wichtige Maßstäbe und Prinzipien bestimmt, um damit das Wohlbefinden und Glück des Menschen sowohl in der Welt als auch im Jenseits zu gewährleisten. Allen voran sind die Rechte des Individuums und der Öffentlichkeit zu beachten. Insoweit diese Rechte beachtet werden, wird es Wohlergehen in der Gesellschaft geben. Es ist eine Realität, dass das Unheil, der Streit und die Morde, sogar die Kriege darauf zurückzuführen sind, dass die gegenseitigen Rechte nicht respektiert werden. Aus diesem Grunde hat unsere Religion die Rechte von allen Menschen als heilig und unverletzbar anerkannt, ohne die Völker, das Geschlecht und die Religion zu diskriminieren, und bei Verletzungen dieser Rechte viele materielle und geistige Strafmaßnahmen eingeführt.

Geehrte Muslime! Das vorrangigste Recht eines Menschen ist das Recht auf Leben. Die Vergehen gegen dieses Recht zählen in unserem Glauben zu den großen Sünden. Außerdem sind auch Worte und Handlungen, die das Ansehen des Menschen erschüttern und die Ehre verletzen, auch Vergehen gegen die Rechte der Menschen. Aus dieser Sicht werden in verschiedenen Versen des gnadenreichen Korans alle negativen Handlungen wie die Verleumdung, üble Nachrede, das Verhöhnen, das Eindringen in die Privat- und Intimsphäre eines Menschen, ihm einen Spitznamen zu verpassen und der Spott verboten und aus der Perspektive des Vergehens gegen die Rechte des Individuums gewertet. In dem am Anfang rezitierten gnadenreichen Vers gebietet unser erhabener Herr Allah: »Und zehrt nicht euren Besitz untereinander auf nichtige Weise auf.« [Er] verbietet damit den Menschen die rechtswidrige Aneignung des Besitzes voneinander wie durch Betrug bei Maß und Waage, Diebstahl, Untreue bei Anvertrautem sowie Korruption.

Meine verehrten Geschwister! Es gibt sehr viele fatale Handlungen, die der Islam verboten hat und die zur Verletzung der Rechte von Menschen führen. Handlungen und Haltungen wie Menschen das Leben zu nehmen, Ehebruch zu begehen, die Ehre der Menschen zu verletzen, zu betrügen, arglistig zu täuschen, seine Schulden nicht rechtzeitig zu zahlen, das Recht von Waisen anzutasten, die Nachbarn und das Umfeld zu stören oder sich nicht an die Verkehrsregeln zu halten, bedeutet das Verletzen der Rechte von Menschen. Das friedliche Wohl der Gesellschaft zu stören und Wirrungen herbeizuführen, bedeutet das Recht der Öffentlichkeit zu verletzen. Denn wirr ist eine Handlung, die zum Durcheinander in der Gesellschaft, zum Ausbruch von Kriegen und somit zum Verlust des Lebens von hunderttausenden unschuldigen Menschen führt.

Meine geehrten Geschwister! Ich beende meine Predigt mit den mahnenden und lehrreichen Worten des Propheten zu den

Rechten der Individuen und der Öffentlichkeit: Der Mensch tritt vor Gott, indem er seine Dienste an Gott wie die Gebete und das Fasten eingehalten hat sowie die Armensteuer entrichtete. Zugleich hat dieser manche Personen beschimpft, das Blut von manch einem vergossen, manchen den Besitz enteignet und manche verleumdet. In dieser Situation werden seine Wohltaten aus den Diensten an Gott entnommen und an die Berechtigten [denen er Unrecht getan hat] verteilt. Wenn seine Gottesdienste und seine Wohltaten für die Begleichung der Ansprüche der Menschen nicht ausreichen, wird aus den Sünden der Berechtigten entnommen und zu seinen Sünden hinzugefügt. Somit werden seine Wohltaten zunichtegemacht sein, die Sünden sich vermehrt haben und dieser schließlich ruiniert zur Hölle gesandt werden.

Diskussion

Ich befrage Verena Klemm zu einigen der Aspekte in der Predigt.

»Gott warnt uns vor denen, die sich nicht entscheiden können, ob sie Muslime oder Ungläubige sind.« An wen genau richtet sich das?

»Hier werden die Zuhörenden davor gewarnt, Muslimen zu folgen, die nicht entschlossen in Glauben und Lebensführung sind, zum Beispiel solche, die trotz der Glaubensvorschriften gerne mal ein Bier trinken.«

Wer ist Hodscha Nasreddin?

»Hodscha Nasreddin wird manchmal mit unserem Till Eulenspiegel verglichen, mal ist er ein Philosoph und mal ein Tollpatsch. Er ist eine volkstümliche Figur, die die kulturellen Grenzen überschritten hat und in der Türkei als Hodscha Nasreddin verehrt wird. Um ihn ranken sich unzählige Geschichten, die als Beispiele für bestimmte Lebenslagen dienen. Er sagt mit dieser gleichnishaften Passage, dass die Menschen die Wahrheit dort suchen sollen, wo sie auch zu finden ist – nämlich im Koran. Sie sollen sich selbst wieder in den Koran und die Sunna vertiefen und nicht etwa falschen Interpreten folgen.«

Verena Klemm resümiert:»Die Predigt ist tendenziell liberal und appelliert an den Beitrag des einzelnen Muslims zum sozialen und politischen Frieden.« Auf mich wirkt die Predigt allerdings anders. Die Predigt spricht einen»Islamrat« an, der in der Türkei stattgefunden hat. Ich recherchiere, was es damit auf sich hat. Offenbar spricht der Prediger die außerordentliche Versammlung des Islamischen Religionsrates am 3. und 4. August in Ankara an. Einberufen wurde sie von der Religionsbehörde Diyanet. In der Abschlusserklärung wurde der Gülen-Bewegung jedes Recht abgesprochen, sich als eine islamische Bewegung zu bezeichnen. Vielmehr wurde sie als eine»unmoralische, konspirative und terroristische« Organisation betitelt, die den Islam missbrauche.

Mir fällt ebenfalls diese Passage der Predigt auf, die ich angesichts dieses Beschlusses auf Fethulla Gülen beziehe:»Wenn im Mittelpunkt unseres Glaubens und Denkens der Koran und das vorbildliche Leben unseres Propheten Mohammed, möge der Frieden und Segen Gottes mit ihm sein, steht, werden wir nicht dem Fehler unterliegen, dass alles Erforderliche und Richtige von einer einzigen Person ausgehen wird, gleichgültig, wie diese Person heißt und welche Eigenschaften sie vorweist. In der Vergangenheit hätten wir diesem Fehler nicht unterliegen dürfen und dürfen es auch in Zukunft nicht.« Vor dem Hintergrund des noch nicht lange zurückliegenden Putschversuches in der Türkei wirkt die Predigt auf mich hochpolitisch: Religion und politische Führung des Landes werden in dem Sinne miteinander verwoben, dass Rebellion oder Widerstand gegen die herrschende Regierung einem Verstoß gegen die göttliche Ordnung gleichkommt. Der Prediger bringt das auf den Punkt, als er sagt »Gott fordert uns auf, keine Unruhe auf Erden zu stiften«.

Darüber und über weitere Aspekte möchte ich mich mit dem Imam der Yunus-Emre-Moschee unterhalten und kehre noch einmal dorthin zurück. Es ist ein Mittwoch, es regnet in Strömen, ich komme gegen 14 Uhr in der Moschee an. Der große Gebetsraum ist fast leer, nur ein paar alte Männer sitzen vor einem Koran und rezitieren laut. Hinten links ist eine Glastür, hinter der ich eine Art Cafeteria sehe, an den Tischen sitzen mehrere Männer. Als ich eintrete, sprechen mich gleich mehrere der Männer auf Türkisch an, was mich sehr wundert, bin ich doch, wie ich denke, recht offensichtlich nicht türkischer Abstammung. »Spricht jemand von Ihnen Deutsch?« Ein Mann von der Moscheeleitung kommt auf mich zu und stellt sich als Mustafa vor. Wie immer schildere ich kurz mein Anliegen und dass ich mit dem Imam sprechen möchte. »Das geht auf keinen Fall, das ist verboten!« Ich frage, warum. Er wird sehr laut. »Nachher schreibst du was Falsches, und dann?« – »Ich nehme das Gespräch auf und schicke Ihnen die Zitate dann zur Autorisierung zu.« – »Nein, nein, nein! Das geht nicht! Außerdem spricht der Imam gar kein Deutsch«, sagt er und zeigt auf den Mann, der am Tisch daneben sitzt. Das ist also der Imam. Ich nicke ihm zu und grüße ihn mit »Salam«. Der Moscheevorsteher spricht daraufhin mit ihm auf Türkisch und erklärt ihm offenbar, was ich will. Dabei gestikuliert er wild und redet sehr laut. Der Imam fährt daraufhin mit zusammengeführten Zeigefinger und Daumen von links nach rechts über seine Lippen, um zu signalisieren, dass seine Lippen versiegelt sind, und sagt ein Wort auf Deutsch:»verboten«.

**»Jeder Mensch geht morgens hinaus und verkauft
seine Seele und befreit sie vom Höllenfeuer
oder richtet sie zugrunde«**

Ort ◆ Risala-Moschee Berlin
Glaubensrichtung ◆ sunnitisch
Sprache ◆ Arabisch
Datum ◆ 12. August 2016
Thema ◆ Die sieben verheerenden Sünden

Die Woche

Die Woche steht im Zeichen der Olympischen Sommerspiele in Rio de Janeiro. Nach einem medaillenlosen Auftakt gewinnen die Vielseitigkeitsreiter die erste Medaille für Deutschland.

Bundesinnenminister Thomas de Maizière will mit einem umfangreichen Sicherheitspaket die Gefahr terroristischer Anschläge in Deutschland eindämmen. Der CDU-Politiker kündigt unter anderem Verschärfungen für straffällig gewordene Ausländer und sogenannte Gefährder an. Sie sollen leichter in Haft genommen und abgeschoben werden können. Dafür soll im Aufenthaltsgesetz der Haftgrund »Gefährdung der öffentlichen Sicherheit« geschaffen werden.

Uli Hoeneß kandidiert wieder als Präsident des FC Bayern. Auf der Mitgliederversammlung im November will er sich wiederwählen lassen.

Die Moschee

Die Moschee befindet sich im Berliner Stadtteil Wedding: Etwa 30 Prozent der Menschen, die hier leben, sind keine deutschen Staatsbürger, insgesamt fünfzig Prozent haben einen Migrationshintergrund.

Als ich bei der Adresse, die ich mir aus dem Internet gesucht habe, ankomme, stehe ich vor einem hässlichen vierstöckigen Betonbau, der gelb-grün gestrichen ist. In einem Möbelladen im Erdgeschoss schauen sich drei Frauen mit Kopftüchern eine Sitzgarnitur an, weiß und mit glitzernden Pailletten bestickt – ein komplett anderer Stil als in den Geschäften im nur eine U-Bahn-Station entfernten Prenzlauer Berg.

Am Hauseingang der Brunnenstraße 70 ist ein Schild mit einem Hinweis »Risala Moschee« angebracht. Auf den Treppen zum Eingang liegt Hundekot, an den Wänden sind Kritzeleien und übermalte Graffiti-Schriftzüge zu erkennen. Im Hinterhof finde ich nach einigem Suchen den richtigen Eingang. In der zweiten Etage hat sich eine Physiotherapie-Praxis eingerichtet, in der Etage darüber befindet sich die Moschee.

Ein langer fensterloser Flur führt um mehrere Ecken. Als ich in dem obligatorischen Vorraum ankomme, ziehe ich mir die Schuhe aus. Der Gebetsraum ist groß und fasst bestimmt mehrere hundert Menschen. An den Wänden sind Säulen mit orientalischen Verzierungen aufgemalt. Zwischen jeweils zwei

Säulen leuchten Wörter in arabischer Kalligraphie, es sind die 99 Namen Allahs. An der Decke hängen bunte Girlanden. Am Eingang werden Kopfhörer an die vielen Moscheebesucher, die nicht Arabisch sprechen, ausgegeben. Ihnen wird während der Predigt ein deutscher Text über die Kopfhörer vorgelesen. Ich kann nicht verifizieren, ob er der arabischen Predigt entspricht: Ich höre mir die arabische Predigt an und kann die deutsche Übersetzung nicht aufzeichnen. Als ich später nachfrage, antwortet man mir, dass es keine schriftliche Ausgabe der Übersetzung gibt.

Es ist, wie so oft, voll bis auf den letzten Platz. Als das Freitagsgebet anfängt, kommen noch einmal große Gruppen junger Männer das Treppenhaus hinauf. In den Räumen ist da schon lange kein Platz mehr. Ein dicker älterer Mann kommt eilig mit einem kleinen Mädchen, vielleicht vier Jahre alt, dazu. Sie finden drinnen keinen Platz mehr und stehen vor der Tür. Als das Gebet beginnt, legt der Mann als Ersatz für den Gebetsteppich zunächst seine Jacke auf den kahlen, dreckigen Betonboden im dunklen Treppenhaus, dann breitet er die kleine, rosafarbene Jacke des Mädchens daneben aus und streicht sie vorsichtig glatt. Beide knien sich auf die Jacken und verneigen sich zum Gebet.

Ein weiteres kleines Mädchen kommt im Treppenhaus um die Ecke, schaut nach oben und sagt zu seiner Mutter auf Deutsch: »Hier sind wir richtig.« Es sind auffallend viele Frauen und Mädchen, die zum Gebet erscheinen. Die Frauen tragen alle Kopftuch oder auch Vollverschleierung. Ich sehe, wie sie in einen Gang verschwinden, der vermutlich zum Gebetsraum für Frauen führt. Eine Gruppe Jugendlicher zwischen zehn und vierzehn Jahren sitzt an die Wand neben dem Eingang gelehnt und liest den Koran. Einige der Besucher sind Schwarzafrikaner. Sie wirken arm. Vielleicht sind sie Flüchtlinge. Einer trägt einen alten Pullover, auf dem groß »Batman« steht. Neben ihm kniet ein anderer Schwarzafrikaner in einem Kapuzenpullover, auf dem prangen ein großer Totenkopf und der Schriftzug »The good, the bad and the punks«. Zum ersten Mal sehe ich Deutsche: drei blonde junge Männer, Bodybuilder, mit einem Bartschnitt, der sie als gläubige Muslime erkennbar macht. Sie unterhalten sich in deutlichem Berliner Dialekt.

Ich stehe im Hauptgebetsraum zwischen mehreren Männern an der Wand neben der Eingangstür. Als das Gebet vorbei ist, gehen zahlreiche Anwesende hinaus. Viele kennen sich untereinander, ein älterer Mann kommt vorbei, gibt den Männern der Reihe nach die Hand und grüßt sie auf Arabisch. Als ich an der Reihe bin, erwidere ich auf Arabisch den Gruß. Der alte Mann und meine beiden Nachbarn schauen erstaunt. »Du bist Deutscher und sprichst Arabisch?« – »Ja.« – »Sind deine Eltern Muslime?« Ich verneine. Da fragt einer der Männer: »Wie kommt es dann, dass du Muslim bist?« Ich komme gar nicht dazu, zu antworten, dass ich gar kein Muslim bin, da schaltet sich ein weiterer Mann ins Gespräch ein. Es entspinnt sich ein etwas eigenartiges Gespräch. »Nur weil die Eltern keine Muslime sind, heißt das nicht, dass er nicht Muslim ist. Vielleicht sind die Eltern sehr alt, sie konnten noch nicht frei sehen. Aber er kann das Wahre sehen.« Der andere Mann nickt zustimmend. Da sage ich, dass ich nur Gast in der Moschee sei. Alle schauen mich etwas ungläubig an. »Und warum?« – »Ich bin Journalist und schreibe ein Buch über Moscheen in Deutschland.« Ich blicke in erstaunte Gesichter.

Die Predigt

Lob sei Gott, wir loben ihn, gepriesen und erhaben sei Er, und bitten ihn, uns auf den rechten Weg zu führen und uns zu vergeben. Wir bezeugen, dass es keinen Gott gibt außer Gott in Seiner Einzigkeit, und dass Er keinen Teilhaber hat. Und wir bezeugen, dass Muhammad Sein Diener und Gesandter ist. Gott segne ihn und schenke ihm Heil. *»Oh ihr, die ihr glaubt! Fürchtet Gott, wie man ihn wahrhaft fürchten soll! Ihr sollt nicht sterben, es sei denn, dass ihr gottergeben seid.«* [3:102] Gott, wir nehmen Zuflucht bei Dir davor, falsches Zeugnis abzulegen, Ausschweifungen [oder: Unzucht] zu begehen oder überheblich zu werden.

Meine Brüder bei Gott, es schmerzt mich sehr, was wir an Unwissenheit der Muslime erleben bei den Bestimmungen der Glaubensüberzeugungen [ᶜAqīda] und den Bestimmungen des religiösen Rechts [Šarīᶜa]. Der Islam ruht auf vier Pfeilern: den Glaubensüberzeugungen, gottesdienstlicher Praxis [ᶜIbāda], der Morallehre [Aḫlāq] und dem sozialen und wirtschaftlichen Zusammenleben der Muslime [Muᶜāmala].

Die Glaubensüberzeugungen sind eine Sache des Intellekts und des Herzens. Der Mensch versteht sie, und sie verfestigen sich in seinem Selbst und sind unverbrüchlich, solange er die überlieferten Beweise sieht, die uns durch die authentische [ṣaḥīḥ] Überlieferung über mehrere glaubwürdige Überliefererketten [tawātur] vom Gesandten Gottes, Gott segne ihn und schenke ihm Heil, im Koran oder in der Sunna bis in unsere heutige Zeit weitergegeben wurden. Oder [der Mensch erfasst die Glaubensüberzeugungen] mit dem Verstand, durch die rationalen Beweise. Diese Beweise offenbaren sich uns im offenen Universum. [Wir erfassen die Glaubensüberzeugungen] durch die Beweise für das, was wir glauben, sowohl was die Einzigkeit Gottes des Erhabenen anbetrifft, als auch seine Allmacht. Wir sind Ihm in seiner Einzigkeit aufrichtig ergeben und verehren Ihn allein. Seine Allmacht umfasst seine Macht über Leben und Tod, die Erweckung am Tag der Auferstehung, die Vorherbestimmung der Schicksale der Menschen [ʿibād], die Herabsendung ihres Lebensunterhalts [rizq] und die Regelung der Dinge des Universums. Das alles sind Glaubensüberzeugungen. Diese Glaubensüberzeugungen lernen wir von den Religionsgelehrten und erfahren sie aus dem Buch Gottes und der Sunna seines Gesandten. Wir stärken in uns selbst diese Glaubensüberzeugungen durch Nachdenken und Erwägungen zum Universum und den Kreaturen.

»Sind sie denn nicht durchs Land gezogen und haben sich Gedanken gemacht?« [u. a. 30:9, 12:109, 23:68, 4:82] – diese [Koran-]Verse wiederholen sich vielmals – *»Haben sie denn nicht selber nachgedacht?«* [u. a. 30:8] Dies sind alles Fragen, mit denen Gott unsere Herzen und unseren Verstand herausfordert, damit wir nachdenken, damit wir am Ende ankommen. *»Unser Herr! Du hast das nicht umsonst geschaffen! Gepriesen seist du! So bewahre uns vor der Qual des Feuers!«* [3:191]

Von diesen Glaubensüberzeugungen haben wir Muslime nur oberflächlich Kenntnis, und das ist außerordentlich seltsam – ist doch die Gotteslehre [ʿilm al-tauwḥīd],[36] die Wissenschaft von den Glaubensüberzeugungen, das wichtigste Gebiet der [islamischen] Wissenschaft [ʿilm] seit Muhammad, Gott segne ihn und schenke ihm Heil, und im Zeitalter der Kalifen und dann im Zeitalter der [mittelalterlichen] Kalām-Gelehrten[37] [Mutakallimūn] und der Kalām-Wissenschaft [ʿilm al-Kalām], und sie blieb die Wissenschaft Nummer eins in den Staaten der islamischen Welt. Heute findet sich vielleicht kein einziger Muslim mehr, der die Geduld aufbringt, etwas über die Glaubensüberzeugungen zu lesen oder zu hören. Es gibt so viele Zerstreuungen in seinem Leben. Vielleicht setzt er sich zwei, drei Stunden hin und liest Nachrichten auf Facebook und die Kommentare der Leute. Aber dass er sich hinsetzt und etwas von den islamischen Rechtsgelehrten, den aufrichtigen natürlich, über die Glaubensüberzeugungen des Islams liest oder hört, ist heute selten.

Daher unterlaufen vielen Muslimen Fehler, und sie verhalten sich konträr zu den Glaubensüberzeugungen der Muslime. Das ist auch bei der Scharia, dem religiösen islamischen Gesetz, der Fall, bei einigen Rechtsvorschriften, das ist erlaubt [ḥalāl], das ist verboten [ḥarām]. Mit Verwunderung nehme ich zur Kenntnis, dass die Leute zu einigen Zweigen der Religion, die eigentlich alle kennen sollten, Fragen stellen. Wenn ihnen [Fehler] unterlaufen, dann hat es keine Auswirkungen. Wenn aber jemand kommt und fragt und sich dann an Gottes Gesetz hält, das gehört zu den großen Dingen des religiösen Gesetzes. Und auch da schlagen wir die Augen nieder und schweigen darüber, und es passiert vielen.[38]

Heute bin ich auf einen der Brüder, einen Arzt, aufmerksam geworden. Der hat einen der Brüder gefragt, ich weiß nicht, ob einen der Scheichs [religiösen Autoritäten] oder einen der selbsternannten Scheichs. Er sagte mir, er habe einen Scheich mit einem langen Bart etwas gefragt, und der sagte ihm: »Das ist eine der sieben verheerenden Sünden«, und er [der Arzt] sagte: »Was sind denn die sieben verheerenden Sünden?« Denn er hat [wohl] die Vorstellung, dass einer [nur] einen Bart hat [zu haben braucht], und [schon] sagen die Leute zu ihm Scheich, und er setzt sich hin und belehrt die Leute. Und da antwortete er [der Scheich] mir [dem Arzt]: »Ich kenne die sieben verheerenden Sünden nicht.« Ich habe die Sache weiterverfolgt und ihn gefunden, einen Studenten der Wissenschaft – kein Scheich oder sonst irgendetwas –, der den Koran auswendig lernt. Dass er aber das Niveau einer Hochschule erreicht hat und das Buch Gottes auswendig beherrscht und dann nichts von den sieben verheerenden Sünden weiß – das ist auch ein seltsames Ding, denn es ist doch ein wichtiger Teil der Glaubensüberzeugungen der Muslime, der Morallehre der Muslime, des religiösen Rechts der Muslime und der zwischenmenschlichen Beziehungen im sozialen Zusammenleben der Muslime. Dies sind die Grundpfeiler, auf denen der Islam ruht: Morallehre, gottesdienstliche Handlungen und zwischenmenschliche Beziehungen.

Was bedeuten nun also die sieben verheerenden Sünden? Vom Gesandten Gottes, Gott segne ihn und schenke ihm Heil, ist ein Hadith in den Hadith-Sammlungen der beiden Scheichs Muslim und Imam Bukhari überliefert. Es ist ein authentischer [ṣaḥīḥ] Hadith, den die Bücher zu den Glaubensüberzeugungen und zum religiösen Gesetz, zu den zwischenmenschlichen Beziehungen im sozialen Zusammenleben der Muslime, zur Rechtswissenschaft [Fiqh], Morallehre und Seelenreinigung voranstellen. Er, Gott segne ihn und schenke ihm Heil, sagte: »Enthaltet euch«, und bei diesem Befehl handelt es sich um einen Befehl zur Enthaltung, um einen verpflichtenden Befehl. In einigen Versen und Hadithen gibt es Befehle, die sich auf etwas beziehen, das im Islam als verwerflich angesehen und besser vermieden wird. Hier jedoch geht es um einen verpflichtenden Befehl. »Enthaltet euch der sieben verheerenden Sünden« – was bedeuten die verheerenden Sünden? Es sind die vernichtenden Sünden.

Jeder Mensch geht morgens hinaus und verkauft seine Seele und befreit sie dabei [vom Höllenfeuer] oder richtet sie zugrunde. Das heißt, jeder Mensch geht hinaus, als würde er einkaufen gehen, und hat mit diesem und jenem zu schaffen und bringt so seinen Tag herum und seine Nacht und kehrt entweder zurück und hat sich verdient gemacht und seinen Hals vor dem Höllenfeuer gerettet durch das Verrichten guter Taten und das

Erwerben von Vorzügen, oder aber er kehrt am Ende der Nacht in sein Bett zurück und hat sich selbst durch das Anhäufen von Verbotenem, durch Konsum von Verbotenem, durch Klatsch, üble Nachrede, Verschwörungen oder das Betrachten von Verbotenem oder das Tun von Verbotenem zugrunde gerichtet. Jeder Mensch geht morgens hinaus, wir alle verlassen unsere Häuser und haben miteinander zu tun. Manche Menschen kehren abends zurück und haben sich verdient gemacht, und andere haben verloren. Wir alle reisen, und manche von uns kehren zurück und haben sich verdient gemacht, und andere von uns haben verloren. Wer wegfährt, um seine Eltern und Lieben zu besuchen, wer zu den Verwandten fährt, wer sich seines Vermögens und Besitzes vergewissert [oder: sich darum kümmert], der kehrt zurück mit Verdiensten, denn er hat es jenen recht getan. Und wer hinausgeht, um Frauen zu treffen und mit den betörenden und schamlosen Frauen zusammenzukommen, und zu den verheerenden Sünden hinausgegangen ist, kehrt als Verlierer zurück, selbst wenn er glücklich und zufrieden ist. So geht ein jeder morgens hinaus und verkauft seine Seele, und sie wird entweder [vom Höllenfeuer] befreit oder zugrunde gerichtet.

So sprach [der Prophet], Gott segne ihn und schenke ihm Heil, »Enthaltet euch der sieben verheerenden Sünden.« Jeder wahre Muslim erschrickt und fürchtet sich, wenn die Rede von etwas Vernichtendem ist. Etwas Vernichtendem. Du wirst vernichtet werden, und der Prophet Muhammad hat dir eine [Orientierungs-]Karte gegeben, dies ist die Karte der sieben verheerenden Sünden. Bei Gott, »auf dass jeder, der umkam, aus klarem Grund umkam, und jeder, der am Leben blieb, aus klarem Grund am Leben blieb«. [8:42] Du hast die Fragen, du hast die Prüfung, und du hast die Antwort. Der Islam ist einfach. Er hat dich gewarnt: »Enthaltet euch der sieben verheerenden Sünden.«

Wir sagten, oder die Prophetengefährten sagten, Gott habe Wohlgefallen an ihnen: »Und welche sind dies, o Gesandter Gottes?« Er sagte: die Beigesellung [die Verehrung von Teilhabern neben Gott, širk], die Zauberei, das Zinsgeschäft [akl ar-Ribā], das Töten der unantastbaren Seele außer mit rechtem Grund, der Missbrauch des Eigentums der Waisen, die Flucht in der Schlacht und die Verleumdung der verheirateten [wörtl.: geschützten], arglosen gläubigen Frauen. Das sind die sieben.

Verleumdung der verheirateten Frau bedeutet, dass du etwas über eine Frau sagst – du sagst, dass sie eine unzüchtige Art zu gehen hat, und du hast keinen Beweis dafür, du hast nichts gesehen. Wie kannst du so etwas tun, wie kannst du sagen, sie sei Ehebrecherin. Oder du sagst, »diese ist so und so eine Frau, und sie ist unzüchtig«. Sie aber ist arglos und weiß nicht, was du da über sie sagst. Sie ist eine verheiratete Frau. Sie bewahrt ihre Unberührtheit [ist ihrem Mann treu], und selbst wenn sie ungehorsam erscheint, so hast du kein Recht, eine Frau zu verleumden oder einer Frau etwas vorzuwerfen, wenn du keinen Beweis hast. Das ist eine verheerende Sache.

Der Islam hat vier Grundpfeiler [grundlegende Verbote]. Die Beigesellung gehört zum Pfeiler der Glaubensüberzeugungen. Von der Zauberei ist ebenfalls in den Glaubensüberzeugungen die Rede. Dann ist da das Töten der Seele, das zu den Angelegenheiten der großen Scharia, des religiösen Gesetzes, gehört und zu den zwischenmenschlichen Beziehungen im sozialen Zusammenleben der Muslime. Das Zinsgeschäft hat einen wichtigen Stellenwert in den zwischenmenschlichen Beziehungen im sozialen Zusammenleben der Muslime. Die Flucht in der Schlacht gehört zu den himmlischen Gesetzen im religiösen Gesetz des Islams. Dann geht es um die Morallehre der Muslime bei der Verleumdung der arglosen, verheirateten gläubigen

Frauen und beim Missbrauch des Eigentums der Waisen, wobei Unrecht begangen wird und falsche und verleumderische Aussagen gemacht werden. Dies alles gehört zu den zwischenmenschlichen Beziehungen im sozialen Zusammenleben im Islam.

Die Beigesellung [fortan: Schirk] findet sich in den Glaubensüberzeugungen und in den gottesdienstlichen Verrichtungen. Beim Schirk gibt es den großen und den kleinen Schirk. Beim Schirk gibt es den [großen] Schirk, der aus der Religionsgemeinschaft des Islams heraustritt, und den [kleinen] Schirk, bei dem der Mensch am Tag des Jüngsten Gerichts mit dem Höllenfeuer bestraft wird und danach ins Paradies kommt. [Letzteres] ist jedoch ein Schirk im Herzen, den er vielleicht nicht kennt, von dem er nichts weiß. Der offensichtliche Schirk ist, wenn du sagst, das ist der Götze, ich nähere mich ihm [versuche, seine Gunst zu gewinnen], damit er mich Gott näherbringt. Das ist Schirk, wie es die Menschen in der [vorislamischen] Zeit der Unwissenheit [Ǧāhilīya] zu tun pflegten, um Gott näherzukommen, damit [der Götze] sie Gott näherbringe. »Wir dienen ihnen nur, damit sie uns in Gottes Nähe bringen« [39:3], das ist Schirk. Sie gesellen Gott Teilhaber bei und beten neben ihm ihre Gottheit an und drittens noch das Geld.

Heute haben wir solchen Schirk. Sie sagen dir, es gibt Gott, aber das ist mein Sohn und das meine Liebste [die er neben Gott stellt]. Einige Leute beten die Mäuse auf der Welt an, einige die Kühe und einige das Feuer. Einige Leute beten einen Menschen an, und einige der Muslime nähern sich Gott durch einige ihrer Heiligen [awliyā']. Sie sagen dir: Dieser Scheich kann dich heilen und der andere macht dich blind, und der Scheich tötet und der andere beschert dir den Lebensunterhalt. Das ist, was als Versuch, den Segen Gottes zu erlangen, bezeichnet wird – durch [den Besuch von] Heiligengräbern oder durch Heilige, sogar noch lebende. Wir leugnen nicht die Wundertaten [Karamāt] derer, durch die Gott Wunder bewirkt [Ahl al-Karam], der Anhänger der Wahrheit [der Muslime, arab. Ahl al-Haqq] und der der Rechtgeleiteten [Ahl ad-Din]. Es gibt einige Menschen, die Wunder oder Visionen durch Gott erfahren, gepriesen sei Gott. Gott schenkt ihnen in Gottes Nähe einige Offenbarungen. Das bleibt aber [eine Sache] für sich, und du zollst ihr Respekt.

Aber der Glaube daran, dass dieses nutzt und jenes schadet, öffnet den Hochstaplern Tür und Tor, die sich auf Kosten der Unachtsamen unter den Gläubigen bereichern, die zu ihnen gehen und ihnen ihr Geld geben, um Gott näher zu sein, um ihr Kind zu heilen. Das sind bekannte Sachverhalte, doch die Muslime fallen bis heute darauf herein. Die Muslime fallen bis heute immer noch darauf herein. Seine Frau wird krank, und er bringt sie zum Priester der Kirche und sagt dir: Weil er wissend ist. Er ist ein Zauberer, weil er das Buch[39] öffnet. Von diesen Dingen haben wir in unseren arabischen Ländern gehört, nicht wahr? Nein, das sind Dinge, die hier in Berlin passieren. Und in Paris und sogar in London. Wir exportieren unser Elend. Es gibt [darunter] Menschen, die sehr kultiviert sind. Da ist ein Muslim, der sagt, er kann nicht ohne meinen [seinen] Herrn [Gott] und die Gunst unseres Herrn, den Schutz unseres Herrn und die Hilfe unseres Herrn. Wenn aber jemand sagt, dass er nicht ohne jemand anderes leben kann, dann ist das Zauberei Nummer zwei.

Es gibt den Schirk, und wir bitten Gott, dass er uns davor beschützt. Das ist, wenn du das Gefühl hast, dass Tod und Leben oder die Auferstehung in der Hand eines Menschen liegen. Die Gesichter der Lügner und Heuchler, von denen wir in den vergangenen Tagen gehört haben, nach den Ereignissen in den muslimischen Ländern, sowohl in Syrien wie auch in Libyen und Tunesien – besonders in diesen Ländern, in denen ihre Gesichter auf der Bildfläche erschienen sind – [dort] gibt es Menschen, die denken, alles liegt in ihrer Hand. Einige Menschen in einigen Ländern haben sich vor ihrem tyrannischen Präsidenten niedergeworfen, nicht wahr, sie haben sich niedergeworfen. Einige Leute in einigen Ländern haben über ihren tyrannischen Präsidenten gesagt, dass er ein Prophet sei, den der Himmel gesandt habe. Alsbald sagte dann ein Mann mit einem Turban, dass er [der tyrannische Präsident] einer der Heiligen Gottes sei. Damit wird Gott, gepriesen und erhaben sei Er, ein Teilhaber beigesellt. Das ist offensichtlicher Schirk, größerer Schirk – dass [sie sagen], dass dieser die Macht über alles hat, zu allem fähig ist.

Auf der anderen Seite geht es den Gläubigen noch gut. Noch bezahlen unsere Gelehrten und Rechtsgelehrten den Preis für ihr Festhalten an den Glaubensüberzeugungen. Sie werden auf der Straße umgebracht, es fließt das reine Blut der Märtyrer auf dem Weg Gottes, oder es gibt lange Jahre Gefängnis und Folter, damit sie kein einziges Wort über den Schirk sagen. Ihr Vorbild dabei ist Said ibn Dschubair,[40] der vor Al-Haddschadsch ibn Yusuf al-Thaqafi[41] die Wahrheit sprach. Er sprach offen vor ihm – und er (Al-Haddschadsch) war einer der Herrscher der Muslime –, damit die ganze Welt erfährt, dass die Muslime die Wahrheit sprechen und die Unterdrückung ablehnen, selbst wenn diese von Muslimen ausgeht. Sie sprechen die Wahrheit und lehnen Diebstahl und Heuchelei ab, selbst wenn dies von Muslimen ausgeht. Und Said ibn Dschubair stand vor Al-Haddschadsch ibn Yusuf al-Thaqafi, der ein muslimischer Herrscher und Befehlshaber der Gläubigen [Amīr al-Mu'minīn] war, der aber tötete und von dem die muslimischen Gelehrten seiner Zeit sagten, dass er verderbt sei und sein Land und seine Untertanen tyrannisiere. Trotz all seines Wissens und seiner Bildung und der Tatsache, dass er Dschihad-Kämpfer [Muğāhidīn] auf den Weg Gottes aussandte und Eroberungen vornahm, tötete er doch Muslime.

Heute nun ist der Jahrestag für mein Land [Äygpten], der Jahrestag der Räumung des Raba'a-Platzes, der Jahrestag der Tötung der Reinen und Unschuldigen. Heute – oder übermorgen – ist der Jahrestag des 12. August, an dem 6000 Muslime mit Panzern und Raketen getötet wurden.[42] Frauen und Kinder wurden getötet, [Menschen beim] Niederknien und Niederwerfen [beim Beten] wurden getötet – nur weil sie »Freiheit« und »Legitimität« [des gestürzten Präsidenten Mohammed Mursi] gesagt haben und das gefordert haben, was die gesamte freie Welt fordert. Die politische Heuchelei hat sich jedoch der ganzen Welt bemächtigt. Wir bitten Gott um Wohlergehen.

Al-Haddschadsch sagte zu Said bin Dschubair: »Ich werde dich töten, Said.« Da sagte er [Said] zu ihm: »Bei Gott, wenn ich wüsste, dass der Tod in deiner Hand liegt, würde ich dich als meine Gottheit annehmen anstelle von Gott.« Er [Al-Haddschadsch] sagte: »Legt ihn auf die Erde.« – »Aus ihr [der Erde] haben Wir euch geschaffen, und in sie werden Wir euch zurückkehren lassen, und aus ihr werden Wir euch wieder herausholen.« Er [Al-Haddschadsch] sagte: »Stellt ihn hin.« Und er [Said] wendete sich in die Gebetsrichtung [qibla] und sagte: »*Wo immer ihr auch seid, kehrt euer Angesicht zur heiligen Anbetungsstätte.*« [2:144] Er [Al-Haddschadsch] sagte: »Wendet ihn von der Gebetsrichtung ab.« – »*Wo immer ihr auch seid, kehrt euer Angesicht ihr zu.*« [2:144] Und er [Al-Haddschadsch] tötete ihn. Er tötete ihn. Bevor er starb, sah Said ibn al-Dschubair ihn an und sagte etwas, das wir heute allen Unterdrückern auf der Erde sagen: »Gott, lass ihn niemanden nach mir [töten] können.« Und es vergingen keine drei Tage, da verfiel Al-Haddschadsch in Tollheit und starb. Es war nämlich das Bittgebet eines Unterdrückten, und zu den Glaubensüberzeugungen der Muslime gehört, dass das Bittgebet des Unterdrückten den Herrn direkt erreicht. Es gibt keinen Schleier zwischen ihm [dem Bittgebet] und Gott. Gott sprach darin [laut Hadith]: »Bei meinem Antlitz werde ich sie erhören, wenn auch mit Verzögerung.« Nur Geduld. Wenn du das Gefühl hast, dein Chef bei der Arbeit ist Herrscher über dein Leben und deinen Tod, deinen Lebensunterhalt und deinen Verbleib [in dieser Position], und du falsche Aussagen wegen ihm machst und wegen ihm lügst und danach sagst »Ich bin im Grunde ein Diener des Chefs [Abd Ma'mūr]« – Nein! Sei du Diener des Gebieters [Gottes, Abd al-Āmir].

Die Zauberei: Viele Muslime in Berlin und außerhalb Berlins sind auf die Zauberei hereingefallen. Im Islam heißt das »Anbetung des Dschinns«, und es gibt sie. Zauberei ist die Verbindung mit der Welt des Dschinns, der etwas tut, was du nicht siehst, weshalb du annimmst, der Zauberer hätte es getan. Du denkst, er ist fähig, imaginäre Dinge zu tun. *»Als sie [die Zauberer beim Pharao die Stöcke] geworfen hatten, verzauberten sie der Menschen Augen, versetzten sie in Schrecken ...«* [7:116]. Sie verzauberten nur die Augen, oder es wurde ihnen durch ihren Zauber vorgegaukelt, dass sich [der Stock] bewegt oder dass es die Tat von Ifriten [Dämonen] oder eines Dschinns sei. *»Ein Starker [Ifrit] aus dem Kreis der Dschinne sprach [zu Salomon]: Ich werde ihn [den Thron der Königin von Saba] dir bringen, noch eh du dich von deinem Platz erhebst.«* [27:39] Ein Ifrit [oder] ein Dschinn sieht, was du nicht siehst, und hat mehr Möglichkeiten als du. Unser Herr lässt ihn die Gläubigen in Versuchung führen. Er führt dich in Versuchung, aber Er sagte: *»Siehe, über meine Knechte hast du keine Macht.«* [15:42] Aber er sagte: *»Sprich: Ich nehme Zuflucht zum Herrn des Frühlichts vor dem Bösen, das er schuf, und vor dem Bösen des Dunkels, wenn es hereinbricht, und vor dem Bösen der Frauen, die auf*

Knoten spucken ...«[43] [113:1–4]. Diese Zauberer, die spucken und dann den Knoten knüpfen, damit der Dschinn ihn erkennen kann – dies ist Gerede, das die Muslime nicht in Angst versetzt. Sie fürchten sich nicht, wenn Gott bei ihnen ist, wenn sie mit dem Koran verbunden sind –»das ist es, was ich will« –, dann wird dir niemals Schaden widerfahren.

Aber du machst das Buch Gottes nicht auf [um zu zaubern]. Wenn dir jemand Schaden zufügen will, dann kann er das. Du bist ja ein einfacher Mensch. Aber wenn du gefeit bis durch die Nennung von Gottes Namen, durch die Bittgebete und Segenswünsche, die wir gelernt haben –»oh Gesandter Gottes, Gott segne ihn und schenke ihm Heil«,»im Namen Gottes, durch dessen Namensnennung nichts auf der Erde oder im Himmel Schaden zufügen kann, er ist der Hörende, der Allwissende« –, dann wird dir kein Schaden widerfahren.

Wenn jemand einen Krampf bekommt und sagt,»ich gehe zum Scheich, damit er mir vorliest« – ich lese niemandem vor, warum sollte ich? Lies du! Warum öffnest du betrügerischen Scheichs die Tür? Warum liest du nicht [selbst] den Koran? Unser Herr sagt, dass Er dem Kranken antwortet, wenn er Ihn anruft. Wer ist denn der Kranke, du oder der Scheich? Und wenn du selbst nicht lesen kannst, dann sollen die Menschen dir vorlesen, die dir am nächsten sind. Die Frau, die ihren Mann verloren hat, ist nicht wie das Klageweib. Dem Klageweib wird Geld gegeben, damit es bei der Trauerveranstaltung schreit und damit zeigt, dass der Tote eine großartige Person war. Wenn aber ein Mensch stirbt und seine Frau oder seine Tochter um ihn weint, dann ist das Weinen echt. Denn sie hat einen Liebsten verloren. Es ist hier das Gleiche: Es muss ein Nahestehender für den Toten lesen und Bittgebete sprechen. Deshalb haben wir Menschen, die Analphabeten sind, was das Lesen des Korans angeht.

Der Koran ist Rechtswissenschaft [Fiqh], und dessen Behandlung ist Sache der Gelehrten, aber das Lesen des Korans ist Sache aller, ist eure Sache.

Ich habe hier in dieser Moschee einen Scheich eingestellt und ihm jeden Monat tausend Euro gezahlt, damit er die Kinder der Muslime unterrichtet. Ich schwöre bei Gott, dass zwei Jahre lang nicht mehr als zehn Personen bei ihm waren. Er ist Rezitator und beherrscht den gesamten Koran auswendig, in zehn verschiedenen Arten der Rezitation. Er ist Rezitator in Rundfunk und Fernsehen. Ich bin schon ganz heiser davon, dass ich euch jeden Tag wieder sage, wir haben einen Rezitator bei uns, wir haben einen Rezitator. Dann aber konnten wir ihm nicht länger tausend Euro im Monat bezahlen, nur wegen zehn Leuten, das konnten wir nicht. Wir haben dann anders weitergemacht. Wir [selbst] bringen den Kindern der Muslime den Koran bei. Wir haben eine Koranschule, in der sieben Frauen lehren, die den Koran auswendig beherrschen, und ich betreue sie selbst. Es gibt nur 25 Schüler. Wo sind die Kinder der Muslime? Wo sind die Kinder der Muslime? Im Schwimmbad findest du jeden Tag 900 muslimische Kinder. Bitte entschuldigt, dass ich meiner Pein so offen Ausdruck verleihe.

Zum Scheich Al-Ghazali[44] kam ein junger Mann, der ihm sagte, »Scheich Al-Ghazali, ein Dschinn ist in mich gefahren«. Und der Scheich sagte ihm: »Warum bist du nicht in ihn gefahren?« Ich selbst habe Scheich Al-Ghazali gefragt: »Hast du das wirklich gesagt?« Er sagte: »Ja, aber nicht in dieser schlechten Bedeutung, in der du oder die anderen es verstanden haben. Was ich meinte, war, warum hast du dich von deiner Religion entfernt und zugelassen, dass der Dschinn zu dir kommt? Warum hat er nicht Stärke gewonnen durch den Islam, wie Umar ibn al-Khattab, bei dem der Teufel, wenn er ihn des Weges kommen sah, einen anderen Weg einschlug?« Warum sind wir so weit weg von unserer Religion und unseren Segenswünschen? Warum seid ihr so weit weg vom Islam? Geht zum Unterricht der Gelehrten und versteht, was in der Religion nützlich ist, nicht die Nichtigkeiten und das leere Gerede. Wir haben Quellen und Grundlagen [Usūl] in unserer Religion, die alle verstehen müssen. *»Siehe, über meine Knechte hast du keine Macht.«* [15:42] Wir bitten Gott um Wohlergehen und Buße.

Was das Töten eines Menschen betrifft: *»Und deshalb schrieben wir den Kindern Israels dies vor: Wenn jemand einen Menschen tötet ohne rechten Grund ...«* – Ich bezeuge, dass meine Brüder und die muslimischen Gelehrten, die vor meinen Augen getötet wurden, ohne rechten Grund getötet wurden. Ich bete zu Gott, dass Er sich an ihren Mördern rächt und sich das Schicksal für sie wendet. Viele der Gelehrten, die uns großgezogen und unterrichtet haben, werden an einem Tag wie heute von den Unterdrückern getötet.

»Wenn jemand einen Menschen tötet, der keinen anderen getötet, auch sonst kein Unheil auf Erden gestiftet hat, so ist's, als töte er die Menschen allesamt. Wenn aber jemand einem Menschen das Leben bewahrt, so ist's, als würde er das Leben aller Menschen bewahren.« [5:32] Ich weiß nicht, was aus diesen Regimes wird und denen, die hinter ihnen stehen und die sich Muslime nennen, im verwundeten Syrien. Sie haben hunderttausende Unschuldige getötet. Ich weiß nicht, wie diese Unterdrücker nach Ägypten oder Libyen oder in die Türkei gehen [können], wo sie doch tausende unschuldige Muslime getötet haben. Ich weiß nicht, wie diese weiterleben können. Gott, kühle unsere Augen [erfreue uns], nimm Rache an den Unterdrückern und Verbrechern, bringe Ruhe in die Herzen der Gläubigen und trockne die Tränen der Witwen und Frauen, die ihre Nächsten verloren haben. *»Wenn aber jemand ei-*

nen Gläubigen absichtlich tötet, dann ist sein Lohn die Hölle. Ewig bleibt er dort.« [4:93] Gott ist groß. Wer aufmerksam hinhört und wer ein Herz hat, [versteht] diesen Vers.

Bei Gott dem Allmächtigen, ich habe Muslime gesehen, die die Getöteten besungen haben. Wir bitten Gott um Wohlergehen. Wer aber am Töten teilhat – meine Brüder, das Diesseits ist kurz. Mit über vierzig wirst du sehen, wie dein Leben weitergeht. Lass dich nicht durch das Leben [die Verlockungen des Lebens] täuschen.

Der Missbrauch des Vermögens der Waisen: [Dies betrifft jene,] für die es von geringer Bedeutung ist, Bevollmächtigter eines Waisenkindes zu sein, und das Vermögen des Waisen nimmt und für sich verwendet. Der Missbrauch des Vermögens der Waisen gehört zu den sieben verheerenden Sünden. Jeder, der unantastbares Vermögen missbraucht, geht ins Höllenfeuer. Und was denkst du, [was passiert,] wenn es gar das Vermögen eines Waisen ist?

Die Flucht in der Schlacht: Dies ist eine Katastrophe, wenn die Muslime sich im Krieg befinden und einige von ihnen sich zurückziehen.

Das Zinsgeschäft: Darüber will ich nicht lange sprechen, denn wir sind alle davon betroffen. Hier gibt es das Zinsgeschäft, und du kannst es nicht vermeiden, denn du befindest dich in diesem Land. Zinsgeschäft bedeutet, dass du jemandem tausend Euro gibst, und er gibt die 1100 Euro zurück. Zum Zinsgeschäft: Vielleicht habe ich euch schon erzählt, dass Imam Ahmad ibn Hanbal[45] einmal mit seinem Jungen ging, und es war heiß, und die Sonne brannte. Der Junge sagte ihm: »Lass uns im Schatten dieses Hauses ausruhen.« Und er [Ibn Hanbal] setzte sich nieder, und ihm gefiel das Haus, und er fragte den Jungen: »Wem gehört dieses Haus?« Der Junge sagte ihm: »Das ist das Haus des Sohnes von dem und dem.« Da stand der Imam auf und rannte davon wie von der Tarantel gestochen. Der Junge fragte ihn: »Warum rennst du so? Hast du mit diesem Mann eine Fehde?« – »Nein, er hat Schulden bei mir, und ich fürchtete, dass ich, wenn ich mich im Schatten seines Hauses ausruhe, Zinsen von ihm nehme.«

Zur Verleumdung verheirateter gläubiger Frauen: Hüte dich davor, dass deine Zunge über eine Frau spricht, was auch immer ihre Gestalt sein oder was sie tun möge – halte dich davon fern, sprich nicht so. Warum? Das sorgt für Zwietracht [fitna]. Und überhaupt, was hast du davon? Werden sie sie bestrafen [für die Übertretung eines koranischen Verbots]? Das kannst du nicht [bewirken]. Wenn es einen muslimischen Richter gibt und du eine Frau siehst, die Ehebruch begeht, musst du vier Zeugen mitbringen. Wenn du es nicht gesehen hast, dann schweig. Wir sehen natürlich viel – die Tochter von dem und dem und die Frau von dem und dem. Bruder, bete für sie zu Gott. Anstatt dass du ein Richter bist, sprich ein Bittgebet für sie. Wir sind Betende, keine Richter. Ich bin ein Prediger. Wenn ich ein schamloses Mädchen oder eine entblößte Frau sehe, bete ich zu Gott, dass er sie verhüllt. Ich bete zu Gott, dass er sie auf den rechten Weg führt, und ich gebe ihnen auf bestimmte Weise einen Rat. Aber wenn ich etwas über eine verheiratete muslimische Frau sage oder die Tochter eines Muslims, wenn ich etwas über sie sage, dann ist das eine der sieben verheerenden Sünden. Wer eine verheiratete Frau verleumdet und dann nicht vier Zeugen mitbringt, dessen Strafe sind achtzig Stockhiebe. Gib acht, dass du nichts über eine Frau sagst, was auch immer sie tut. Bete zu Gott für sie, bitte Gott, dass er ihr vergeben möge, und hüte deine Zunge ihr gegenüber. Gib ihrem Vormund einen Rat, aber hüte dich davor, sie zu verleumden, wenn du keinen Beweis hast. Und hüte dich auch davor, sie zu verleumden, selbst wenn du einen Beweis hast. Es wird dich zugrunde richten und unter den Muslimen Zwietracht säen.

Ich habe gesagt, was ich gesagt habe, und bitte Gott den Allmächtigen um Vergebung für mich und euch.

Diskussion

Eine lange und, wie ich finde, schwer verständliche Predigt, über die ich mit Professor Reinhard Schulze von der Universität Bern spreche.

Wie wirkt diese Predigt auf Sie?

»Bei der Predigt habe ich den Eindruck, dass das stark in die Richtung der Muslimbruderschaft[46] geht. Das ist an der Passage über Syrien gut erkennbar. Da werden Redewendungen verwendet, in der Regimevertreter als unislamisch markiert werden. Das ist von der Sprechhaltung her eindeutig. Die Predigt geht kaum auf das Leben in Deutschland ein. Da habe ich den Eindruck, dass es sich um einen Prediger handelt, der abseits der Lebenswirklichkeiten hierzulande sich alleine auf islamisch-religiöse Aspekte konzentriert.«

Inwieweit prägen die Predigten die Moscheebesucher? Hat das überhaupt eine stark prägende Kraft?

»Ihre Rolle entspricht etwa jener, die vor dem Ersten Weltkrieg die lutheranische Kirche in Norddeutschland besetzte: Predigten mit einer ganz stark moralischen Haltung. Und das Publikum weiß, dass der Prediger eine solche Rede halten wird. Das heißt also noch lange nicht, dass das, was da gepredigt wird, handlungsrelevant für einen wird. Aber es entspricht einfach der Erwartungshaltung. Ein Prediger, der redet so. Er schimpft, es kommen der Teufel und die Dschinne mit ins Spiel. Da geht es um die Verzauberung der Welt. All das gehört sich für eine gute Predigt. Wenn der Prediger das nicht tut, dann ist es keine gute Predigt gewesen. Eine gute muslimische Predigt wird heute anerkannt, wenn sie einem Stereotyp entspricht.«

Was hat es mit der Zauberei und den Dschinnen auf sich?

»Dabei geht es allgemein um außerislamisches Wissen. Etwa zu sagen, wenn man krank ist, dass es nicht die Medizin ist, sondern der Priester, der einen heilt. Dass man als Kranker also sein Heil beim Priester suchen muss. In diesem Fall heißt es etwa: Achtung! Lasst euch nicht zu sehr auf das ein, was euch an Heilung angeboten wird. Das kann alles eine Verkleidung des Teufels sein.«

Also auch, was unsere westliche Medizin angeht?

»Ja. Daher ist bei dieser Predigt, die von der Form her recht radikal ist, die Hauptaussage: Lasst euch nicht auf das ein, was euch diese Welt anbietet!«

Radikal, wertkonservativ, den Muslimbrüdern nahestehend – so die Wertung des Islamwissenschaftlers. Über die Predigt möchte ich auch mit dem Imam der Moschee sprechen. Unter den angegebenen Telefonnummern erreiche ich niemanden. Daher kehre ich im Dezember noch einmal in die Risala-Moschee zurück.

Die Räume sind leer. Aus dem Inneren der eigentlichen Moscheehalle höre ich Koranrezitationen. Vorn rechts sitzt ein Mann vor einem Koran, aus dem er singend rezitiert. Da höre ich aus dem dunklen Flur ein lautes Keuchen, das näher kommt. Ein alter, untersetzter Mann mit dicker Brille und sehr weiter Kleidung betritt den Gebetsraum. Abu Ali, wie ich später erfahre. Abu Ali hat Probleme mit der Lunge. Er spricht nur wenig Deutsch und fragt mich:»Was suchst du?« Ich sage, dass ich Journalist bin, vor ein paar Wochen in einer Predigt in der Risala-Moschee war und darüber gerne mit dem Imam sprechen möchte. Abu Ali sagt, ich müsse mit Abu Ammar sprechen. Er sei für die Moschee zuständig. Er drückt mir sein Mobiltelefon in die Hand und sagt:»Such du, du kannst besser gucken als ich.« Mindestens dreißig der gespeicherten Kontakte fangen mit»Abu« an. Ich finde Abu Ammar und wähle die Nummer. Er geht ran, spricht nur Arabisch. Abu Ammar sagt, ich müsse mit Scheich Khodar sprechen, er sei der eigentliche Imam, und gibt mir dessen Nummer. Ich erreiche Scheich Khodar, er steht offenbar an einem Ort, wo es sehr laut ist, vielleicht in einem Bahnhof oder Flughafen. Seiner Stimme nach ist er tatsächlich der Prediger, dem ich zugehört hatte. Ich erkläre ihm laut ins Handy rufend, ich sei Journalist und wolle über eine seiner Predigten mit ihm sprechen. Abu Ali bekommt einen Hustenanfall. Der Koranrezitator fühlt sich gestört und rezitiert so laut er kann. Scheich Khodar sagt, wir können gerne sprechen, aber wir müssten mit Abu Ammar und Abu Ali einen gemeinsamen Termin vereinbaren. Ich solle meine Nummer hinterlassen. Abu Ali schleppt sich keuchend in ein kleines Büro. Auf dem Tisch und den Stühlen stapeln sich Bücher und Akten, im Wandschrank viele religiöse Schriften. Auf einen der unzähligen Zettel kritzelt Abu Ali mühsam meine Mobilnummer.»Wir melden uns« und»maa al-Salama« –»Auf Wiedersehen«.

Eine Woche später. Weder Scheich Khodar noch Abu Ammar haben sich gemeldet. Ich hatte das erwartet. Anrufe bringen nichts, keiner nimmt ab. Wieder gehe ich an einem Freitag zur Risala-Moschee, um Scheich Khodar zu treffen. Ich fange ihn nach der Predigt ab. Wir gehen in sein kleines, fensterloses Büro. Er nimmt zwei Männer mit, den einen als Übersetzer, die Funktion des anderen erschließt sich mir nicht. Wir sprechen hauptsächlich Hocharabisch. Hin und wieder schaltet sich der »Übersetzer« ein, fragt, ob ich alles verstehe, und gibt zusätzliche Kommentare dazu ab, was Scheich Khodar meint. Zu Beginn fragen mich die drei, ob ich vom Verfassungsschutz komme. Ich lache und verneine. Das Lachen irritiert sie ganz offensichtlich.

Scheich Khodar heißt mit vollem Namen Khodar Abdel Moeti und kommt aus Ägypten. Er ist Mitte fünfzig, groß und massig. Unter seinem weißen Mantel schauen Hemd und Krawatte hervor. Sein großes Vorbild sei sein Großvater gewesen, der Imam war. Ihm habe er nacheifern wollen und so früh den Koran rezitieren gelernt. Schon mit 15 habe er in Ägypten seine erste Predigt gehalten. Es folgten ein Diplom in arabischer Sprache und Literatur an der Ain-Schams-Universität und eines in islamischer Wissenschaft ('ilm) an der Al-Azhar-Universität in Kairo. Gerade habe er zudem seine Doktorarbeit an der Freien Universität Berlin beendet, an der er auch als Dozent tätig sei. Scheich Khodar kann einfache Sätze auf Deutsch bilden, macht aber viele Fehler und wechselt immer wieder ins Arabische. Ich frage, seit wann er in Deutschland lebt. Seit elf Jahren. Später recherchiere ich im Internet über Scheich Khodar und finde einen Artikel, in dem er als Professor für arabische Sprache und Koran an der Freien Universität Berlin bezeichnet wird.[47] Ich schreibe eine E-Mail an das Institut für Arabisch der Freien Universität und erfahre, dass er dort als Dozent für Arabisch tätig war, die Zusammenarbeit aber beendet wurde.

Ich möchte über die Predigt sprechen. »Sie waren schon bei uns in einer Predigt?« Ich bejahe, vor einigen Wochen. Die drei Männer sprechen abwechselnd. »Da haben Sie sich nicht angemeldet? Das macht man doch, dass man Bescheid gibt, damit man besser betreut wird.« Ich sage, dass ich das immer so mache. Dass ich einfach in verschiedene Moscheen gehe, schließlich stünden sie doch allen offen. Mir sei insbesondere die Passage über Zauberei aufgefallen. Ich möchte wissen, ob das wörtlich gemeint sei oder ob »Zauberei« als Symbol für etwas anderes stehe. »Das ist wörtlich gemeint«, so Scheich Khodar. »Es gibt böse Menschen, die wenden sich an Zauberer, damit sich ein Ehepaar trennt oder damit jemand pleitegeht. Ich spreche nicht von Tricks, sondern von Magie. Und das ist im Islam verboten.«

Dann merke ich an, dass mir hier in der Risala-Moschee, aber auch in anderen Moscheen, aufgefallen sei, dass dort viele Flüchtlinge zur Predigt gingen. Ob Moscheen eine Verantwortung für Integration trügen? »Natürlich, ich lebe in Deutschland. Ich wusste vom ersten Tag an, dass ich mich integrieren muss. Das ist Teil des Islams: Wenn wir in einem Land in der Minderheit sind, müssen wir die dortigen Regeln annehmen. Viele Imame verstehen das nicht, und das ist das Problem.« Scheich Khodar verweist auf das Beispiel des Propheten Mohammed. Als dieser aus Mekka nach Medina vertrieben wurde, habe er gesagt, er wolle Medina genauso lieben wie Mekka. Medina stehe in diesem Fall für Deutschland und Mekka für seine arabische Heimat. Es sei wichtig zu unterscheiden: »Wo ist der richtige und wo der schlechte Islam?« Viele Syrer würden das nicht trennen können, weil es unter Assad in ihrem Land keinen richtigen Islam gegeben habe. »Religion ist das zwischen mir und Gott. Aber Regeln sind für alle da. Das sage ich in meinen Predigten immer wieder.«

**»Wir sehen, was auf der Welt passiert,
wer im Untergrund Aktivitäten durchführt
und die beim Volk gesammelten Spendengelder
nach Amerika schickt«**

Ort ◆ Centrum-Moschee Hamburg
Glaubensrichtung ◆ sunnitisch
Sprache ◆ Türkisch
Datum ◆ 19. August 2016
Thema ◆ Spenden

Die Woche

Das Video des syrischen Jungen Omran Daqneesh geht um die
Welt: Er ist verletzt und von Staub bedeckt, wird in Aleppo in
einen Krankenwagen gesetzt. Weltweit reagieren Menschen
entsetzt auf die Bilder, die die Grausamkeit des Syrienkriegs
wiedergeben. Russland spricht von Propaganda.

Der republikanische Präsidentschaftskandidat Donald Trump
stellt die Treue der USA zur NATO in Frage, denkt laut über Ge-
sinnungstests für Einwanderer nach – und warnt vor Deutschland als Vorbild: Die Entwicklung dort sei nach der Einreise
zahlreicher Flüchtlinge katastrophal.

Der türkische Journalist Can Dündar ist als Kritiker der Regierung seines Landes bekannt. Er war im Mai zu einer mehrjäh-
rigen Haftstrafe verurteilt worden. Jetzt tritt Dündar als Chef-
redakteur der Zeitung *Cumhuriyet* zurück. Er habe nach dem
Putsch kein Vertrauen in die türkische Justiz.

Die Moschee

Die Centrum-Moschee liegt in Hamburg-Sankt Georg, nicht weit vom Hauptbahnhof entfernt. Ich gehe die Steinstraße entlang. Vor einem Discounter liegen mehrere alkoholisierte Obdachlose auf dem Gehweg im Regen, blutüberströmt. Sie haben sich offenbar gerade geprügelt und mit Flaschen verletzt. Ich falle zunehmend auf, allein weil ich der einzige mutmaßlich erkennbare Deutsche bin. Werbeplakate, Leuchtreklamen und Namensschilder an den Geschäften sind überwiegend auf Türkisch oder Arabisch. Ein Süßwarenladen nennt sich »Al-Hay al-Araby« – »das arabische Viertel«. In einer Seitenstraße der Steinstraße ist die Mosche, ein mehrgeschossiger Bau mit Kuppel und Minarett. Sie wurde im Jahr 1977 erbaut und untersteht der Organisation Milli Görüş. Von überall her strömen Menschen zum Eingang. Es herrscht reges Treiben. Auf jeder Etage des fünfstöckigen Gebäudes befinden sich Gebetsräume – und alle sind voll. So voll, dass sich die Menschen im Treppenhaus aufstellen.

Die Predigt ist an vielen Stellen nicht verständlich gewesen – weil es laut war, die Ansprache immer wieder von Zwischenrufen unterbrochen und schließlich von den Anwesenden, die endlich mit dem eigentlichen Gebet anfangen wollten, niedergebrüllt wurde. Mit einem andächtigen Gottesdienst hatte die Zusammenkunft wenig zu tun.

Die Predigt

Alles, was ihr bisher gemacht habt, damit diese Moschee fortbesteht, möge euch Gott vergelten. Denkt mal darüber nach: In Moskau [oder: im Kosovo] soll eine Moschee gebaut werden, und ihr sollt dafür spenden. Heute werden in der …-Moschee [Name der Moschee unverständlich] Spenden gesammelt, und ihr sollt auch spenden und dabei eure Zurückhaltung ablegen. Und aus euren Hosentaschen sollt ihr keine Münzen – damit ihr keine kalten Hände bekommt –, sondern Scheine herausholen, damit ihr warme Hände bekommt, damit Gott es euch vergelten und euer Einkommen vermehren möge. Das sage ich nicht, um euch zu betrügen oder anzuspornen. Wir sehen, was auf der Welt passiert, wer im Untergrund Aktivitäten durchführt und die beim Volk gesammelten Spendengelder nach Amerika[48] oder sonst wohin schickt. Nicht mal sie selbst wissen, um welch große Summen es sich dabei handelt.

Werte Gemeinde, wie ihr wisst, bekommt derjenige, der sich in erster Reihe zum Gebet aufstellt, mehr Lohn [sevap][49] als derjenige, der sich ganz hinten einreiht. Wer bei [unverständlich] den ersten Schritt unternimmt, bekommt mehr Lohn als derjenige, der den letzten Schritt macht. Wie ihr wisst, wird jedes Jahr zum Opferfest eine Kampagne gestartet. Z. B. muss man heute mindestens 10 Millionen Lira[50] bezahlen, wenn man sich an der Schlachtung eines Opfertieres beteiligen möchte. Wer zu denjenigen gehört, die sich ganz zu Beginn an der Kampagne beteiligen – also die ersten Spenden gehen an die Orte, die am weitesten entfernt sind und wo die Bedürftigkeit am größten ist. Deshalb möchte ich euch einladen, euch an der Kampagne zu beteiligen, tragt euch ein. Gott möge uns auf dieser Welt heiligen. [Zuruf der Gemeinde: Amen!]

Zusammenfassend sagen wir deshalb: Was wir auch tun, wir tun es, um Gottes Gunst zu erreichen. Wer erlangt die größte Gunst Gottes? Derjenige, der seine Weisungen befolgt, bekommt auch die größte Gunst von ihm, wer seine Weisungen befolgt und wer das, was er verboten hat, nicht tut. Stellen Sie sich vor: Wer einen einzigen Abschnitt des Gebets unterlässt, begeht eine solche Sünde, als hätte er eine Flasche Wein getrunken. Warum? Weil das Unterlassen des Gebets verboten [haram] ist. Alkoholgenuss und das Unterlassen des Gebets sind also beide verboten. Wie können wir all das erkennen? Mit Wissenschaft und Verstand. Gott verlieh uns den Verstand. Zu Zeiten von [unverständlich] begab sich der Prophet Mose auf den Weg, um mit Gott zu sprechen. Da sagte ein Sünder zu ihm: »He, Mose, wie kannst du wissen, wie Gott über mich geurteilt hat?«

[Zuruf eines Zuhörers: »Hodscha, hast du überhaupt eine Uhr an?« Weitere Zuhörer schalten sich auch ein. Ihre Zurufe und die Antworten des Predigers bleiben unverständlich. Dann fängt der Muezzin an, den Gebetsruf zu singen. Der Imam lässt sich zunächst nicht beirren und hält weiter seine Predigt, die aber wegen der Unruhe unverständlich bleibt. Länger als eine Minute spricht er allerdings nicht mehr, dann stimmen der Muezzin und die Gemeinde ein Gebet an und zwingen ihn so aufzuhören.]

Diskussion

Diese Predigt war die kürzeste, die ich gehört habe. Weite Teile waren für den Übersetzer schwer zu verstehen, da in dem Raum eine große Unruhe herrschte. Inhaltlich ging es in erster Linie um einen Spendenaufruf, versehen mit einem abwertenden Verweis auf die Gülen-Bewegung. Über die Predigt spreche ich mit Abdelhakim Ourghi.

Ich fand interessant, welche Unruhe da herrschte. Irgendwann wurde der Imam sogar niedergebrüllt.

»Das ist sehr ungewöhnlich für eine Freitagspredigt. Es kommt darauf an, wann das war. Die Türken gehören zur Rechtsschule der Hanafiten. Im ersten Teil der Predigt sitzen sie auf einem Stuhl und besprechen zirka dreißig Minuten lang eine religiöse Thematik. Dann geht der Imam auf die Kanzel und liest zehn Minuten aus dem Koran, da kann ich mir vorstellen, dass er unterbrochen wird, wenn er zu lange geredet hat. Das Ganze dauert insgesamt um die vierzig Minuten. Im Vergleich zu arabischen Moscheen geht es sehr schnell.

Eine Besonderheit ist, dass in türkischen Moscheen die Männer die ganze Zeit mit ihren Mobiltelefonen spielen. In einer arabischen Moschee darf man das während einer Freitagspredigt nicht. Wenn der Imam beginnt, ist es still in arabischen Moscheen. In türkischen Moscheen läuft das Gebet auch deshalb etwas anders ab, weil der Imam dort auch einiges auf Arabisch sagt und die Zuhörer das nicht verstehen.«

In dieser Moschee waren vielleicht die Hälfte der Besucher Türken. Ansonsten waren da viele Araber oder Schwarzafrikaner.

»Es geht bei den Muslimen um die sogenannte Absichtserklärung. Ich war als Araber auch schon in einer türkischen Moschee, und auch ich verstehe nicht, worum es geht. Ich verstehe ein paar Wörter, wenn er Arabisch spricht. So geht es auch Schwarzafrikanern oder Asiaten in einer arabischen Moschee. Sie sitzen da und verstehen nichts. Das ist, als wenn jemand taub auf eine Hochzeit geht.«

Ich spreche mit einem Imam der Centrum-Moschee. Die Moschee beschäftigt fünf Imame, darunter Yusuf Yildiz. Er bezeichnet sich als Hamburger. Er ist dreißig Jahre alt, wurde in Deutschland geboren, besitzt aber die türkische Staatsbürgerschaft. Er ist ehrenamtlicher Imam an der Centrum-Moschee und arbeitet hauptberuflich als Mediendesigner. Wir unterhalten uns auf Deutsch. Yildiz erlärt mir:

»Grundsätzlich gilt: Eine bestimmte Imam-Ausbildung gibt es nicht. Jeder, der ein bestimmtes Wissen besitzt, kann auch vorbeten. Ich bin als Schüler nebenbei schon immer in die Moschee gegangen. Hier habe ich mein Wissen erlangt. In der Türkei gibt es den Imam-Hatip-Abschluss,[51] das ist eine Art Fachhochschulreife für Imame, die dann die Befähigung zu predigen haben. Mir wurden die nötigen Inhalte in der Centrum Moschee in Hamburg gelehrt. Diese Maßnahme ist vom religiösem Inhalt zwar ähnlich, allerdings wird Sie nicht offiziell anerkannt.«

Wie wird Deutschland wahrgenommen?

»Es gibt einen zentralen Pool für Predigten zu bestimmten Themen, aus dem man sich bedienen kann. Das müssen wir nicht unbedingt eins zu eins so übernehmen, aber es sind Themen, die wir in unseren Predigten verwenden können. Und das sind häufig Themen, die in Deutschland oder Europa sehr wichtig sind. Wenn zum Beispiel irgendwo Wahlen stattfinden, rufen unsere Imame dazu auf, dass die, die deutsche Staatsbürger sind, wählen gehen. Wir geben dabei natürlich keine Parteinamen vor. Wir sagen, wer wählen kann, der sollte das nutzen, sich schlau machen und darauf achten, welche Partei uns Muslimen mit ihrem Parteiprogramm am nächsten steht.«

Welche Rolle spielt Politik in den Predigten? Ich war in der Centrum-Moschee kurz nach dem Putschversuch in der Türkei, und da gab es eine kurze Anspielung auf die Gülen-Bewegung.

»Wann immer wir irgendwo sehen, dass Unrecht passiert, werden wir das auch in unserer Predigt ansprechen. Wir gestalten unsere Predigten nicht im Sinne einer politischen Partei aus der Türkei oder anderswo. Es geht uns einfach darum: Ist dort Unrecht entstanden oder nicht? Das alleine ist unser Maßstab. Und wir richten uns dabei europäisch aus. Wir sehen unsere Zukunft hier. Die nächsten Generationen werden hierbleiben, sie werden nicht zurückgehen.«

Was war Ihre Motivation, Imam zu werden? Gab es eine Erwartungshaltung in Ihrer Familie?

»Es gab keinen direkten Druck vonseiten meiner Familie. Aber mein Vater war schon sehr daran interessiert, dass ich Imam werde. Meine Motivation, Imam zu werden, war, Jugendliche und Kinder für die Gesellschaft zu gewinnen. Ich engagiere mich in der Jugendarbeit als Jugendimam. Man benötigt solche Menschen wie mich, die hier geboren sind, die deutsche Sprache und Kultur kennen. Die aus der Perspektive der Jugendlichen auf die Themen schauen und damit auch die Inhalte entsprechend transportieren können. So gut die Prediger aus der Türkei auch sind, sie haben Schwierigkeiten zu verstehen, wie das Leben hier für Jugendliche ist, was für Schwierigkeiten es hier gibt, auch bei der Ausübung der Religion.«

»Selbstmord ist die größte Gefahr unseres Jahrhunderts«

Ort ◆ Eyüp-Sultan-Moschee Leipzig
Glaubensrichtung ◆ sunnitisch
Sprache ◆ Türkisch
Datum ◆ 26. August 2016
Thema ◆ Selbstmord

Die Woche

In Frankreich und Europa wird der sogenannte Burkini-Streit geführt: Dürfen muslimische Frauen sich in einer Ganzkörper-Badeverschleierung an europäische Strände legen? Die Stadt Nizza hatte das nach dem Terroranschlag vom 14. Juli verboten. Aufnahmen von einer vollverschleierten Frau an einem Strand, die von Sicherheitskräften dazu gebracht wurde, ihren Schleier abzulegen, machen die Runde und werden intensiv diskutiert. In Niedersachsen wird ein Mädchen mit Kopftuch der Schule verwiesen.

Der Streit um das Besuchsrecht von Bundestagsabgeordneten auf dem Luftwaffenstützpunkt im türkischen İncirlik ist voll entbrannt. Nachdem der Bundestag die sogenannte Armenier-resolution verabschiedet hatte, die den Völkermord an den Armeniern als solchen anerkennt, war es – erneut – zu Spannungen mit der Regierung in Ankara gekommen.

Das türkische Militär startet eine Offensive gegen den »Islamischen Staat« im Norden Syriens. Immer wieder leidet das türkisch-syrische Grenzgebiet unter den Auswirkungen des Bürgerkriegs, wenn Raketen auf türkischem Gebiet einschlagen. Eine Reihe von Selbstmordanschlägen erschüttert das Land.

Die Moschee

Der Name Eyüp entspricht dem Namen Hiob, den die Hauptfigur des gleichnamigen Buchs im Alten Testament trägt. Eyüp steht in diesem Fall allerdings für Abu Ayub al-Ansari, wobei Ayub der arabische Name für Hiob ist. Abu Ayub al-Ansari war ein Gefährte des Propheten Mohammed. Er überlebte den Propheten und starb schließlich um 670 bei der ersten Belagerung von Konstantinopel, wo bis heute sein Grabmal steht. Eine der ersten Moscheen, die in Konstantinopel nach der Eroberung durch die Osmanen errichtet wurden, erhebt sich neben dem Mausoleum.

Die Leipziger Eyüp-Sultan-Moschee liegt in einer Seitenstraße der Eisenbahnstraße. Als ich dem Taxifahrer die Adresse nenne, sagt er »ach, Klein-Bagdad«. Vor uns bremst ein Polizeiwagen plötzlich einen roten Ferrari auf offener Straße aus, Polizisten springen aus dem Wagen und zielen mit ihren Pistolen auf den Fahrer des Wagens. Wir fahren vorbei. »Das ist hier normal«, sagt der Taxifahrer. Seine Cousine wohne in der Gegend. Neulich habe er sie gefragt, ob sie was von der großen Bandenschießerei mitbekommen habe. »Welche genau?«, habe sie da erwidert.

Die Moschee ist in einem normalen Wohnhaus untergebracht. Schon auf der Straße sind Stimmen aus dem ersten Stock zu hören, in dem der Gebetsraum liegt. Es handelt sich um eine DITIB-Moschee. Hinter dem Eingang weist ein Schild auf die Cafeteria hin. Ich blicke um die Ecke. An einem Tisch sitzen sechs vollverschleierte Frauen und lachen. Im ersten Stock drängen sich bereits die Betenden. Ich sichere mir einen Platz ganz hinten und lehne mich an die Wand. Der Raum ist spartanisch eingerichtet. An der Decke hängen Miniaturkronleuchter und surrende Ventilatoren. Wieder höre ich an ihrer Sprache, dass viele Syrer und Iraker unter den Moscheebesuchern sind. Es wird richtig voll. Im Gebetsraum ist kein Platz mehr. Die Betenden hocken sich im Flur auf den Boden und auf die Treppe. Ein junger Türke trägt ein T-Shirt, auf dem steht »I love Alemania«. In der ersten Reihe sitzt ein Mann, den ich für den einzigen »Biodeutschen« halte.

Die Predigt

Wenn der Gläubige im Kampf auf den Boden stürzt, dann beklagt er sich nicht über den Sturz. Wisst ihr, was er stattdessen tut? Er steht wieder auf, währenddessen nimmt er eine Hand voll Sand vom Boden, dieser wird zu seiner Waffe. Er streut ihn dem Feind ins Gesicht und nimmt den Kampf wieder auf. Wenn du hinfällst, musst du wieder aufstehen. Der Gläubige wünscht für sich niemals etwas Schlechtes. Wenn ihn ein schweres Schicksal ereilt, bittet er nicht gleich Gott um das tödliche Ende.

Deshalb müssen wir sehr genau unserem Propheten zuhören. Die Gründe, die einen Menschen zum Freitod führen – das ist das Thema unserer heutigen Predigt. Wenn der Gläubige einen festen Glauben hat, wird er sich nicht den Tod wünschen. [Gebet auf Arabisch] Das meint: Sollte er sich unbedingt den Tod wünschen, weil er unerträgliche Schmerzen hat – heute hat man es umbenannt und nennt es Sterbehilfe. Gott hat jemandem viel Schmerz gegeben, dieser leidet darunter sehr stark. Gott möge niemandem Schmerzen geben und ihn auf die Suche nach einer Heilung schicken. Dazu werden wir später mehr sagen. Allerdings sagt unser Herr, der Prophet: »Wenn er sich den Tod wünschen sollte, weil er starke Schmerzen hat [unverständlich].« Wenn wir unsere eigenen Ideen formulieren, dann machen wir einen Fehler. Wenn ihr bei euren Formulierungen vom Hadith und Koranvers abkommen solltet, dann werdet ihr euch, bei Gott, verirren. Deshalb beten wir 40 000 Mal, dass wir nicht vom rechten Weg abkommen und dass wir uns nicht verführen lassen.

Wir haben unzählige Beispiele dafür gesehen, dass viele, die ganz vorne mitliefen, vom rechten Weg abkamen. Hier müssen wir geradestehen. Deshalb sagt der Gesandte Gottes: »Wenn sich jemand wirklich den Tod wünscht ...«, wer kann denn so etwas sagen? Das kann kein einziger Gelehrter sagen. Die Einzigen, die das zu sagen im Stande sind, sind Gott und sein Gesandter. Sollte er für sich den Tod wünschen, dann sollte er folgendes Gebet aufsagen [kurzes Gebet auf Arabisch]: »Oh Gott, erhalte mich am Leben, solange das Leben besser für mich ist, und nimm mich [zu Dir], wenn der Tod besser für mich ist.« Das bedeutet: Wenn er irgendetwas sagen muss, weil ihm sein Gesundheitszustand große Schmerzen bereitet, dann soll er sagen: »Mein Gott, lass mich nur so lange am Leben, wie es zu meinem Wohle ist.«

Das Problem ist, wenn du es auf diese Weise rüberbringst, dann werden wir für viele Menschen, die Selbstmord begangen haben, den Beerdigungsgottesdienst abhalten. Es gibt zwei Hadithe, die uns aufzeigen, wie wir uns zu verhalten haben. Sie sind beide sehr lang. Da das Thema sehr wichtig ist, werde ich sie etwas verkürzt rezitieren, damit wir Antworten auf unsere Fragen finden. [Gebet auf Arabisch]

Bei seinem Auszug [Hidschra] im Jahre 622 von Mekka nach Medina begleitete ihn ein Gefährte, der nicht von seiner Seite wich. Dieser hatte einen Freund. Auch dieser Freund schloss sich der Gruppe an, die nach Medina zog. Lasst uns kurz erläutern, was »Gefährte« bedeutet. Ein Gefährte ist jemand, der den Gesandten Gottes mit eigenen Augen sah und an ihn glaubte. Voraussetzung ist also, dass er seinen Glauben verkündet. Jahre nach dem Auszug nach Medina erkrankt dieser Gefährte. Er leidet unter sehr starken Schmerzen und schneidet seine mit Wunden bedeckten Finger ab. Weil er die Blutung nicht stoppen kann, verblutet er.

Eines Tages träumt der Gefährte von seinem Freund. Im Traum ist der Freund in einer sehr schönen Umgebung. Da er diesen Hadith kennt und weiß, dass Gott einem Selbstmörder das Paradies verwehrt, kann er sich das nicht erklären. Daraufhin erzählt ihm sein Freund im Traum: »Gott hat mich hier aufgenommen, weil ich an der Seite des Propheten am Auszug teilgenommen habe.« Zugleich sieht er, dass sein Freund an den Händen einen Verband trägt. Er fragt den Freund, wieso er den Verband an seinen Händen trägt, obwohl dieser im Paradies im Wohlstand lebt. Nur seine Hände sind nicht verheilt. Und er antwortet: »Gott sagte zu mir: Die Wunden, die du dir durch das Abschneiden deiner Finger zugefügt hast, werde ich nicht wieder heilen.« Jemandem, der sich tätowieren lässt, wird folgender Hadith vorgehalten: »Wenn ihr Veränderungen an einem Organ eures Körpers vornehmt, dann müsst ihr sehr achtsam sein.« Das ist ein sehr wichtiger Hadith, wenn ihr Eingriffe an eurem Körper vornehmt.

Wir sagten vorhin, dass unsere Eltern ein Anrecht auf unser Leben haben. Und wir haben Anrecht auf ihres. Wir packen sie am Kragen und fragen sie, warum sie uns diesen und nicht einen anderen Namen gegeben haben. Wenn sie dem Kind nicht den richtigen Glauben, den Koran beigebracht haben, dann muss es sie am Kragen packen und fragen. Genauso hat unser Körper Anrecht auf uns. Er ist etwas, was uns anvertraut wurde. Wir können ihn nicht nach Lust und Laune benutzen. Deshalb wurde dem Freund des Gefährten gesagt, dass seine Wunde nicht verheilen würde. Der Gefährte kommt zum Gesandten Gottes und erzählt ihm seinen Traum. Daraufhin betet unser Herr, der Prophet, Gott an und bittet ihn darum, diesem Freund die verwundeten Hände zu heilen.

Das war das erste Hadith, der zweite lautet wie folgt. [Diese Passage ist sehr unverständlich. Es geht um einen Gefährten, der in einem Krieg sehr selbstlos kämpft und dabei sein Leben aufs Spiel setzt. Daraufhin sagt Gott, man solle sich keinen Schaden zufügen und bewusst den Tod in Kauf nehmen.]

Gott hat keine Krankheit auf Erden verbreitet, ohne deren Heilung mitzuliefern. Nur Gott weiß es. Der Gläubige sollte auch im 21. Jahrhundert nicht in Hoffnungslosigkeit verfallen, wenn er im Kampf gegen den Feind auf den Boden fällt. Während er aufsteht, soll er eine Hand voll Sand aufheben, ihn als Waffe einsetzen und dem Feind ins Gesicht streuen. Wenn sein Geschäft Konkurs anmeldet, darf er nicht in Hoffnungslosigkeit fallen und sich sagen: »Mein Gott, Du bist es, der gibt und der nimmt.« [Gebet auf Arabisch]

Bist du es, der Reichtum anhäuft, und ist es Gott, der Armut verbreitet? Wenn du so denkst, dann wirst du Suizid begehen. Reichtum wie auch Armut ist gottgegeben. Was muss dann der Gläubige tun? Er muss sich in Geduld üben. Er muss darauf achten, stets stark und geduldig zu sein. [Gebet auf Arabisch.]

[Die folgenden Passagen sind schwer verständlich. Es geht darum, dass der Gläubige fleißig, strebsam und arbeitsam zu sein hat und Einsatz zeigen muss. Für den Rest und das Wohlergehen würde dann Gott sorgen. Das wird anhand eines Vogels, dem ebenfalls kein Korn vom Himmel ins Netz fällt, bildhaft dargestellt.]

Genauso wie der Vogel, der seine Nahrung sucht, muss auch der Mensch auf die Suche nach Nahrung gehen, Einsatz zeigen. Sollte ihn trotzdem ein Unglück treffen, darf er nicht gleich verzagen, in Unentschlossenheit und Hoffnungslosigkeit verfallen und erst recht nicht sich den Tod wünschen. In diesem Fall muss der Gläubige Zuflucht bei Gott suchen. Frei nach dem Dichter sorgt das Unglück, das dem Menschen eine schwere Bürde ist, für das schönste der Gebete. Wenn er Konkurs anmelden muss, muss er sich bewusst sein, dass das, was ihm aus den Händen gleitet, von Gott gegeben war. Er muss dann wieder aufstehen und Gott anbeten, damit er ihn wieder mit Reichtum beschenkt. Das ist die Pflicht eines jeden Muslims.

Suizid oder sich selbst Schmerzen zuzufügen, ist die größte Gefahr unseres Jahrhunderts, ist ein schweres Verbrechen. Wer es tut, dem hat Gott den Zugang zum Paradies verwehrt. Gott möge uns vor solchen schlechten Gewohnheiten, vor Verführungen bewahren. Gott möge dafür sorgen, dass unsere Kinder den Koran lernen können.

Am 12. 9. ist Opferfest. Wer ein Opfertier schlachten lassen möchte, kann uns die Vollmacht dafür erteilen und das Geld dafür an uns zahlen. Das wird ihm dann quittiert. Diyanet und die DITIB übernehmen für euch in 127 Ländern der Welt das Schlachten. Das kostet dann 150 Euro. Wer das Geld bis zum Vorabend der Festtage an uns gibt, wird im Computer registriert, bekommt eine Quittung. In dem Moment, in dem er das Geld gezahlt hat, erscheint sein Name auf der Homepage der DITIB. Nach der Schlachtung schicken wir euch per Mail oder Post Videos. So könnt ihr nachvollziehen, wo und wie euer Opfertier geschlachtet wurde.

Gott möge uns alle zu diesen Tagen führen. Gottes Dank euch allen. [Gebet auf Arabisch]

Diskussion

Die Predigt löst bei mir einige Verwunderung aus. Wie kommt der Imam in dieser Woche gerade auf dieses Thema? Einen Anlass nennt er nicht. Außerdem verwundern mich seine Ausführungen: Es wirkt auf mich sehr streng und nicht besonders verantwortungsvoll, Selbstmordgedanken auf fehlende Glaubensstärke zurückzuführen. In etwa nach dem Grundsatz: Wer ein Problem hat, ist einfach zu schwach im Glauben. Sollte jemand unter den Zuhörern tatsächlich mit dem Gedanken an Suizid spielen, wird er vom Imam als Sünder dargestellt und nicht als jemand, der dringend Hilfe braucht. Das finde ich sehr problematisch, und ich frage mich, warum der Imam das so drastisch darstellt. Ich bespreche die Predigt mit dem Islam-Experten Abdelhakim Ourghi.

Wie werden die Themen gewählt? Es wirkt recht zufällig. Nach dem Motto: Heute reden wir mal über Suizid.

»Man muss immer nach der Absicht suchen, warum das Thema behandelt wird. Es gab im Sommer eine Kontroverse wegen der sogenannten Märtyrer-Comics. Da wurden Selbstmordanschläge in einem Schulbuch verherrlicht.[52] Die Regierung von Nordrhein-Westfalen hat wegen dieses Buches die Zusammenarbeit mit der DITIB auf Eis gelegt. Möglicherweise haben sie deswegen dieses Thema gewählt. Dann könnte es ein Täuschungsmanöver sein, dass sie sich davon distanzieren. Und dann verliert diese Predigt ihre Glaubwürdigkeit, weil sie letztlich eine politische Reaktion ist.«

Warum würde man das auf Türkisch machen? Die deutsche Öffentlichkeit würde davon ja nichts mitbekommen.

»Die Türken wissen ja, dass sie beobachtet werden. Auf der DITIB-Website von Melsungen wurden 2015 auf Türkisch antisemitische Hasstiraden gepostet. Sie hatten das alles mit dem Koran begründet. Sie waren in dem Glauben, das würden nur Türken verstehen. Und dann wurde es übersetzt und öffentlich. Inzwischen haben sie dazugelernt und sind sehr vorsichtig.«

Islam und Selbstmord? Selbstmord ist schlecht, außer wenn man einen Anschlag begeht? Woher kommt diese Verherrlichung von Selbstmordanschlägen?

»Man sagt den Menschen, die für die Errichtung eines Gottesstaates wie beispielsweise den ›Islamischen Staat‹ sterben, dass sie ins Paradies kämen. Psychologisch gesehen sind das eher labile Menschen, die so etwas tun, die sehr einfach zu beeinflussen sind. Wir kennen dieses Phänomen aus den 1980er Jahren von der Hisbollah oder im Iran zu Zeiten des Golfkrieges. Dass sich Schiiten einen Schlüssel um den Hals hingen und auf Minen liefen.«

Warum Schlüssel?

»Sie hatten sich Schlüssel als Symbol umgehängt, um damit das Tor zum Paradies zu öffnen. Islamisch gesehen existiert keine Stelle im Koran oder eine Aussage des Propheten, die so etwas legitimieren würde. Ursprünglich gab es das Phänomen schon im 11. Jahrhundert, als ein Anhänger einer schiitischen Gruppe in einen Palast gestürmt ist, um alle umzubringen. In der Gegenwart gibt es problematische Äußerungen hierzu. Der Gelehrte Muhammed Yusuf al-Qaradawi, der in Katar lebt, ein wichtiger Theologe, hat eine Fatwa für Selbstmordattentate erlassen. Er hat legitimiert, dass sich Palästinenser in die Luft sprengen, und diese Fatwa ist bindend. Wir sehen also, das Thema ist umstritten. Die Mehrheit sagt: Das ist unislamisch. Aber dann gibt es eben diese sehr konservativen Theologen.«

Die Terminologie ist sehr martialisch: »*Kampf*«, »*Angriff*« ... *Drückt das eine aggressive Grundhaltung des Islams aus?*

»Es hängt davon ab, wer predigt und zu welcher Gruppe er gehört. Bei den Türken etwa ist die nationalistische Sprache sehr stark vorhanden, was man dann versucht, religiös zu legitimieren. Es stimmt, es existiert ein Problem mit Gewalt im Koran, besonders im medinensischen Koran.[53] Aber es kommt immer darauf an. Ein Prediger aus Marokko etwa, der eher dem Sufismus angehört, würde solche Verse nicht auswählen, sondern er würde eher Liebe und Nächstenliebe predigen und über die Beziehung zu Gott. Aber hier in dieser Predigt geht es weniger um diese Beziehung, sondern darum, die Menschen politisch zu mobilisieren.«

Wird der Islam missbraucht?

»Nein, der Islam wird nicht missbraucht. Das Gewaltproblem haben wir in der Tat.«

»Diese zehn Tage sind großartiger als der Dschihad auf dem Weg Gottes«

Ort ◆ Al-Rahman-Moschee Magdeburg
Glaubensrichtung ◆ sunnitisch
Sprache ◆ Arabisch
Datum ◆ 2. September 2016
Thema ◆ Der Monat der Pilgerfahrt

Die Woche

Einer Umfrage zufolge verliert Bundeskanzlerin Merkel weiter an Popularität: Mit ihrer Arbeit sind 45 Prozent der Bürger zufrieden, das ist Merkels schlechtestes Ergebnis seit August 2011. Damals erreicht sie ebenfalls 45 Prozent Zustimmung. Im September 2016 knapp hinter ihr: der CSU-Vorsitzende und bayerische Ministerpräsident Horst Seehofer mit unverändert 44 Prozent Zustimmung.

Sie hat erbittert um ihr Amt gekämpft – am Ende ist Brasiliens suspendierte Präsidentin Dilma Rousseff doch unterlegen. Der Senat in Brasilia stimmte für ihre Amtsenthebung. Als Nachfolger wurde ihr ehemaliger Verbündeter Michel Temer vereidigt, er hatte den Prozess gegen sie mit vorangetrieben.

Nach der kolumbianischen Regierung haben auch die FARC-Rebellen einen endgültigen Waffenstillstand verkündet. Endlich soll der jahrzehntelange Konflikt in dem südamerikanischen Land beigelegt werden.

Die Moschee

Die Magdeburger Al-Rahman-Moschee war 13 Jahre lang in einem alten Kohlebunker untergebracht, bis die muslimischen Gläubigen 2016 eine neue Heimat fanden. Seitdem versammeln sich jeden Freitag etwa 600 Menschen in einem ehemaligen DDR-Heizkraftwerk inmitten einer Magdeburger Plattenbausiedlung. Auch hier bietet sich mir ein vertrautes Bild: Es sind deutlich mehr Menschen, die zur Predigt erscheinen, als das umgebaute, grün angestrichene Haus Platz bietet. Zahlreiche Gläubige beten vor dem Eingang, es herrscht Gedränge. Die allermeisten der Betenden sind offenbar Flüchtlinge. Das schließe ich aus ihrem Arabisch, aber auch aus den Themen, über die sie sich unterhalten, und der Art, wie sie gekleidet sind.

Die Predigt

Lob sei Gott, wir loben Ihn und bitten Ihn um Hilfe und Rechtleitung und Vergebung. Vor den Übeln unseres Selbst und unseren schlechten Taten nehmen wir Zuflucht bei Gott. Wen auch immer Gott rechtleitet, den kann niemand irreführen, und wen auch immer Gott irreführt, den kann niemand rechtleiten. Ich bezeuge, dass es keinen Gott gibt außer Gott in Seiner Einzigkeit, und dass Er keinen Teilhaber hat. Und ich bezeuge, dass unser Herr und Prophet und Liebling und Anführer und Vorbild Muhammad Sein Diener und Gesandter und aufrichtiger Freund und Vertrauter ist. Er ist der beste Prophet, den Er gesandt hat. Er sandte ihn der gesamten Welt als Freudenboten und als Warner. Gott, segne unseren Herrn Muhammad und die Sippe unseres Herrn Muhammad und schenke ihnen immerwährendes Heil bis zum Jüngsten Tag.

Liebe Brüder, ich rate euch und mir [meinem irrenden und sündigen Selbst], Gott den Erhabenen zu fürchten, und warne euch vor dem Verhängnis, ihm ungehorsam zu sein und gegen seinen Befehl zu verstoßen. Ihr Menschen, fürchtet Gott und wisset, dass ihr in dieser Welt in einer vorübergehenden Wohnstatt seid. Ihr befindet euch noch auf Reisen, und der Bleibeort ist bei eurem Herrn der Bleibeort. Und wisset, dass unter den guten Gaben Gottes, gepriesen und erhaben sei Er, uns vortreffliche Zeiten gegeben wurden, in denen die guten Taten vervielfacht werden und in denen sich die Pforten der Gnade öffnen. Gott, gepriesen und erhaben sei Er, hat die Güte, Seinen Dienern die guten Taten zu vervielfachen, und gibt ihnen für Weniges viel. Er vergibt in diesen Zeiten jenen, die um Vergebung bitten, und verzeiht Seinen gläubigen Dienern und antwortet denen, die Ihn um Hilfe bitten.

Bevor wir mit der Predigt beginnen, liebe Brüder, möchte ich daran erinnern, dass es uns nicht gestattet ist, während der Predigt zu reden. Ich höre das Gerede bis hierher zu meinem Platz auf der Minbar.[54] Ich weiß nicht, ob derjenige, der zum Freitagsgebet kommt, wegen des Lohns kommt oder um den Lohn zu verlieren. Du kommst zum Freitagsgebet und weißt, und wir erinnern jeden Freitag daran, dass es einem nicht gestattet ist zu sprechen, während der Imam auf der Minbar steht. Und obwohl sie diese Worte gehört haben, reden einige noch immer mit ihren Nachbarn, als ob sie diese Sache nicht betrifft und sie nur des Kommens wegen gekommen sind, damit sie mit dem und dem reden können. Was ist denn deine Religion? Wirst du in dieser Religion Gott, gepriesen und erhaben sei Er, treffen? Wisse, dass der Gesandte Gottes, Gott segne ihn und schenke ihm Heil, dem [Reden während der Predigt] widersprochen hat. Kein Imam des Islams ist anderer Meinung als der, dass der Lohn verloren ist, wenn man während der Predigt spricht, und seien es nur zwei zusammenhängende Buchstaben. Wenn ihr also, liebe Brüder, euch entschlossen habt, zu dieser Predigt zu kommen, dann sollten wir in lauterer Gesinnung kommen, damit wir jenen Lohn vom Freitag zum nächsten Freitag mitnehmen.

Diese Zeiten, meine Lieben, in denen wir uns befinden, kehren jedes Jahr zu einer bestimmten Zeit wieder. Dazu gehören der Monat Ramadan und die zehn Tage, die jetzt anbrechen, die ersten zehn Tage des [Monats] Dhu al-Hiddscha.[55] Es sind vortreffliche Tage, deren Bedeutung Gott erhöht hat und bei denen er in seinem verehrten Buch geschworen hat. Er sprach: »*Bei der Morgendämmerung, bei zehn Nächten, bei geraden und ungeraden ...*« [»*... und bei der Nacht, wenn sie schwindet! Liegt darin nicht ein Schwur für den Verständigen?*«] [89:4-5] Gott im siebten Himmel hat bei diesen Tagen geschworen. Diese zehn Nächte sind die zehn Nächte von Dhu al-Hiddscha, wie die Exegeten festgestellt haben.

Und die Erklärung: Es ist der Tag Gottes, der Tag [unverständlich], der Arafa-Tag.[56] Wir alle haben inzwischen aus den Nachrichten erfahren, dass wir diese zehn Tage [erreicht haben]. Heute ist der letzte Tag [des Monats] Dhu al-Qa'da. Dementsprechend beginnen ab morgen ebenjene Tage. Der Samstag ist der erste Tag des Monats Dhu al-Hiddscha. Die ersten zehn Tage erstrecken sich von Samstag bis zum übernächsten Sonntag. Diese Tage sind gesegnete Tage. Es sind gesegnete Tage. [Der Prophet], Gott segne ihn und schenke ihm Heil, sagt: »Es gibt keine lautereren Taten [als] darin [in den zehn Tagen des Dhu al-Hiddscha]. Wir [sollten] auf unsere Herzen hören, liebe Brüder, und uns nicht von äußeren Erscheinungen ablenken lassen, und nicht von dem, was in unserer Seele [an Schlechtem] ist.«

Es gibt keine besser geeigneten Tage bei Gott, gepriesen und erhaben sei Er, und keine großartiger belohnten Taten als die, die der Mensch in den zehn Tagen des Opfermonats verrichtet. So sprach [der Prophet], Gott segne ihn und schenke ihm Heil. Es ist also das Beste, was du tust vor Gott, gepriesen und erhaben sei Er, und er wird es von dir annehmen und dich dafür belohnen. Es sind diese Tage, in denen du für Gott, gepriesen und erhaben sei Er, Taten verrichten [solltest].

Der Gesandte wurde einmal gefragt: »Ist nicht der Dschihad auf dem Weg Gottes noch immer die großartigste Sache, um Gott, gepriesen und erhaben sei Er, nahezukommen?« – der wahre [Dschihad] und nicht das, was einige heute daraus machen. Er wurde gefragt: »Nicht einmal der Dschihad auf dem Weg Gottes?« Er sagte: »Nicht einmal der Dschihad auf dem Weg Gottes, gepriesen und erhaben sei Er.« Das heißt, diese zehn Tage sind sogar großartiger als der Dschihad auf dem Weg Gottes. Der Gesandte, Gott segne ihn und schenke ihm Heil, sagte: »Außer …«, und hier macht er eine Ausnahme, und welche ist diese Ausnahme? »Außer wenn ein Mann mit sich selbst und seinem Vermögen [in den Dschihad] zieht und dann ohne etwas davon zurückkehrt.« Wenn er also ohne sich selbst und ohne sein Vermögen zurückkehrt, das heißt, wenn er sein Vermögen auf dem Weg Gottes geopfert, also verloren oder weggegeben und sich selbst auf dem Weg Gottes geopfert hat. Seine Belohnung entspricht der Belohnung für den, der in diesen zehn Tagen Gutes tut.

Dies sind also Tage, in denen die Gebete sich verdichten und in denen die gottesdienstlichen Verrichtungen [ʿIbādāt] sich verdichten: das Gebet, das Fasten, die Pilgerfahrt [nach Mekka], die Almosengabe, das Schlachtopfer und weitere gute Taten, die uns der Gesandte Gottes, Muhammad, Gott segne ihn und schenke ihm Heil, aufgetragen hat.

Wenn wir unsere Situation verstehen wollen, also, warum unsere Situation so ist, wie sie gerade ist, dann wirst du erkennen, dass wir den wahren Sinn unseres Daseins als Muslime auf dieser Welt verloren haben. Ja, wir haben dieses Wissen verloren, wir haben dieses Wissen verloren, dass wir zu Gott, gepriesen und erhaben sei Er, zurückkehren, wir haben es verloren. Und wir sind dahin gekommen, dass wir das Grab für etwas halten, das es nicht gibt.

Wenn wir uns hier einer Allegorie bedienen wollten, liebe Brüder, so könnte man [diese Situation] mit [der Situation] eines Menschen in einem Wald vergleichen. Folgt mir hier für einen Moment. Es ist, als wärest du in einem Wald. Dieser Wald ist schön, es gibt darin Reize, die noch kein Auge geschaut hat, die man noch nie im Leben gesehen hat. Er bietet dir eine Fülle von Genüssen und Vergnügungen und allem. Zugleich, liebe Brüder, ist dieser Wald aber auch tödlich. Es gibt darin Raubtiere, die den Menschen zerreißen. Sein Dasein könnte jederzeit beendet sein.

Und dann kommt ein Mann zu dir, von dessen Rechtschaffenheit du überzeugt bist. Ein Mann, bei dem du sicher weißt, dass er gut ist und gesegnet von Gott, gepriesen und erhaben sei Er. Dieser Mensch kommt zu dir, und du weißt in deinem tiefsten Inneren, dass du in diesem Wald nicht bleiben kannst. Dein Aufenthalt darin ist begrenzt, wie lange er auch dauern mag. Du weißt, dass dein Aufenthalt in diesem Wald begrenzt ist. Und da kommt dieser aufrichtige, glaubwürdige Mensch zu dir und sagt dir: »Es gibt einen einzigen Weg, auf dem du zu dem Ort gelangst, an dem du gerettet bist. Es gibt einen Ort, an dem du gerettet bist, schau zu ihm hin, dort ist das Paradies. Dort ist es, und ich werde dir den Weg dorthin erleuchten.«

Jene Propheten kommen und erleuchten uns den Weg. Und sie stellen an einem der Wege Lichter auf, die niemand übersehen kann. Man kann sie schon von weitem sehen. Sie haben uns den Weg erleuchtet. Und nachdem sie uns den Weg erleuchtet und uns zu verstehen gegeben haben, dass es der Weg der Errettung ist, und wir dank dem Gesandten erfahren haben, dass es der einzige Weg ist, der uns erlaubt ist zu gehen, kommen einige und hindern denjenigen daran, der diesen Weg einschlagen möchte. Und so verirrt er sich im Dickicht des Waldes und gerät immer tiefer hinein und irrt und irrt und irrt. Und dann fressen ihn die wilden Tiere des Waldes.

Einige von uns machen Gebrauch [von den Annehmlichkeiten] und genießen und genießen und schauen [doch] immer noch zu dem Weg [und sagen sich], ich werde auf dich zurückkehren, lieber Weg. Und sie wissen, dass sie womöglich nicht zurückkehren werden, denn der befristete Aufenthalt, den Gott, gepriesen und erhaben sei Er, dir in diesem Wald, diesem Ort, dieser Welt gegeben hat, ist festgelegt. Du weißt nicht, für wie lange. Du weißt nicht, wann du diesen deinen Aufenthalt verlieren wirst. Und trotzdem läuft so ein Mensch noch immer diesem Weg hinterher und begibt sich nicht zu ihm hin. Und wenn sein Aufenthalt zu Ende gegangen ist, siehst du seinen Blick immer noch auf den Weg gerichtet. Auch unter uns gibt es die, denen es so geht. Wenn er die prächtigen Farben an den Wegrändern sieht, irrt er ab, kehrt wieder zurück, irrt wieder ab, kehrt wieder zurück, irrt wieder ab, kehrt wieder zurück. Und wir wissen nicht, ob Gott ihn zum Tor der Rettung führen wird am Ende des Weges oder nicht.

Unter uns gibt es jene, die diesen Weg von ganzem Herzen eingeschlagen haben und ihn mit unerschütterlicher Entschlossenheit verfolgen, was auch immer es für Farben abseits des Weges gibt und Dinge, die er dort genießen würde. Leider sehen wir alle den Weg. Der Gesandte Gottes, Gott segne ihn und schenke ihm Heil, sagt [im Hadith]: »Ich habe euch auf den rechten Weg gelassen, dessen Nacht [hell] wie dessen Tag ist und von dem nur der Untergehende abirrt.« Der Weg ist deutlich sichtbar, aber unsere Augen wandern nach rechts und links, und so irren wir in jenem Moment ab. Das ist unsere Bestimmung, liebe Brüder. Schau, lieber Bruder, wann du zu diesem Weg zurückkehren kannst oder in drei Worten sagst, ich werde heute auf diesem Weg sein.

Gott, gepriesen und erhaben sei Er, hat das Verfolgen dieses Weges anstrengend gemacht für den Menschen, anstrengend. [Bittgebet:] [Gott] hilf uns dabei, Dich anzurufen und Dir zu danken. Es gibt Unterstützung von Gott, gepriesen und erhaben sei Er, denn es ist anstrengend, [aber] es gibt Unterstützung beim Gebet, beim Fasten, zu den [entsprechenden] Zeiten. Gott, der Erhabene, hat uns Unterstützung dabei zukommen lassen. Er hat uns auch in diesem Jahr Tage gegeben, an denen es eine Raumfähre gibt, in die wir einsteigen und ganze Abschnitte dieses Weges zurücklegen können, wie die Tage des Ramadans und die zehn Tage [im Monat] Dhu al-Hiddscha.

Das ist also unser Vorbild, liebe Brüder. Schau also, wo du selbst stehst. Gehörst du zu denen, die noch immer zu dem Weg schauen und sich wünschen, dorthin zurückzukehren, wiewohl er auch weit weg ist, oder bist du [bereits] auf jenem Weg und bist es noch immer? Diese Tage, liebe Brüder, sind es, die uns zurückbringen und uns ein schnelles Fortbewegungsmittel bereitstellen, auf dem wir zum Weg der Errettung gelangen. Denn Gott, gepriesen und erhaben sei Er, gibt für [das, was in] diesen Tagen [getan wird], was er an anderen Tagen nicht gibt.

In diese Tage, liebe Brüder, fällt der Arafa-Tag, von dem bekannt ist, dass das Fasten an ihm die Sünden des Jahres zuvor und des Jahres danach löscht. So wird es im Hadith gesagt. In diese Tage fällt auch der Tag des Schlachtens, also der Tag des Opferfestes.

Diese gesegneten Tage, liebe Brüder, liegen vor uns, der Tag des Opferfestes, an dem [das Blut] der Opfertiere vergossen wird, die beste der frommen Taten für Gott, gepriesen und erhaben sei Er, denn Gott der Erhabene sprach: *»So bete für deinen Herrn und opfere!«* [108:2]

Dieser gute Tag, liebe Brüder, [ist dazu da] für gute Taten und gute Buße genutzt zu werden, das ist ein Rat. Die Buße ist [zu tun] für die Vernachlässigung der religiösen Pflichten und für das Tun verbotener Dinge. Jeder von uns tut einmal etwas Verbotenes. Aber [Hadith]: »Lasse den schlechten Taten gute folgen, auf dass diese sie tilgen.« Sag nicht immer, ich habe so viel getan und verrichtet, nein, lasse den schlechten Taten gute folgen, auf dass diese sie tilgen. Das ist das Wort Gottes, gepriesen und erhaben sei Er, im siebten Himmel.

Was an erster Stelle stehen sollte zu dieser Zeit, ist, dass wir uns zumindest vorbereiten auf die Pilgerfahrt. Die, die hier sind, sind die, die nicht auf Pilgerfahrt gehen, denn die Pilger sind bereits fort und haben uns verlassen. Aber jenen, die nicht auf Pilgerfahrt gehen konnten oder denen die Pilgerfahrt schwerfällt und die [deshalb] in diesen Tagen nicht auf Pilgerfahrt gegangen sind, hat Gott, gepriesen und erhaben sei Er, als Er diese Tage schuf, darin auch eine Vorbereitungszeit für uns selbst geschaffen. Wenn ein Mensch ein Schlachtopfer bringen will, dann ist es empfohlen [sunna], in diesen Tagen vom morgigen Tag an bis zum Opfertag darauf zu verzichten, seine Haare und Fingernägel zu schneiden. Er darf weder seine Haare noch seine Fingernägel schneiden, bis die ersten zehn Tage vorbei sind, bis zum Tag des Opferfestes. Das ist empfohlen für die, die ein Schlachtopfer bringen wollen – nicht für jeden Menschen, nur für den, der sich auf das Schlachtopfer vorbereitet. Für die Opfergabe, auf die er sich vorbereitet, ist es ausreichend, wenn er dies für sich und seine ganze Familie tut. Es muss also nur er von der Kürzung [der Haare und Fingernägel] Abstand nehmen, während seine Familie das gar nicht weiß. Es ist nämlich empfohlen [die Haare und Fingernägel nicht zu kürzen] für den, der das Schlachtopfer für sich selbst oder seine ganze Familie bringen will.

Was sind nun also die Dinge, die für uns verpflichtend sind oder um die wir uns besser zuerst kümmern sollten? Das Erste, was jemand tun sollte, der vorhat, ein Schlachtopfer zu bringen: Ja, du kannst für uns ein Schlachtopfer bringen, aber für uns in unseren Ländern, ob in Syrien oder im Irak. Sie brauchen das Schlachtopfer mehr als wir, bei Gott, sie brauchen das Schlachtopfer hunderttausende Male mehr als wir. Ich sage dies denen, die ein Schlachtopfer bringen wollen: Bezahle den Preis [für das Opfertier], und lass es sie [die Menschen] im Land schlachten, damit die Leute Fleisch essen können, die schon seit einem oder zwei oder drei Jahren kein Fleisch mehr gegessen haben. Das ist das Allererste, dass du schon jetzt darüber nachdenkst, wem du dieses Schlachtopfer gibst. Darüber werden wir, so Gott will, in der nächsten Predigt noch sprechen, über das Schlachtopfer und die Verhaltensregeln beim Opfern und so weiter.

Zuletzt kommen wir zum Bemühen um die Gunst Gottes, gepriesen und erhaben sei Er, durch [die Verrichtung dessen] was Er dir auferlegt hat. Denn der Gesandte Gottes, Gott segne ihn und schenke ihm Heil, sagt:»Mein Diener nähert sich Mir am besten« – im Hadith, in dem Gott, gepriesen und erhaben sei Er, selbst spricht –,»Mein Diener nähert sich Mir am besten durch die religiösen Pflichten, die Ich so sehr schätze und ihm auferlegt habe.« Die beste Sache, durch die du dich Gott, gepriesen und erhaben sei Er, annäherst, ist, dass du die Pflichten [Farāʾiḍ],[57] die Gott dir auferlegt hat, fürchtest.

Zugleich sagt der Gesandte, Gott segne ihn und schenke ihm Heil, in diesem Hadith heiligen Ursprungs[58] aber auch: »Und durch die nicht vorgeschriebenen guten Werke [Nawāfil] kommt er mir noch näher, so dass Ich ihn liebe.« Die nicht verpflichtenden guten Werke sind es also, die Gott, gepriesen und erhaben sei Er, der Allmächtige, Herr des Himmels und der Erde, dazu veranlassen, uns Menschen zu lieben. Leider sind es nur sehr wenige von uns, die die nicht vorgeschriebenen guten Werke verrichten.

Die freiwilligen Gebete [Ṣalawāt ar-Rawātib]: Der Gesandte Gottes, Gott segne ihn und schenke ihm Heil, sagt über die freiwilligen Gebete [im Hadith]: »Wer an einem Tag und in einer Nacht zwölf freiwillige Gebete [Rukᶜāt] betet, dem wird Gott ein Haus im Paradies errichten.« Wenn jemand zu dir kommt und dir sagt, gib mir fünf Minuten deiner Zeit am Morgen, zehn Minuten am Mittag, fünf Minuten nach Sonnenuntergang und fünf Minuten nach dem Abendessen, und ich baue dir ein komplettes Haus, was sagst du ihm dann? Gibt es irgendjemanden, der im Vollbesitz seiner Geisteskräfte ist und das nicht annimmt? Fünfundzwanzig Minuten im Ganzen – was meinst du zu einem Haus im Paradies, das der Allmächtige erbaut? Das Beten von zwölf [zusätzlichen] Rukᶜāt ist nicht schwer. Der Gesandte Gottes, Gott segne ihn und schenke ihm Heil, ließ sie nie aus.

Das Witr-Gebet[59] und das Ḍuḥā-Gebet:[60] [Die Prophetengattin] Aisha sagt [im Hadith]: »Hätten meine Eltern mir gesagt, ich solle das Ḍuḥā-Gebet unterlassen, so hätte ich es nicht unterlassen.« Man erwartet von seinem Vater, dass er einem alles leichtmacht, [aber] das Ḍuḥā-Gebet und auch das Sunna-Gebet werden nicht unterlassen. [Hadith:] »Und durch die nicht vorgeschriebenen guten Werke kommt er mir noch näher, so dass Ich ihn liebe.«

Das Fasten aber ist nicht nur eine Pflicht, die Gott, gepriesen und erhaben sei Er, uns im Ramadan auferlegt hat. Er sagt uns: »Das Fasten am Arafa-Tag und an den Montagen und Donnerstagen und das Fasten an den weißen Tagen«.[61] Wir können nicht sagen, Gott sei Dank, nun haben wir den Ramadan hinter uns, und das reicht uns. Wie stehen wir da [mit Blick auf den Hadith]: »Und durch die nicht vorgeschriebenen guten Werke kommt er mir noch näher, so dass Ich ihn liebe.«

Wie stehen wir zum freiwilligen Almosen [Ṣadaqa]? Die Armensteuer [Zakāt] ist Pflicht für jeden von uns. Wer die Armensteuer nicht zahlt, bricht einen der Pfeiler des Islams. Die Ṣadaqa aber ist keine Pflicht. Sie ist als Brauch [sunna] vorgeschrieben. Die Gelehrten haben für sie zwanzig Nutzen im Diesseits und im Jenseits aufgezählt. Wir hier in der Moschee haben mindestens 2750 Euro laufende Kosten für die Moschee in vierzehn Tagen. Dazu gehören Heizung, Wasser, Strom und so weiter. Das summiert sich hoch auf 4200 bis 4500 [Euro], je nach Ausgaben. 4500 Euro im Monat.

Letzten Freitag wurden 250 Euro eingesammelt von wie vielen? Von 600 Muslimen, die drinnen und draußen gebetet haben. 250 Euro, wie viele sind wir? 600 Betende. In vier Wochen würden wir so 1000 Euro zusammenbekommen. Das ist eine Tatsache. Wir sind vor Gott für diese Sache verantwortlich. Einige Leute überweisen zehn bis 15 [Euro] und so weiter. Sehr selten überweist [jemand] mehr als 30 Euro im Monat. So kommen wir ungefähr auf weniger als 2200 bis 2500 [Euro] im Monat. Vom Konto der Moschee gehen also jeden Monat 2000 Euro mehr ab, als eingesammelt werden. Jeden Monat ein Minus von 2000 Euro, ein Minus von 2000 Euro, ein Minus von 2000 Euro! Wir müssen diesen Ort nun ausbauen, wegen der Leute, die draußen beten. Wir müssen eine Ebene höher bauen, weil wir hier nur mit staatlicher Erlaubnis beten dürfen. Und das erfordert, mit Steuern und allem, etwa 45 000 Euro. Wenn unsere Situation weiter so bleibt, so ahnen wir, werden wir in sechs Monaten kein Geld mehr haben, und wenn wir drei Monate die Miete nicht zahlen, müssen wir aus der Moschee hinaus. Die Verantwortung, liebe Brüder, ist eine große Verantwortung, die nicht nur mir obliegt und den Vereinsangehörigen, sondern allen.

Kurz gesagt, wie stehen wir da vor Gott, gepriesen und erhaben sei Er, 600 bis 650 Muslime, die wir nicht die Miete für die Moschee zahlen können? Wenn jeder zehn Euro zahlen würde im Monat. Dieser Verantwortung entziehen sich leider viele, deshalb wird es zukünftig Änderungen für den Verein und so weiter geben, bis wir von Gott, gepriesen und erhaben sei Er, in die Lage versetzt werden können, die Miete der Moschee zu bezahlen.

Wichtig ist: Wir dürfen unsere Pflichten gegenüber unseren Brüdern, einander und uns selbst gegenüber nicht vergessen. Dies ist Aufgabe aller. Ich sage dies, um die Gedanken auf diese Tage zu lenken, die vortrefflichen Tage, in denen Gott uns auffordert, wieder auf den rechten Weg zurückzukehren, denn es sind gesegnete Tage, und wir müssen dem nachkommen.

Ich habe gesagt, was ich gesagt habe, und bitte Gott den Allmächtigen um Vergebung für mich und euch.

Diskussion

Was ich aus dieser Predigt mitnehme, ist: Haltet euch jetzt noch strenger an religiöse Regeln als sonst, weil es jetzt besonders lohnend ist. Der besonders dichte theologische Inhalt mit Bezug auf den Ramadan erinnert mich an die erste Predigt aus der Umar-ibn-al-Khattab-Moschee in Berlin. Es wirkt auf mich wie aus einer anderen Welt. Andererseits kommt Deutschland, wo jedes Jahr Millionen Muslime Ramadan feiern, nicht vor.

Diese Predigt war die einzige, in der das Wort Dschihad fiel. Professorin Verena Klemm dazu:

»Hier ist die Erwähnung des Dschihad eher ein Friedenssignal. Das Islamische Recht unterscheidet zwischen großem und kleinem Dschihad. Der große Dschihad bedeutet so viel wie ›Engagement‹ oder ›individuelle Anstrengung‹ und soll von jedem Gläubigen geführt werden, um dem Islam zu dienen. Dies können etwa ehrenamtliche Aufgaben sein, wie Arme zu speisen oder Kindern zu helfen. Daneben gibt es den sogenannten kleinen Dschihad. Das ist der militärische Dschihad. Für ihn hat das historische islamische Recht genaue Vorgaben erarbeitet, wann er angebracht ist. So etwa im Falle des Angriffs oder der Verteidigung.«

»Wir müssen den Koran wieder lesen und lieben!«

Ort ◆ Hagia-Sophia-Moschee Karlsruhe
Glaubensrichtung ◆ sunnitisch
Sprache ◆ Türkisch
Datum ◆ 28. Oktober 2016
Thema ◆ Rückbesinnung auf die Religion

Die Woche

Der Bürgerkrieg in Syrien beschäftigt die deutsche Öffentlichkeit wieder stärker, nachdem Bilder aus Aleppo das Leid der Zivilbevölkerung nähergebracht haben. Vor allem Aufnahmen leidender Kinder sorgen für öffentliche Empörung.

Innenpolitisch ist die Diskussion um einen Nachfolger von Joachim Gauck als Bundespräsident entbrannt. Inzwischen wird Außenminister Frank-Walter Steinmeier als Favorit gehandelt, obwohl es Bundeskanzlerin Merkel laut Medienberichten sogar auf eine Kampfabstimmung in der Bundesversammlung ankommen lassen würde. Demnach wäre dafür Finanzminister Wolfgang Schäuble ihr Kandidat.

Das Parlament der belgischen Wallonie lehnt das sogenannte Ceta-Freihandelsabkommen mit Kanada in einem Referendum zunächst ab. Daraufhin wird einmal mehr über die Handlungsfähigkeit der Europäischen Union, insbesondere über die in vielen Fällen verlangten einstimmigen Entscheidungen, debattiert.

Die Moschee

Die Hagia-Sophia-Moschee liegt in der westlichen Innenstadt von Karlsruhe. Sie ist nicht weit entfernt von der Kaiserstraße, einer der Haupteinkaufsstraßen, wo kleine Restaurants Bio-Lunchs anbieten und sich Frauen in einer Shoppingpause bei Starbucks einen Kaffee holen. Ein paar Meter weiter ist es weniger großstädtisch. Gegenüber der Hirschstraße 25, wo die Moschee liegen soll, ist der »Euphrates-Grill«, um die Ecke eine Tankstelle. Als ich vor der Hirschstraße 25 stehe, deutet nichts auf das Vorhandensein einer Moschee hin. Vor mir befindet sich eines von vielen gleich aussehenden Wohnhäusern. Es gibt zwei Eingänge, der eine steht offen. Ich gehe hinein, steige die alte Treppe nach oben. Ein Mann öffnet eine quietschende Haustür und guckt mich fragend an. »Ich suche die Moschee«, sage ich. Er muss lachen. »Hier ist keine Moschee.« Ich zeige ihm mein iPhone, auf dem die Moschee mit der Adresse markiert ist. »Komisch«, sagt der Mann, »vielleicht im anderen Hauseingang.« Ich gehe durch die andere Tür in das Haus. Vor mir trägt ein junges Paar Kisten die Treppe hinauf. »Gibt es hier eine Moschee?«, frage ich. Die junge Frau schaut verdutzt: »Hier?« Wieder sage ich, dass bei dieser Adresse eine Moschee angezeigt wird. »Vielleicht wenn Sie im Hinterhof um die Ecke gehen, da ist noch was«, sagt sie.

In einem Durchgang zum Nachbarhaus ist eine Lücke, und als ich den schmalen Durchgang passiere, sehe ich die Moschee. Der Name »Hagia Sophia« hatte bei mir die Vorstellung von einer gewissen Stattlichkeit ausgelöst, weil ich sofort das Bild der großen Moschee in Istanbul vor Augen hatte. Diese Moschee besteht aus der üblichen Cafeteria im Erdgeschoss und dem Gebetsraum im ersten Obergeschoss. Als ich die klapprige Tür der Cafeteria öffne, treffe ich auf vier alte Männer, die rauchend an einem Holztisch sitzen. In der Ecke ist ein Fernseher an der Wand angebracht. Es läuft ein türkisches Programm. Die Männer tragen traditionelle Kleidung. Ich frage: »Sprechen Sie Deutsch?« Einer der Männer bejaht. Ich frage, wann die Freitagspredigt beginnt. »Um 13 Uhr 20«, antwortet der Mann. Er fügt hinzu: »Sie sprechen Arabisch, richtig?« Offenbar hat er meine Sendung schon einmal gesehen und erkennt mich. Ich sage »Ja, aber ich möchte mir einmal eine türkische Predigt anhören.«

Träger der Moschee ist die Islamische Union Karlsruhe, die wiederum zu Milli Görüş gehört. Bei der Stadt Karlsruhe frage ich an, ob und welche Erfahrungen man mit der Moschee gemacht hat. Die Pressesprecherin erklärt mir: »Hierzu kann ich Ihnen sagen, dass es keine nennenswerten positiven oder auch negativen Berührungspunkte mit der Stadt gibt. Bei der Hagia-Sophia-Moschee handelt es sich um eine recht einfache Moschee in einem rückwärtigen Bereich.«

Um kurz nach 13 Uhr gehe ich die morschen Holzstufen zum Obergeschoss hinauf, vorbei an einer Tür, auf der »Jugendabteilung« steht. Der Imam beginnt gerade seine Freitagspredigt, die ersten Gläubigen treffen nach und nach ein. Es ist eine kleine Moschee, aber nach ein paar Minuten sind bereits mehr als hundert Personen anwesend. Es sind viele sehr junge Männer und Jugendliche darunter. Sie sehen aus wie Schüler, haben Rucksäcke dabei, Baseballkappen auf. Sie kommen in Gruppen. Auffallend viele Väter bringen ihre Kinder mit. Der Imam steht in der vorderen Ecke hinter einem Podest und redet aufgeregt in ein Mikrophon.

Die Predigt

Schaut euch die Frauen von heute an! Schaut euch die Mädchen von heute an! »Tragt meinen Leichnam nicht bei Tageslicht.«Die Heilige Fatima[62] sagte:»Tragt meinen Leichnam nachts, wenn ich zur ewigen Ruhestätte gebracht werde, damit man mich bei Tageslicht nicht sieht, damit mich keine Augen erblicken, die nicht zur engen Verwandtschaft gehören.« Nun, schaut euch unsere Kinder an! Schaut, was kann ein Vater, der den Koran nicht versteht, eine Mutter, die den Koran nicht versteht, dem eigenen Kind geben? Was können sie ihm erzählen?

Wir sind Moslems, alles Lob gebührt Gott! Wir danken Gott dafür. Wir danken ihm morgens, mittags und abends dafür. Gott lässt uns nicht vergessen. Er lässt jene nicht vergessen, die beim Gebet mit der Stirn den Boden berühren. Alles Lob gebührt Gott, dem Barmherzigen und Gnädigen!

Meine Brüder! Der Koran ist solch ein heiliges Buch. Ein Vater, der bis zu seinem siebzigsten Jahr das Gebet verrichtet hat, ein Mensch, der hunderttausendfach, millionenfach das Fatiha-Gebet[63] gesprochen hat, möchte zum Zeitpunkt seines Abschieds von dieser Welt dieses Gebet ein letztes Mal sprechen. Sie bekommen davon nicht genug, möchten unentwegt dieses Gebet sprechen. Und wenn er von uns gegangen ist, widmen wir ihm dieses Gebet. Meine Brüder, ein Vater muss sein Kind nicht daran erinnern. Wenn ein Vater sein Kind nach Werten des Korans erzogen hat, muss er ihm sagen:»Mein Kind, spreche nach meinem Tod das Fatiha-Gebet für mich, lese für mich aus dem Koran vor!« Warum? Weil dein Grabstein unbekannt bleiben wird. Allerdings werden deine Werke dafür sorgen, dass andere das Fatiha-Gebet für dich sprechen. Deine guten Taten werden dafür sorgen, dass andere für dich das Fatiha-Gebet sprechen.

Du hast diesen Moscheen gedient, du hast zur Eröffnung sämtlicher Moscheen in Europa beigetragen, körperlichen, materiellen und ideellen Beitrag geleistet. Deshalb wird die Gemeinde in dieser Moschee für dich das Fatiha-Gebet sprechen. Du musst nicht bei anderen darum betteln oder auf deinem Grabstein diese Bitte anbringen. Gott wird dir das Fatiha-Gebet zuteilwerden lassen. Genauso wie er es dem Sultan Suleyman zuteilwerden ließ. Meine Brüder! Tragt zum Bau von Moscheen bei, hinterlasst eigene Werke, baut Institutionen, die den Menschen das Leben erleichtern! Mit Gottes Segen werden dann viele da sein, die für dich das Fatiha-Gebet sprechen. Mein Gott möge eure guten Taten, eure Wohltaten ewig währen!

Meine Brüder, deshalb müssen wir immer wieder den Koran lesen und lieben. Ein Onkel, der sein siebzigstes Lebensjahr erreicht hat, kann den Koran nicht lesen. Könnt ihr euch das vorstellen? Wenn wir vor Gott treten, wird der Gott am Jüngsten Tag die Menschen zu sich rufen. [Gebet auf Arabisch] Als der Heilige [Name unverständlich] dieses Gebet sprach, war er voller Tränen. [Gebet auf Arabisch] In diesem Abschnitt der »Yasin«-Sure [36] sagt Gott: »Die Sünder sollen zur Seite treten! Die Gläubigen sollen sich auf der anderen Seite aufstellen!« Imam Azam[64] weinte Tränen, weil er sich sorgte, ob er vielleicht auch zu jenen Sündern gehörte. Es geht hier um jenen Imam Azam, der im Kindesalter den Koran auswendig konnte. Heute kann ein siebzigjähriger Onkel, der die Pilgerfahrt nach Mekka hinter sich gebracht hat, den Koran nicht lesen. Wenn Gott ihn am Jüngsten Tag zu sich bestellt und auffordert, aus dem Koran vorzulesen, wird dieser Hadschi-Onkel[65] – sofern er nicht lesen kann – erwidern: »Mein Gott, ich hatte keine Zeit, den Koran zu lesen, das Lesen zu lernen, deshalb kann ich den Koran nicht lesen.« Ein bärtiger Onkel, der für alles andere Zeit fand, der in dieser Welt für alle anderen Unternehmungen Zeit hatte, hatte also keine Zeit, das Lesen des Korans zu erlernen. Und er wird dann vor Gott bestellt. Auf der anderen Seite wird ein siebenjähriges Kind vor Gott bestellt. »Komm her und lies vor«, wird es aufgefordert. Es wird erwidern:»Mein Gott, soll ich auswendig vortragen oder vorlesen?« Es kann den Koran auswendig und fragt:»Mein Gott, welchen Teil soll ich vortragen?«

Dieses siebenjährige Kind konnte also die Zeit finden, den Koran auswendigzulernen. Aber ein siebzigjähriger Mann – ja, ich nenne ihn einen Mann – ist nicht imstande, den Koran zu lesen. Andererseits hat er jahrelang die [gottgefälligen] Dienste anderer beleidigt. Nicht nur, dass er die Taten anderer nicht unterstützt hat. Ganz im Gegenteil hat er die ganze Zeit versucht, diese Taten von Dritten zu verhindern. Er hat die Hände, die ihm Gott gegeben hat, nicht im Sinne Gottes eingesetzt. Die Körperteile, die ihm Gott gegeben hat, hat er nicht im Sinne Gottes eingesetzt. Er hat stets versucht zu zerstören. Es ist überliefert:»Ein Vater gibt seinem Sohn eine Axt und fordert ihn auf, im Garten zu arbeiten. Daraufhin macht sich das Kind an die Arbeit und versucht die Wand der Moschee abzureißen.«

Gott hat uns Arme und Beine gegeben, damit wir dieser Religion dienen. Wenn wir imstande sind, unsere Arme und Beine nicht in den Dienst dieser Religion zu stellen, dann wird uns Gott dafür zur Rechenschaft ziehen. Meine Brüder, lasst uns deshalb den Koran gut lesen, den Koran lieben. Der Heilige Omar sagte: [Gebet auf Arabisch] »Das ist das von Gott gesandte Buch, sein Brief an mich.« Er umarmt und küsst ihn, er riecht am Koran. Heute allerdings nimmt der Moslem den Koran nicht in die Hand. In einem solchen Jahrhundert leben wir! In einem solchen Zeitalter leben wir! In einer solchen Gemeinschaft leben wir! Man nimmt heute den Koran nicht mehr in die Hand, denn er ist in die Taschen gewandert. Man kann ihn jederzeit auf dem

Handy aufschlagen und lesen. Aber es ist niemand mehr da, der ihn liest, der ihn sich anschaut. Ein Muslim, der für alles andere Zeit findet, findet keine Zeit, um den Koran aufzuschlagen und zu lesen. Deshalb meine Brüder, natürlich können wir es hier vortragen. Aber es gibt da jenes Sprichwort:»Das Gesagte wird nach eigener Meinung interpretiert.« Ja, das Gesagte wird nach eigener Meinung interpretiert.

Gott möge euren Verstand schärfen, Gott möge euren Blick schärfen. Gott möge uns allen das Los schenken, in Gottgefälligkeit und Ergebenheit zu leben. Wenn wir als Muslime vor Gott Anerkennung erlangen wollen, müssen wir uns ändern, müssen wir bessere Menschen werden. Wir müssen das Durchschnittsleben verlassen, das wir führen. In unseren Moscheen werden Kurse, Kurse zur Interpretation des Korans angeboten, herzliche Gesprächsrunden durchgeführt, meine Brüder. Beteiligt euch daran! In den Moscheen müssen diese Dienste angeboten werden. Diese Moscheen wurden nicht nur dafür gebaut, dass Menschen hier beten können. Das war nicht das Ziel, das beim Bau dieser Moscheen verfolgt wurde. In diesen Moscheen sollen auch andere Dienstleistungen, die die Menschen beim Gebet unterstützen, angeboten werden. Diese Moscheen sollen ein Mittel dafür sein, dass sich Menschen für gute Taten öffnen, damit sie auf eine Ebene mit Engeln gestellt werden und von dieser Ebene aus vor Gott treten und seinen Segen erhalten. Gott möge uns zu seinen Untergebenen aufnehmen, die er segnet. Der Koran möge von uns auf schönste Weise verstanden, gelebt werden. Wir mögen ihn auf die schönste Weise leben lassen und zu unserem Wegweiser machen. Bei all unseren Taten, bei all den Taten, mit denen wir Gottes Gunst erlangen können, möge uns der Koran dazu führen, wachsende Muslime zu werden. [Gebet auf Arabisch]

Diskussion

Was mir zunächst auffiel, war der Name der Moschee. Eine Moschee »Hagia Sophia« zu nennen, wirkt auf mich wie ein politisches Statement. Die Hagia Sophia, deren Grundsteine bereits im Jahr 325 in der damals noch Byzanz, später Konstantinopel genannten Bosporus-Metropole gelegt wurden, war über Jahrhunderte der wichtigste Bau der Christenheit. In ihr wurden die Kaiser des Oströmischen, später Byzantinischen Reiches gekrönt. Konstantinopel war über mehr als tausend Jahre ein Zentrum der christlichen Welt, bis zur Eroberung der Stadt durch die Osmanen im Jahr 1453. Die Hagia Sophia wurde durch die Eroberer zu einer Moschee umfunktioniert. Seit 1931 schließlich ist sie ein Museum und eines der meistbesuchten Gebäude der Welt. Seit einigen Jahren, unter der Regierung Erdoğans, werden immer wieder Stimmen laut, die eine erneute Umwidmung der Hagia Sophia in eine Moschee fordern. Während des Ramadans wurde in den letzten Jahren muslimische Gebete in der Hagia Sophia gehalten. Diese Bestrebungen führen zu erheblichen Spannungen mit mehrheitlich christlich-orthodoxen Ländern wie Griechenland oder Russland.

Beim ersten Lesen der Predigt dachte ich nur: Das ist etwas verworren. Beim zweiten Lesen und Nachdenken hatte ich immer mehr den Eindruck, dass die Predigt sehr konservativ ist in ihren Aussagen. Die Predigt enthält viele Andeutungen, ohne konkret zu werden. Welche Bilder und Vorstellungen entstehen beim türkischen Zuhörer? Was für eine Botschaft kommt an? Offenbar beklagt der Imam den Sittenverfall unter Muslimen in der heutigen Zeit. Doch welche Forderung leitet er daraus ab?

Telefonisch spreche ich später mit dem Imam der Moschee. Er heißt Arif Yilmaz, ist 37 Jahre alt und kommt aus der Stadt

Trabzon an der türkischen Schwarzmeerküste. Yilmaz spricht nicht gut genug Deutsch für das Gespräch, daher entstand das Interview unter Hinzuziehung eines Übersetzers.

Was haben Sie studiert?

»Ich habe das Imam-Hatip-Gymnasium[66] in der Türkei abgeschlossen und die Ausbildung zum Hafiz.[67] Hier habe ich die Vorlizenz erworben und studiere gerade Theologie.«

Wo studieren Sie?

»An der Islamischen Universität Europa.[68]«

Haben Sie viel mit Deutschen zu tun und wo?

»Wir machen zum Beispiel Krankenhausbesuche. Dort besuchen wir auch unsere ausländischen Geschwister. Ob Deutsche, Russen oder Österreicher – wir besuchen auch sie im Krankenhaus.«

Wie gut sprechen Sie Deutsch?

»Ich kann nicht so gut Deutsch.«

Und lernen Sie gerade Deutsch? Besuchen Sie zum Beispiel einen Deutschkurs?

»Ich habe einen Deutschkurs besucht. Ich habe dann eine Pause eingelegt und werde später den Kurs weiterbesuchen.«

Wie sehen Sie das Zusammenleben von Deutschen und Türken in Deutschland?

»Ich meine, dass es keine Bedenken gibt, die gegen das Zusammenleben sprechen würden. Wir gehören einer Religion an, die das Zusammenleben preist. Unser Glaube lädt uns dazu ein. Wir bejahen es. Deshalb sehen wir es als wichtig und unbedenklich an, dass verschiedene Kulturen zusammenleben.«

Was ist Heimat für Sie?

»Heimat bedeutet viel. Damit ein Mensch seinen Glauben gebührend leben und auch leben lassen kann, muss er ein starkes Vaterland haben.«

Was, finden Sie, ist wichtig für türkische Jugendliche in Deutschland?

»Unseres Erachtens ist die Bildung sehr wichtig. Sie sollten studieren. Neben dem religiösen Studium ist auch die Berufsausbildung sehr wichtig für unsere Jugendlichen. Für uns ist es sehr wichtig, dass sie anstatt zu Arbeitern zu Unternehmern werden. Das ist unser Ratschlag an sie. Darüber hinaus messen wir guten Beziehungen, die sie zu deutschen Bürgern haben sollten, eine große Bedeutung bei. Schließlich leben wir nicht in unserem eigenen, sondern als Gäste in deren Land. In diesem Zusammenhang sollten sie ihre Sensibilität bewahren.«

Tut die deutsche Politik genug für Integration?

»Dazu möchte ich nichts sagen.«

Ich lege die Predigt Susanne Schröter vor und berichte auch von meinem Eindruck, dass viele Jugendliche während der Schulzeit an der Predigt teilgenommen haben. Ihr Kommentar:

»Wir erleben eine Frömmigkeitsbewegung in der zweiten und dritten Generation. Es sind Kinder von Eltern, die sich emotional niemals in Deutschland beheimatet haben. Sie befinden sich in einem ständigen Spagat zwischen der Herkunftskultur und Mehrheitsgesellschaft, zwischen Familienmitgliedern, die sie kritisieren, wenn sie ›verdeutschen‹, und Lehrern, Mitschülern oder Nachbarn, die ihnen vorwerfen, nicht integriert zu sein. Exklusive religiöse Dogmen machen die Lage für Jugendliche zusätzlich kompliziert. Der konservative oder sogar radikale Islam erscheint vielen als Ausweg. Man schließt die Reihen fest und grenzt sich nach außen ab. Das ist ein Diaspora-Phänomen und insofern nicht ein explizit muslimisches Phänomen.«

Wie schätzen Sie den ersten Teil der Predigt ein?

»Was ich problematisch finde, ist der Anfang mit der heiligen Fatima. Das ist diese absolute Paranoia, dass Frauen Männer in Unruhe versetzen, selbst noch als Leichen. Die Geschlechtertrennung ist ein wichtiges Symbol. Wir leben in einer Gesellschaft, in der Männer und Frauen normal miteinander umgehen. In der Werbung wird die Rolle der Frauen sexualisiert dargestellt, aber im wirklichen Leben ist das eigentlich nicht der Fall. Da begegnet man sich auf Augenhöhe und ohne Scheu in allen gesellschaftlichen Räumen. Viele fromme Muslime sehen das allerdings vollkommen anders. Sie verteidigen den Ausschluss von Frauen aus vielen öffentlichen Bereichen und praktizieren eine rigorose Geschlechtertrennung. Sie haben beispielsweise kein Problem damit, dass Frauen durch einen kleinen Hintereingang in die Moschee gehen, dort die schlechter ausgestatteten Räume haben, mit der Begründung, Frauen müssen ja nicht beten. Selbst an der Universität, im Theologiestudium, organisieren sich Männer und Frauen ganz klar getrennt voneinander. Das steht in völligem Widerspruch zu unserer Genderordnung. Ich halte das tabuisierte Verhältnis zwischen Mädchen und Jungen, Männern und Frauen, nicht für glücklich, da es Jugendliche in unnötige Konflikte stürzt. Sie sehen, dass Sex möglich ist, aber in ihren Communities ist es verboten.«

Ein siebenjähriges Kind soll den Koran auswendig können? Und warum tritt es in dem Alter schon vor den Schöpfer?

»Das zielt darauf ab, zu fordern, man solle seine Zeit religiösen Dingen widmen. Es gibt bisweilen vonseiten gläubiger Muslime Aufrufe, dass man als Student oder Schüler zwar lernen solle, aber mindestens ebenso viel Zeit mit der Religion verbringen müsse wie mit dem Lernstoff. Und das Allheilmittel für alle Probleme liegt angeblich in der Religion, denn ein wahrer Muslim könne nichts Böses tun.«

»Diese Moscheen wurden nicht nur zum Beten gebaut«, sagt der Imam und nennt beispielhaft Kurse zur Interpretation des Korans und »herzliche« Gesprächsrunden. Das »Durchschnittsleben verlassen«. Wie lässt sich das übersetzen?

»›Dienstleistungen‹ sollen wohl soziale Dienstleistungen sein. Moscheen organisieren Hochzeiten, Beerdigungen, Hausaufgabenbetreuung und machen Angebote für die Freizeitgestaltung. Das wird damit gemeint sein. Dass man Moscheen bauen soll und auch spenden soll, das ist bei allen frommen Muslimen Usus, um gut am Tag des Jüngsten Gerichts dazustehen. Das finde ich unproblematisch.«

»Die größte Sache ist es, dass durch dich ein Nichtmuslim rechtgeleitet wird und den Islam annimmt«

Ort ◆ Al-Farouq-Moschee Potsdam
Glaubensrichtung ◆ sunnitisch
Sprache ◆ Arabisch
Datum ◆ 16. Dezember 2016
Thema ◆ Missionierung

Die Woche

Die lange umkämpfte syrische Stadt Aleppo ist vollständig in die Hand der Truppen von Präsident Bashar al Assad gefallen. Diese haben angeblich ihre Einsätze gestoppt, um den bewaffneten Aufständischen und ihren Familien den Abzug aus der Stadt zu ermöglichen.

Die Sammelabschiebungen von abgelehnten afghanischen Asylbewerbern beginnen. Mitte der Woche werden fünfzig Personen von Frankfurt nach Kabul ausgeflogen.

Nach dem Anschlag auf die koptische St.-Peter-und-Paul-Kirche in Kairo beschuldigt die ägyptische Regierung die Muslimbrüder als Drahtzieher. Bei dem Selbstmordattentat waren 24 Menschen getötet worden.

Die Moschee

Diese Freitagspredigt ist eine der ungewöhnlichsten im Laufe meiner Recherche. Die Al-Farouq-Moschee in Potsdam ist eine von zwei muslimischen Gebetsstätten im Bundesland Brandenburg. Die andere befindet sich in einem Keller in Cottbus. Seit dem Zuzug tausender Flüchtlinge aus Syrien, dem Irak, Afghanistan und anderen Ländern 2015 und 2016 wurden die Räume in der Potsdamer Innenstadt für die vielen Moscheebesucher viel zu klein. Weil während der Freitagspredigt die Gläubigen sogar auf dem Bürgersteig saßen und sich Anwohner dadurch gestört fühlten, entschloss sich die Stadt Potsdam für eine Übergangslösung: Jeden Freitag kann die Al-Farouq eine Halle in der Biosphäre Potsdam, einem Tropen-Erlebnispark, nutzen.

Blühende Landschaften hat Helmut Kohl den Ostdeutschen einst versprochen. Es kam bekanntlich vielerorts anders. Wohl kaum irgendwo in den neuen Bundesländern ist das Versprechen des damaligen Bundeskanzlers so sehr Realität geworden wie in Potsdam. Längst hat sich die Hauptstadt Brandenburgs zu einem begehrten Reichenvorort von Berlin entwickelt. Elegante Villen, explodierende Immobilienpreise und eine rasant steigende Bevölkerungszahl zeugen davon. Mit der Tram-Linie 92 fahre ich vom Hauptbahnhof durch die restaurierte Altstadt. An jeder Station steigen Gruppen von Flüchtlingen ein. Ich erkenne das syrische und irakische Arabisch. Irgendwann sind fast alle Tram-Passagiere Flüchtlinge oder Muslime. Sie stehen dichtgedrängt, es passt kaum noch jemand hinein. Dazwischen sitzt eine Familie mit drei kleinen Kindern, die etwas verunsichert und erstaunt schaut. Offenbar verstehen sie nicht, warum die Tram mit so vielen südländisch aussehenden Menschen gefüllt ist. Alle steigen an der Station Campus Fachhochschule aus und gehen die letzte kurze Strecke zur Biosphäre.

Vorne gehen die Touristen und Besucher in den Erlebnispark; tropische Pflanzen, Papageien und Palmen vermitteln ein exotisches Flair. Hinten gehen die muslimischen Gläubigen in einen Veranstaltungssaal. Auch hier stehen Palmen, es ist hell. Der Raum ist vielleicht zehn Meter hoch mit großen Fensterfronten. Durch die Fenster fällt der Blick auf eine weitläufige Wiese. Es regnet. Der Imam kommt aus Syrien, das ist an seinem Arabisch klar zu erkennen. Er trägt ein ungewöhnliches Outfit – keinen Umhang oder Turban, wie ich sie bei anderen Predigten gesehen habe, sondern eine Art weiten, hellen Hosenanzug. »Pakistanisch« nenne man in arabischen Ländern diese Art von Kleidung, erzählt mir ein arabischer Freund. Für Araber kennzeichne sie jemanden, der zumindest sehr konservativ ist, und viele Araber würden Salafisten mit dieser Kleidung in Verbindung bringen.

Die Predigt

Vor den Übeln unseres Selbst und unseren schlechten Taten nehmen wir Zuflucht bei Gott. Wen Gott rechtleitet, den kann niemand irreführen, und wen auch immer Gott irreführt, den kann niemand rechtleiten. Ich bezeuge, dass es keinen Gott gibt außer Gott in Seiner Einzigkeit, der Sein Versprechen hielt, Seinem Diener zum Sieg verhalf, Seinen Soldaten Würde verlieh und allein die Heerscharen schlug. Nichts war vor Ihm, und nichts [wird] nach Ihm [sein]. Und ich bezeuge, dass Muhammad Sein Diener und Gesandter und aufrichtiger Freund und Vertrauter ist.

Und weiter: Im Namen des gütigen und barmherzigen Gottes. Gott der Erhabene spricht in Seinem edlen Buch: »*Siehe, es sprechen Gott und seine Engel den Segen über den Propheten. Ihr, die ihr gläu-*

big seid, sprecht über ihn den Segen, und grüßet mit dem Friedensgruß!« [33:56] Gott, schenke Muhammad Heil und der Familie Muhammads, wie Du Abraham und Abrahams Familie Heil geschenkt hast, und segne Muhammad und die Familie Muhammads, wie Du Abraham und Abrahams Familie gesegnet hast in allen Welten. Denn Du bist des Lobes und Preises würdig.

Die wahrhaftigste Überlieferung ist das Buch Gottes. Das Schlimmste aller Dinge sind ihre Neuerungen. Jede Neuerung in der Religion Gottes ist Ketzerei. Jede Ketzerei ist Irrtum, und jeder Irrtum [endet] im Feuer. Diener Gottes, ich rate euch und mir [meinem irrenden Selbst], Gott den Erhabenen zu fürchten und ihm zu gehorchen. Ich sporne euch an, Ihm gegenüber gehorsam zu sein, und warne euch davor, gegen seinen Befehl zu verstoßen und ihm ungehorsam zu sein.

Wahrlich, ihr Diener Gottes, zu den edelsten, besten und angesehensten Taten zählt das Wirken der Propheten. Was haben die Propheten zu tun, außer Gott, dem Allmächtigen [zu dienen]? Er gab ihnen die Ehre, zu Ihm, dem Erhabenen, aufzurufen [daᶜwa]. Wer zu Gott dem Erhabenen aufruft, der ist in seinem Ansehen und seinem Wirken der beste der Menschen auf dieser Welt. Der Ruf zu Gott dem Erhabenen bringt Ehre und Ansehen, denn er ruft die Schöpfung zum Schöpfer, denn er ruft die Schöpfung zum Schöpfer. Er [der Prophet] erinnert die Menschen an Gott, gepriesen und erhaben sei Er, und welches Wirken ist ehrenvoller als dieses? Gott der Erhabene spricht: *»Wer führt wohl eine schönere Rede als der, welcher zu Gott aufruft und Gutes tut und spricht: ›Siehe, ich bin einer der Gottergebenen‹?«* [41:33]

Bruder im Glauben, alle Propheten haben zu Gott dem Allmächtigen aufgerufen, und wer den Propheten wahrhaftig folgt, der gehört zu den Rufern zu Gott dem Allmächtigen. Sie haben in den schwierigsten Situationen zu Gott, gepriesen und erhaben sei Er, aufgerufen. Ihre Maxime und ihr Ziel waren es, dass die Menschen Gott verehren und sich zum Glauben an die Einheit Gottes bekennen. Sie wollten keinen Lohn und kein Geld von den Menschen.

Wahrlich, Bruder im Glauben, einmal kam [Imran ibn] Husain al-Khaza'i, einer der Herren seiner Stammesgenossen, zum Propheten, Gott segne ihn und schenke ihm Heil. Und er war einer derer, die beigesellen. Der Prophet, Gott segne ihn und schenke ihm Heil, fragte ihn: »Wie viele Götter verehrst du? Wie viele Götter hast du?« Er sagte: »Ich verehre sieben Götter.« – »Und welche sind diese sieben?« – »Sechs auf Erden und einen im Himmel.« Sechs Götzen auf Erden verehrten sie, und einen Gott im Himmel. Nun wollte der Prophet, Gott segne ihn und schenke ihm Heil, lieber Bruder im Glauben, ihn zu Gott dem Allmächtigen aufrufen. Und wer ist ein schöneres Vorbild als der Prophet, Gott segne ihn und schenke ihm Heil? Er sagte: »Und wen rufst du an, wenn dich eine Krankheit befällt?« – »Den im Himmel.« – »Wenn du dein Vermögen verlierst, wen rufst du an?« – »Den im Himmel.« Der Prophet, Gott segne ihn und schenke ihm Heil, sagte: »Und er erhört dich, und du gesellst ihm andere bei? Und er erhört dich, und du gesellst ihm in deiner Verehrung andere bei?« Und Imran ibn Husain al-Khaza'i fragte den Propheten, Gott segne ihn und schenke ihm Heil, nach dem Islam. Der Prophet, Gott segne ihn und schenke ihm Heil, sagte: »Der Islam ist, dass du Gott anrufst und ihm nichts beigesellst.« Wahrlich, ihr Diener Gottes, dass wir Gott anrufen und ihn verehren und ihm nichts beigesellen. Gott, gepriesen und erhaben sei Er, spricht: »Siehe, du leitest, fürwahr, auf einen geraden Weg.« [42:52] Der Prophet, Gott segne ihn und schenke ihm Heil, war ein Rufer [zu Gott]. Er ging zum Felsen und sagte: »Ihr Menschen, ich bin ein klarer Warner für euch vor einer strengen Strafe.«

Diese unsteten Menschen aus der Zeit des Gesandten Gottes, Gott segne ihn und schenke ihm Heil, verunglimpfen die Propheten und die, die Gutes tun, und die Imame. Diese Menschen sind unstet, stehen nicht zu diesen und nicht zu diesen. Die Menschen sprachen über ihn [den Propheten], darunter auch Abu Lahab, sein Onkel, der ihm sagte: »Geh zum Henker, hast du uns darum zusammengerufen?« Trotzdem, lieber Bruder im Glauben, rief der Gesandte, Gott segne ihn und schenke ihm Heil, weiter die Bewohner Mekkas [zum Islam] auf. Er ging zu den Bewohnern von Taif, wanderte nach Medina aus, reiste und schickte die Gesandten. Das war sein Leben, sein Wirken. Gibt es Besseres als dieses Wirken? Gibt es besseres als dieses Wirken, den Ruf zu Gott, gepriesen und erhaben sei Er?

»*Sprich:* ›*Das ist mein Weg!*«* [12:108] Gott spricht zu Muhammad, seinem Propheten, Gott segne ihn und schenke ihm Heil: »Sag den Menschen, Muhammad, dass dies meine Verordnung ist.« – Was ist »Deine Verordnung«? »*Sprich:* ›*Das ist mein Weg! Ich rufe auf zu Gott, aufgrund eines sichtbaren Beweises, ich und wer mir folgt! Gelobt sei Gott! Ich bin keiner derer, die beigesellen!*‹«

Wahrlich, meine Brüder im Glauben, die größte Sache ist es, dass durch dich ein Nichtmuslim oder eine Nichtmuslimin rechtgeleitet wird und durch dich den Islam annimmt. Derjenige von euch, der um Rechtleitung bittet, wird die gleiche Belohnung erhalten wie diejenigen, die ihm folgen, und dies wird ihre Belohnung um nichts schmälern. So werden jedes Gebet, jedes Fasten und Wirken und alles, was ein Mensch tut, der durch dich zum Islam gefunden hat, bei Gott als deine guten Taten angerechnet werden.

Der Prophet, Gott segne ihn und schenke ihm Heil, sagte [im Hadith]: »Bei Gott, wenn Gott auch nur einen einzigen Mann durch dich zum Islam führt, ist das besser für dich als der Besitz von roten Kamelen.«[69] Und weiter ist überliefert: »Das ist besser als das, worüber die Sonne auf- und wieder untergeht, das heißt, besser als die Welt und alles, was es in ihr gibt.«

Wenn dieser Mann durch dich zum Islam findet, werden seine Nachkommen und deren Nachkommen alle auf deine guten Taten angerechnet. Wahrlich, lieber Bruder im Glauben, nutze diese Fähigkeit, die du hast, für Gott den Allmächtigen. Sag nicht, dass du den Koran nicht auswendig beherrschst oder dass du dich in den Hadithen nicht auskennst oder dass du nicht qualifiziert bist. Das bringt dir keinen Nutzen. Geh zu Gott. [Der Prophet sagte im Hadith:] »Berichtet von mir, wenn es auch nur ein Vers ist.« Oder erwähne die authentischen Hadithe vom Propheten, Gott segne ihn und schenke ihm Heil. Bringe [den Menschen] die Sprache bei und ihre Übersetzung, oder [wirke] über die sozialen Medien. [Hadith:] »Wenn Gott auch nur einen einzigen Mann durch dich zum Islam führt, ist das besser als die Welt und alles, was es in ihr gibt.« Wahrlich, ihr Diener Gottes: *»Siehe, du kannst nicht leiten, wen du möchtest; aber Gott leitet, wen er will.«* [24:56] Der Ruf zu Gott ist ein großartiges, verdienstvolles Werk. Ob die Menschen glauben oder nicht glauben, beten oder nicht beten, das ist göttliche Führung. Du aber bist der Grund dafür, dass dieser Mann zum Weg der Wahrheit und zum Weg des Islams gelangt.

Nun sehen und hören wir, liebe Brüder im Glauben, von vielen Menschen, die sich von der Religion Gottes losgesagt haben, das heißt, sie haben das Gebet unterlassen. Ihr alle seid vor Gott für diese Sache verantwortlich. Und du sagst, wie[so]? Du kommst auf diese Erde. Du bist das Wort [die Zunge] Gottes und seines Gesandten auf dieser Erde. *»Wir machten euch zu ... Stämmen«* [49:13] auf dieser Erde. *»Ihr gebietet das Rechte, verbietet das Schlechte«.* [3:110]

Der Gesandte Gottes, Gott segne ihn und schenke ihm Heil, was sagt er dir darüber, das Gebet zu unterlassen? [Hadith:] »Der Vertrag zwischen uns und euch ist das Gebet.« Die Religion ist ein Ratschlag, ihr Brüder im Glauben. Wir müssen auf diejenigen achtgeben, die schlechte Freunde sind, ja, schlechte Freunde. Einer der Brüder hat mich auf dieses Thema aufmerksam gemacht, die schlechten Freunde, so dass wir den Menschen von dieser Sache berichten.

Der Gesandte Gottes, Gott segne ihn und schenke ihm Heil, sagte [im Hadith]: »Der Mensch folgt der Religion seines engen Freundes, so sollte jeder darauf achten, wen er zum Freund nimmt.« Und bei Gott, wenn ich [zum Beispiel] Ahmad sehe, Gott segne sein Wohlergehen, zusammen mit einer Person, die tagein, tagaus sündigt und die sich nicht um Religion und Islam schert, was werde ich über Ahmad sagen? Ich sage das Hadith des Gesandten: »Der Mensch folgt der Religion seines engen Freundes.«

[Hadith:] »Der Mensch wird [am Jüngsten Tag] mit denen sein, die er liebt, mit denen, die er liebt, wird er [am Jüngsten Tag] sein.« Auch das sollten wir uns merken, lieber Bruder im Glauben, und mit den Rechtschaffenen in Gesellschaft sitzen, denn, bei Gott, ihre Gesellschaft ist besser für dich im Diesseits wie im Jenseits. Im Diesseits führt dich der rechtschaffene Freund auf den rechten Weg zurück und leitet dich, sooft du vom Weg Gottes abkommst. Im Jenseits legt er Fürbitte für dich ein am Tag des Jüngsten Gerichts. Er legt Fürbitte für dich ein bei Gott und holt dich aus dem Höllenfeuer, der rechtschaffene Freund.

Befreunde dich also mit deinen rechtschaffenen Brüdern und verbreite die Religion Gottes mit schöner Predigt und Weisheit.

Verbreite die Religion Gottes und gib deine Prinzipien nicht auf. Es gibt einige Brüder, die wegen des Euros auf ihr Gebet verzichten, wegen des Euros auf ihre Prinzipien verzichten, wegen des Jobcenters. Wir respektieren das Jobcenter und das Lageso und dieses Land, aber wir respektieren nicht den Menschen, der seine Religion aufgibt. Wir respektieren ihn nicht, weil er Muslim ist, wie kann er [da] im Angesicht des Euros schwach werden? Gott ist der Versorger, Gott sendet den Lebensunterhalt herab. Glaube nicht, dass der Lebensunterhalt ohne seine Zustimmung kommt. Gott ist der, der versorgt, den Vogel und den Wal im Meer.

Kehre zu deiner Religion zurück und warne deinen Bruder, über das Telefon, einen Anruf, Facebook oder Twitter, irgendein Medium. Ein rechtschaffener Freundeskreis und der Ruf zu Gott, so kehren wir zu Gott zurück und sind eng [mit ihm] vereint.

Wir schauen, was in Aleppo passiert: Frauen werden vergewaltigt, Blut vergossen, Häuser zerstört und Körperteile abgetrennt. Wir [können] nur sagen: Gottes sind wir, und zu Ihm kehren wir zurück. Möge Gott uns beistehen. Das Unglück hat uns und unsere Landsleute erfasst. In Aleppo und überall in den Heimen der Muslime herrscht das Unglück. Du bist der Allbarmherzige. Kehren wir zu Gott zurück, denn die Schuld wird nur durch die Buße getilgt. Und die Heimsuchung erfolgt nicht ohne Schuld. Gott weiß am besten, was in den Herzen ist.

Ich habe gesagt, was ich gesagt habe, und bitte Gott den Allmächtigen um Vergebung für mich und euch.

Diskussion

Diese Predigt ließ mich gleich an mehreren Stellen aufhorchen. Sie vermittelt mir einen klaren Aufruf zur Missionierung. Ich frage mich, was das bei den Zuhörern auslöst. Besonders bedenklich erscheint mir dieser Aufruf vor dem Hintergrund, dass fast alle Besucher Flüchtlinge waren. Viele sind erst kurze Zeit in Deutschland, sprechen die Sprache noch nicht. Sie können die Umgebung um sich herum überhaupt nicht einschätzen. Glauben sie wirklich, sie sollen in Potsdam Menschen ansprechen und sie zum Übertritt zum Islam überreden? Genauso konkret sind die Aufrufe in dieser Predigt für mich nämlich zu verstehen.

Der zweite Kerngedanke: »Befreunde dich also mit deinen rechtschaffenen Brüdern.« Das bedeutet im Umkehrschluss: Schließt keine Freundschaften mit Nichtmuslimen. Eine Predigt, die zur Verbreitung des Islams aufruft und auch sagt, man solle sich nicht mit Nichtmuslimen anfreunden, fördert mit Sicherheit nicht das Ankommen in Deutschland.

Der streng konservative Charakter der Predigt wurde für mich schon in der Einführung klar: »Jede Neuerung ist Ketzerei. Und Ketzerei ist Irrtum. Und Irrtum endet im Feuer.« Auffällig ist für mich zudem die Warnung vor den Euros. Ich fasse das so auf, dass die Religion wichtiger ist als wirtschaftlicher Erfolg. Auch diese Haltung könnte als Integrationshindernis wirken. Mir fällt außerdem im Vergleich zu anderen Predigten auf, dass der Imam mehrfach soziale Medien wie Facebook oder Twitter erwähnt, die genutzt werden sollen, um Menschen zu einem islamtreuen Leben zu animieren.

Über all diese Punkte hätte ich gerne mit dem Imam der Moschee gesprochen. Er stand für ein Gespräch aber leider nicht zur Verfügung: Nach der Predigt darauf angesprochen, wollte er sich nicht äußern. Spätere Anfragen waren nicht erfolgreich.

»Ich möchte über die größte aller Gefahren sprechen, nämlich über die Gefahr von Weihnachten«

Ort ◆ Mehmed Zahid Kotku Tekkesi Berlin
Glaubensrichtung ◆ sunnitisch
Sprache ◆ Türkisch
Datum ◆ 23. Dezember 2016
Thema ◆ Terror/die »Weihnachtsgefahr«

Die Woche

Ein Terroranschlag sucht Berlin heim: Der Tunesier Anis Amri, dessen – aussichtsloser – Asylantrag abgelehnt worden war, steuert den LKW einer polnischen Spedition über den Weihnachtsmarkt auf dem Breitscheidplatz. Zwölf Menschen sterben. Viele Fragen kommen auf: Wie konnte Amri, der als Gefährder den Sicherheitskräften bekannt gewesen war, eine solche Tat umsetzen? Wieso wurde er nicht schneller abgeschoben?

In Ankara wird der russische Botschafter in der Türkei erschossen. Der Täter, ein Polizist, rief »Aleppo«.

Es wird bekannt, dass es an der Schule »Istanbul Lisesi«, an der auch deutsche Lehrer arbeiten und das deutsche Abitur abgelegt werden kann, Streit über den Umgang mit dem Thema »Weihnachten« gegeben hatte. In Deutschland wird daraufhin ausführlich über ein »Weihnachtsverbot« berichtet.

Die Moschee

Nach dem Anschlag auf einen Weihnachtsmarkt in Berlin wird über eine sogenannte »IS-Moschee« in Berlin-Wedding berichtet, in der sich der Attentäter radikalisiert haben soll. Ein Bekannter erzählt mir, dass es viele streng konservative Moscheen in der Umgebung gebe, unter anderem die Mehmed Zahid Kotku Tekkesi.[70] Er schickt mir eine auf google maps markierte Adresse.

Ich fahre zum Leopoldplatz. Die geschäftige Kreuzung prägen zwei Gebäude: das große Karstadt-Kaufhaus und die evangelische Nazareth-Kirche. In einer Seitenstraße soll die Moschee sein. Ich finde sie auf Anhieb, wenn auch nur, weil sie auf google maps sehr genau angegeben ist und gerade mehrere bärtige Männer den Eingang verlassen. Ansonsten würde man kaum auf sie aufmerksam werden. Die Moschee befindet sich im Erdgeschoss eines normalen Wohnhauses. Die Fenster sind aus Milchglas, so dass ich nicht hineinschauen kann; eine grüne, schmucklose, massige Metalltür bildet den Eingang. Darüber steht der Schriftzug »Mehmed Zahid Kotku Tekkesi« und klein daneben auf Deutsch »Moschee«. Mehmed Zahid Kotku (1897–1980), ein türkischer Scheich des Sufi-Ordens der Naqschbandi, ist eine Identifikationsfigur von Milli Görüş.

Ich öffne die Tür und komme in einen engen Vorraum, wo ich mir die Schuhe ausziehe. Dahinter ist es dunkel. In die folgenden Räume fällt kein Tageslicht, es gibt nur wenige Lichtquellen. Der Raum ist sehr niedrig, ich stoße mit dem Kopf fast an die Decke. Ich bin 1,80 groß, die Decke ist vielleicht 1,85 hoch. Vor mir führt eine steile schmale Treppe nach oben. Offenbar wurde für die Moschee eine Zwischendecke in den Altbau eingezogen. Es ist sehr eng und voll. Die Moscheebesucher sind im Durchschnitt etwas älter als bei meinen vorherigen Besuchen, aber auch hier sehe ich einige kleine Kinder und Gruppen von jungen Männern. Am Eingang geben Mitarbeiter der Moschee Süßigkeiten an die Kinder aus.

Die Predigt

Zunächst haben wir Märtyrer. Den Beginn unserer Ausführungen werden wir ihnen widmen und dazu einige Sätze sagen. Das heißt, in unserem Land haben wir Märtyrer. Menschen, die von der terroristischen sogenannten PKK getötet und damit zum Märtyrer wurden. Dann haben wir Soldaten, die im syrischen Al-Bab von Menschen des IS unter dem Vorwand des Islams getötet und damit zu Märtyrern wurden. Wie gesagt, zu Beginn unserer Ausführungen werden wir über sie sprechen. Was ist IS? IS ist ausländisch. Wer ist ausländisch? Wir werden darüber erzählen, so Gott es will. Wenn wir dann noch die Zeit haben, wovon ich allerdings nicht ausgehe, möchte ich noch über etwas sehr Wichtiges sprechen, nämlich über die Gefahr von Weihnachten.

Wenn man sich heute die türkischen Fernsehsender anschaut, die Werbespots und so weiter, ist das eine große Katastrophe. Gott möge uns bewahren. Ich bete zu ihm, dass er unser Land davor beschützt. Was wir heute sehen, ist der Versuch, unser Land zu syrisieren, aus unserem Land ein neues Ägypten zu machen, es in einen neuen Irak zu verwandeln, den man ja aufgeteilt hat. Wir werden es nicht belohnen. Wen auch immer diese Menschen in den Fernsehsendern unterstützen mögen, solange es irgendwo ein Unrecht gibt, solange die Scharia nicht greift, werden wir als muslimische Bevölkerung sie nicht belohnen.

Ich habe es kürzlich erzählt – angesprochene Themen bieten Anlass für neue Themen –, es gibt diese Fernsehserie »Verbotene Liebe« [Ask-i memnu]. Das ist ja arabisch und bedeutet »eine Liebe, die verboten wurde«. Also »untersagte Liebe«. Wenn man sich die Einschaltquoten anschaut, sieht man, dass viele diese Serie schauen. Also schaust du etwas an, belohnst etwas, was Gott verboten hat. Was ist das für ein Verständnis? Einerseits strecken wir unsere Arme zum Gebet zu Gott aus, beten ihn an, bitten ihn um Verzeihung und darum, dass er die Nation vor Problemen bewahrt, andererseits laden wir etwas, womit unser Gott nicht einverstanden ist, was er verboten hat, in unsere Wohnungen ein. Wir schauen es mit der ganzen Familie. Wir müssen uns dieser Widersprüche entledigen. [Koranzitat auf Arabisch] »Bildet aus euren Reihen eine Gruppe, eine Gemeinde. Diese Gruppe möge die Menschen zu guten Taten einladen. Sie soll den Menschen böse Taten verbieten.« [3:104] Aus wem soll nun diese Gruppe bestehen?

Letzte Woche habe ich etwas erlebt. Wie können wir überhaupt noch vom Recht erzählen? Wir sprachen von der herannahenden Weihnachtsgefahr. Anhand von Suren, Überlieferungen und von Erfahrungen, die die Gesellschaften in vergangenen Zeiten machen mussten, werden wir versuchen, das zu erläutern, so Gott will. Diese Woche wird wahrscheinlich die Zeit dafür nicht reichen, nächsten Freitag haben wir den 30. Hoffentlich können wir nächste Woche diese Frage thematisieren.

Allerdings haben wir es mit einem Irrtum zu tun. Wer soll uns vor diesem Irrtum warnen? Wer sind die Menschen, die Gott zur Bildung einer Gruppe auffordert? Vor ungefähr zwei Wochen war ich beim Einkaufen, vor mir standen eine Dame und ein Herr. Sie hatten auch einiges eingekauft, darunter verdächtige und verbotene Lebensmittel. Was ist verdächtig? Verdächtig ist etwas, was du nicht näher kennst. Zum Beispiel Würstchen, Salami und so weiter. Was du aber kennst, ist verboten [haram]. Von einem Menschen, der kein Muslim ist, können wir keine islamische Sensibilität erwarten. Ich wollte den Mann ermahnen. Er ist hinter die Kasse gegangen, die Frau stand noch vor mir. Man hat ja Bedenken, die Frau anzusprechen. Gleichzeitig ist man verpflichtet, sie zu warnen. Ich habe zu ihr gesagt: »Schwester, dieses Produkt, was Sie gekauft haben, ist nicht essbar.« Zuallererst hatte ich gesagt, dass es bedenklich ist. Sie erwiderte, sie würden es immer kaufen und essen. Sie fragte mich, in welcher Hinsicht es bedenklich sein solle, schließlich stünde auf der Verpackung »halal« [erlaubt]. Sie würden es gerne kaufen und essen. Ohne ein weiteres Wort zu verlieren, ging sie fort.

Wer soll nun die Menschen ermahnen? Nach wessen Worten sollen sich die Menschen richten? Auf wen sollen sie hören? Wie sollen wir den Menschen beibringen, dass etwas verboten ist? Wir sind ja eine große Gemeinde, es gibt so viele Gruppen. Nebenbei bemerkt, gibt es ja auch Gruppen von Bösen. Natürlich gibt es auch Gruppen von Guten. Die Namen sollen hier keine Rolle spielen. Es gibt zahlreiche Gruppen unterschiedlicher Größe. Wann werden wir endlich eine Einheit bilden? Wann werden die unterschiedlichen Gemeinden endlich zusammenkommen und den Menschen erklären, was erlaubt und was verboten ist? Solange wir uns vor Verbotenem nicht schützen, werden wir uns vor Problemen und vor Not nicht retten können. Gott möge uns allen Bewusstsein schenken.

Vor kurzem hat sich hier etwas ereignet, Menschen wurden getötet. Der Herr ordnet uns Folgendes an: [Koranzitat auf Arabisch] Kain tötete Abel. [5,27–31] Es floss erstmalig Blut. Der Grund für dieses Blutvergießen war Hetze. Wir fragten bei den Kindern Israels [den Juden] an und berichteten von der Ermordung Abels durch Kain ohne einen Grund. Wir erhielten daraufhin die Antwort, dass wenn jemand, gleichgültig ob Muslim oder Ungläubiger, jemand anderen tötet …[71] [5:32] Hier muss ich weit ausholen: In der Scharia gibt es eine Regel. Nach diesem Auge-um-Auge-Prinzip wird ein Mörder ebenfalls getötet. Wie gesagt, ist das ein Prinzip der Scharia. Dieses Prinzip herrscht in einem Scharia-Staat. Wir leben ja nicht in solch einem Staat. Niemand hat in diesem Staat das Recht, den Mörder eines Familienangehörigen zu töten. Nur in einem islamischen Staat, nach islamischem Recht, in einer Ordnung, in der islamisches Recht herrscht, darf man das. [Koranzitat auf Arabisch] Oder wenn jemand zum Aufruhr aufwiegelt, so wie die PKK es heute tut – in Seminaren der islamischen Rechtswissenschaft wird das so gelehrt –, verwirkt er sein Recht auf islamische Bestattung. Wer sich gegen den Staat auflehnt, wer Unruhe in der Gesellschaft stiftet, Hetze betreibt, wer Menschen gegeneinander ausspielt, verwirkt das Recht auf islamische Bestattung. Seine Ermordung durch die Staatsgewalt ist [unverständlich], so werden sie vom Staat getötet, und so werden sie nicht islamisch bestattet.

Das Vergeltungsprinzip herrscht [in Deutschland] nicht, es gibt [hierzulande] keinen [Scharia-]Staat, und es liegt auch keine Hetze vor. Deshalb darf kein Mensch durch Menschenhand getötet werden. Niemand hat das Recht dazu. Weder Muslime noch Ungläubige haben dieses Recht. Weder Muslime noch Ungläubige dürfen ferner getötet werden. [Koranzitat auf Arabisch] »Wenn jemand auf ungerechtfertigte Weise einen Menschen tötet, ist das genauso, wie wenn er die ganze Menschheit getötet hätte.« Das ist ein Gebot unseres Herren. Weiter heißt es in diesem Koranvers: [Zitat aus dem Koran auf Arabisch] »Wer einen Menschen wieder auferstehen lässt, ihm Leben schenkt, ihn vor dem Tode rettet, ist ein Mensch.« Hier differenziert der Herr nicht zwischen Muslimen und Nicht-Muslimen.

Leider haben wir auch in unserem Land viele Märtyrer zu beklagen. Gott möge sie segnen. Und möge er sich der Märtyrer erbarmen. Dann gedenken wir der Soldaten, die in Al-Bab getötet und zu Märtyrern wurden. Die Terrororganisation IS hat sich wohl zu diesen Morden an Unschuldigen in Berlin bekannt. Wie gesagt, Gott verbietet das Morden. Das gehört nicht zum Islam. Es wird wieder Kreise geben, die versuchen werden, diese Morde auszuschlachten und den Islam dafür verantwortlich zu machen.

Verehrte Gläubige! Wer ist der IS? Sie geben vor, Muslime zu sein und den Islam zu leben. In den Seminaren zu den Grundsätzen des Islams lernen wir das. In diesen Seminaren wird die Lehre Alis gelehrt. [Koranzitat auf Arabisch] Wie Sie wissen, war der erste vom Kalifen Ali[72] geführte Krieg die Kamelschlacht,[73] an der auch die heilige Mutter Aischa[74] teilnahm. Wir werden jetzt hier nicht über die Einzelheiten berichten. Die zweite Schlacht war die Schlacht von Siffin.[75] Diese Schlacht wurde am Ufer des Euphrat ausgetragen, wo wir aktuell eine Krise haben. Bei der Schlacht von Siffin wurden leider über hunderttausend Menschen zu Märtyrern. Wenn wir die Hintergründe beleuchten, sehen wir, dass dahinter der große Jude, der Ungläubige Amr ibn al-As[76] steckt. Auch hinter der Schia, dem Schiismus steckt [unverständlich]. Sie sind alle miteinander verknüpft.

Als in der Schlacht von Siffin Ali, der Heilige, kurz vor dem Sieg stand, spießten die Gegner Koranseiten auf ihre Speere auf. Kurz vor der Niederlage warfen die Ungläubigen mit Speeren. Dann [nach dem Einverständnis Alis in ein Schiedsgericht] entfernten sie die Koranseiten. Die Sache mit dem Schiedsgericht ist auf dieses Ereignis zurückzuführen. Man sagte, der Koran solle als Schiedsgremium dienen. Die Schlacht solle ausgesetzt und der Koran als Schiedsstelle berufen werden. Ali, der Heilige wusste, dass es sich dabei um eine Kriegslist handelte, und wollte nicht einwilligen. Die Gruppe, die sich später abspalten sollte, wollte aber im Widerspruch zu Ali die Schlacht unterbrechen und verwies auf die aufgespießten Koranseiten.[77] So sah sich Ali, der Heilige, gezwungen, die Schlacht zu unterbrechen.

Ich will nicht weiter ausführen, es kommt zu dem Schiedsgericht. Muawiya schickt Amr ibn al-As als Chefunterhändler zu den Schiedsgesprächen. Ali, der Heilige, wollte Ibn Abbas zu seinem Chefunterhändler benennen, es kam jedoch zu Problemen. An seiner Stelle setzte er Abu Musa al-Aschari ein. Die Schlacht dauerte insgesamt sechs Monate. Rückblickend werden heute alle, die [wie Ali] dem Schiedsgericht zustimmten, ungerechterweise als Ungläubige bezeichnet. Sie sagen, das letzte Wort habe nur Gott. [So aber hätten nur] die Kriegsparteien eine Vereinbarung erzielt. Dies sei aber nicht ein Urteil des Korans. Mit dieser Begründung wurde auch Ali, der Heilige, von einer Gruppe von rund 2000 Personen,[78] die sich später abspaltete, zum Ungläubigen erklärt.

Nach dieser Abspaltung trafen sie im 37. Jahr der Hidschra auf Ali. Es kam erneut zu einer Schlacht. Nun geht unsere Zeit zu

Ende, deshalb fasse ich mich kurz. Diese Abtrünnigen trafen unterwegs auf Abdullah, den Sohn eines Prophetengefährten. Normalerweise halten sich diese Abtrünnigen an die Vorgaben des Korans. Wenn man sie fragt, sind sie diejenigen, die richtig beten. Sie befragen ihn zu den Kalifen Abu Bakr und Omar [Umar ibn al-Khattab]. Dann stellen sie ihm Fragen über Osman [den Kalifen Uthman ibn Affan]. Schließlich fragen sie ihn nach Ali und seiner Stellung vor und nach dem Schiedsgericht.[79] Als er erwidert, dass Ali sich an das Wort Gottes gehalten habe, sind sie mit dieser Antwort nicht zufrieden. Sie fordern ihn auf, einen Hadith auswendig wiederzugeben. Abdullah sagt: »Es wird zu einem großen Aufruhr kommen, dabei wird der Mensch sein Leben und Herz verlieren. Bis zum Abend wird er ein Gläubiger sein. Am Morgen wird er als Ungläubiger erwachen. Wenn er bis zum Abend ungläubig war, wird er am Morgen als Muslim aufstehen.« Sie sagen ihm, dass sie genau diesen Hadith von ihm hören wollten. Weil seine Ausführungen über die Kalifen Ali und Osman den Abtrünnigen nicht gefallen, fesseln sie Abdullah, der in Begleitung seiner schwangeren Frau unterwegs war. Sie drohen ihm mit einem Tod, mit dem sie ein Exempel statuieren würden.

Die Abtrünnigen nehmen Abdullah und seine Frau mit und machen unterwegs an einem Ort Halt. An diesem Ort ist ein Dattelbaum mit abgefallenen Früchten am Boden. Abdullah möchte eine Dattel vom Boden aufheben und essen. Ein Abtrünniger warnt ihn und sagt, er dürfe ohne die Zustimmung des Plantagenbesitzers nichts essen. Sonst würde er eine Sünde begehen. Abdullah ist verwundert und spuckt die Dattel wieder aus. Nach einer Weile kommen sie zu einem Feld, wo Abdullah ein Schwein erlegt. Ein Abtrünniger ermahnt ihn und sagt, er dürfe doch kein Tier töten, auch wenn es einem Nicht-Muslim gehöre. Abdullah ist erneut verwundert. Er glaubt, dass er die

Abtrünnigen falsch eingeschätzt hat. Aufgrund der Vorkommnisse, bei denen die Abtrünnigen eine derart große Sensibilität an den Tag legten, glaubt er, dass sie sich an die Vorschriften der Scharia halten und ihn keinesfalls töten werden. Aber da irrt er sich. Er wird auf bestialische Weise ermordet, genauso wie seine schwangere Frau und das ungeborene Kind.

Dabei ist es nicht bekannt, dass diese erbarmungslosen Mörder einen Krieg gegen Ungläubige geführt hätten. Sie unterdrückten stets nur die Muslime. Auch im Staat der Umayyaden wurden ausschließlich Muslime ermordet. Also beten wir Gott an, er möge uns vor den bösen Taten von ihnen beschützen. Er möge die Seelen der Märtyrer befrieden. Auch die hier Getöteten ...[80]

Wegen solcher Menschen werden wir alle verleumdet. Was sollen wir tun? Worin liegt die Lösung? Die Lösung liegt darin, den Islam zu leben. Wenn wir uns auf den Koran besinnen, wenn wir uns alle, von welcher Gemeinde und Moschee wir auch sind, auf den Koran zurückbesinnen, wenn wir alle den Koran gebührend vorleben, werden sie keinen Anlass finden. Weil wir aber nicht so leben ...

Vor kurzem hatte ich ein Erlebnis. Ich brachte mein Auto zur Reparatur in die Werkstatt, wo ich einen Termin hatte. Das war im vergangenen Ramadan. Es war ein Freitag. Ich hatte eine Broschüre dabei, die ich in Vorbereitung auf die Predigt lesen wollte. Als ich eine Wartenummer zog, fragte mich der Deutsche, ob ich einen Koran in der Hand halte. Ich sagte ihm: »Nein, wie Sie wissen, befinden wir uns im Ramadan-Monat. Und das ist eine Broschüre über den Ramadan.« Ich informierte ihn über den Fastenmonat. Viele seiner Mitarbeiter waren Türken. Er fragte mich, ob das Rauchen das Fasten beeinträchtigt. Ich bejahte, und er fing an zu lachen. Er deutete an, dass die meisten Kollegen rauchten. Seht, er ist ein Ungläubiger. Er weiß, dass man während des Fastens nicht essen und rauchen darf. Aber meine Ahmets und Mehmets rauchen in Gegenwart dieses Ungläubigen. Sie fasten nicht. Selbst wenn du krankheitsbedingt nicht fasten kannst, solltest du im Ramadan in Gegenwart eines Nicht-Muslims nicht rauchen. Halte dich an Gottes Gebote und rauche nicht vor den Augen eines Nicht-Muslims. Wenn du aus Krankheitsgründen nicht fasten kannst, rauche in separaten Räumen.

Solange wir den Islam nicht leben und uns nicht auf ihn zurückbesinnen, solange wir uns nicht an den Geboten Gottes orientieren, werden sich solche Anschläge leider immer wiederholen, und wir werden die Leidtragenden sein, den Preis dafür zahlen. Die Not, zu der sie führen, werden Syrien, die Türkei, Ägypten, Palästina, der Irak und alle Muslime erleiden. Der Gott möge uns Bewusstsein bescheren, uns nicht vom rechten Weg und vom Koran abkommen lassen.

So Gott will, werden wir uns nächste Woche mit der größten aller Gefahren, nämlich der Weihnachtsgefahr, der Neujahrsgefahr befassen. Wir werden uns mit der Frage auseinandersetzen, wie wir Silvester begehen müssen, wie wir unserem Glauben gerecht werden können. [... – Zitat aus dem Koran auf Arabisch] Unser Herr [Mohammed] sagt: »Wer einen anderen Stamm nachahmt, wird einer von ihnen.« Gehört denn Silvester zu uns? Sind Weihnachtsbäume denn ein Teil von uns? Nein, sind sie nicht. Deshalb müssen wir unserer Jugend und unseren Geschwistern einen Koranvers nahelegen [Koranzitat auf Arabisch]. So Gott will, werden wir nächste Woche Freitag darüber sprechen. Und ihr werdet diese Zeit nicht tatenlos verstreichen lassen. Um einen Bruder zu retten, ... Selbst Sonnenblumenkerne zu kaufen und den Silvesterabend zu Hause in der Familie zu feiern, ist sehr gefährlich. Gott möge uns davor bewahren. [Koranzitat auf Arabisch]

Verehrte Gemeinde! Für unsere Schule und den Korankurs in Gölcük werden wir euch zu Spenden auffordern. Der Herr möge eure Spenden anerkennen und euch vergelten. [Koranzitat auf Arabisch] Jetzt ist die ganze Gemeinde beisammen, und ich möchte die Gelegenheit nutzen, um einige Punkte anzusprechen. Ich hatte es bereits eingangs erwähnt. Wie Sie wissen, kommt der Name »Cuma« [Freitag] aus dem Wortstamm »Cem« [sich versammeln]. [Koranzitat auf Arabisch] Gott fordert uns auf, an der Aufzählung von Gottesnamen, am Gebet teilzunehmen. Freitage sind Tage, an denen sich Muslime versammeln, in die Arme nehmen, füreinander beten. Ich möchte mit euch etwas teilen, was mich traurig gestimmt hat. Leider verlassen sechzig bis siebzig Prozent der Gemeinde nach dem Pflichtteil das Gebet. Gläubige, die einen dringenden Termin haben, möchte ich davon ausnehmen. Alle anderen sollten bis zum Schluss am Freitagsgebet teilnehmen, damit wir in den Genuss seiner Fruchtbarkeit kommen und anschließend an der Begrüßungszeremonie teilnehmen können. Verlasst doch bitte die Moschee nicht fluchtartig. Wenn das Freitagsgebet – wie von Gott gewollt – zur Versammlung der Muslime dienen soll, dann müssten wir bis zum Schluss hierbleiben. Andernfalls würden wir jenem Koranvers zuwiderhandeln. Deshalb sollten alle Brüder, die nichts Dringendes zu tun haben, hierbleiben, an der Begrüßungszeremonie teilnehmen, füreinander beten, unsere Zuneigung miteinander teilen. Dann werden wir auch unsere Probleme überwinden können. [Gebetsruf des Muezzins]

Diskussion

In der Predigt wird Bezug genommen auf den Terroranschlag von Berlin. »Vor kurzem hat sich hier etwas ereignet, Menschen wurden getötet.« Was folgt, ist eine etwas verworrene Abhandlung über Hetze und Vergeltung. Der Imam setzt den Terror von Berlin mit der kurdischen Terrororganisation PKK gleich und legitimiert das harte Durchgreifen der türkischen Regierung. Nach islamischem Recht dürfe in der Türkei jemand, der Terrorakte begeht, umgebracht werden. In Deutschland, so stellt der Prediger fest, gelte das nicht. Dann bezieht er den Terroranschlag von Berlin auf die Gemeinschaft der Muslime: »Es wird wieder Kreise geben, die versuchen werden, diese Morde auszuschlachten und den Islam dafür verantwortlich zu machen.« Ansonsten ist die Predigt in weiten Strecken komplex, mit vielen historischen und religiösen Details versehen und voller Anspielungen, eine davon – der angebliche »große Jude« Amr ibn al-As wird für die Spaltung des Islams verantwortlich gemacht – ist ganz offensichtlich antisemitisch. Zunächst spreche ich mit dem Islamwissenschaftler Ralph Gadhban über die Predigt.

Wie ist das Wort »Weihnachtsgefahr« zu deuten?

»Das ist ein Begriff, der aus dem Salafismus und den Scharia-Staaten kommt. In Saudi-Arabien etwa werden regelmäßig Fatwas gegen Weihnachten und Silvester erlassen. Das ist Alltag. Schon von klein auf kenne ich solche Predigten. Jedes Fest, das die Ungläubigen begehen, muss bekämpft werden. Auch in Deutschland werden solche Inhalte seit dem Bau der ersten Moscheen gepredigt, also seit mindestens dreißig Jahren. Die Auswirkungen sind spürbar: In Gegenden mit einem hohen Anteil an Menschen mit Migrationshintergrund wird Weihnachten in

Schulen etwa gar nicht mehr gefeiert, da gibt es keinen Weihnachtsbaum in den Schulklassen.«

Was ist denn gemeint, wenn immer wieder gesagt wird, man müsse auf den rechten Weg zurückkehren?

»Der Ausdruck ›wahrer Islam‹ ist ein Begriff, den vor allem auch Islamisten verwenden, weil sie den traditionellen, historisch gewachsenen Islam als Verrat betrachten. Der traditionelle Islam ist ja durchaus toleranter. ›Wahrer Islam‹ heißt, man solle die Aussagen des Korans wortwörtlich nehmen, und die gesamte Exegese, die über Jahrhunderte zum Beispiel mit Bezug auf das Zusammenleben stattgefunden hat, wird einfach gestrichen.«

Die Passage über die Schlacht von Siffin ist für Nichtmuslime sehr schwer verständlich. Aber würde das jeder muslimische Zuhörer sofort verstehen und begreifen?

»Ja, jeder, der etwas religiöse Vorbildung mitbringt.«

Sind Predigten wie diese so wie im Nahen Osten oder sogar konservativer?

»Sie sind häufig konservativer als in den Ländern des Nahen Ostens. Im Nahen Osten werden Islamisten verfolgt, in Ägypten zum Beispiel oder Tunesien. Viele von ihnen finden dann Zuflucht in Europa. Das ist an sich nicht neu, dieses Phänomen gibt es seit Jahrzehnten. Einige der ersten Moscheen in Deutschland wurden von der Muslimbruderschaft errichtet, in Aachen und München. Der Westen unterstützte zu jener Zeit die Muslimbrüder, weil sie als Verbündete im Kampf gegen den Kommunismus galten. Als dann später noch muslimische Gastarbeiter nach Deutschland kamen, erkannten diese streng religiösen Islamvertreter darin eine Chance und begannen, die muslimischen Zuwanderer in Deutschland sozusagen zu missionieren, also sie religiöser zu machen.«

Weitere Aspekte bespreche ich mit Verena Klemm von der Uni Leipzig.

Was hat es mit der Weihnachtsgefahr auf sich?

»Weihnachten gilt als gefährlich, weil es kulturell different ist. Es steht gegen die muslimische kulturelle und religiöse Identität. Muslime und Christen sollen kulturell auseinanderdividiert werden.«

Worin genau besteht der Irrtum, vor dem die Muslime sich hüten sollen? Was ist mit den Gruppen gemeint, zu deren Bildung die Zuhörer aufgerufen werden?

»Ich sehe das im Kontext mit der erwähnten ›Gefahr von Weihnachten‹, dass es sich also um einen ›Weihnachtsirrtum‹ handelt. Immerhin wird in der christlichen Welt zu Weihnachten die Geburt von Gottes Sohn gefeiert. Und einen Sohn Gottes darf es im Islam nicht geben, weil ein strenger Monotheismus herrscht. Gott hat keinen Sohn! Grundsätzlich gilt, wie es in dem zitierten Koranvers heißt, dass die Muslime eine einzige und zusammenhängende Gemeinde bilden sollen, eine Umma, die die Menschen zu guten Taten einlädt. Die Spaltung der Muslime ist hingegen ihr großes Trauma, ein Prozess, der schon bald nach dem Tod des Propheten begann und sich durch die islamische Geschichte zieht. Deswegen bezieht sich diese Passage wohl nicht nur auf die vom Imam aufgeführten ›Irrtümer‹ – also Weihnachten, die Fernsehserie und der Kauf eines ›verdächtigen‹ Lebensmittels im Supermarkt –, sondern allgemein auf das

Dilemma der Muslime, sich in Gruppen zu spalten, gespalten zu sein.«

Welche Bedeutung hat die Schlacht von Siffin?

»Die Schlacht von Siffin ist die Urszene der Spaltung der Muslime in drei verschiedene Gruppen, nämlich die Anhänger des Kalifats (später Sunniten genannt), die Schiiten und die Chardischiten. Siffin liegt am Euphrat in der Nähe des heutigen Rakka in Syrien, daher auch die Bemerkung ›wo wir auch heute eine Krise haben‹. Das bezieht sich auf die aktuellen Auseinandersetzungen mit dem ›Islamischen Staat‹. Der Imam verschmilzt die historische Schlacht von Siffin mit dem aktuellen Krieg an der syrisch-türkischen Grenze, genauer gesagt mit der Konfrontation zwischen dem IS und türkischen Truppen.

Zur Schlacht von Siffin ist Folgendes zu sagen: Das Kalifat der Umayyaden gilt in der islamischen Wahrnehmung im Allgemeinen als illegitim, weil sie in und nach der Schlacht von Siffin die Herrschaft über die Muslime mit Gewalt an sich gerissen haben. Sie sind die ›Bösen‹, der Prediger nennt sie auch die ›Ungläubigen‹. Später verehrten die Schiiten den Kalifen Ali ibn Abi Talib, der infolge der Schlacht von Siffin seine Macht verlor, als den ersten Imam, das heißt als begnadeten und rechtmäßigen Anführer. Die Schiiten gehören nicht zum Feindbild des Predigers, anders als die von ihm nicht namentlich genannten Charidschiten, die das in der Schlacht vereinbarte Schiedsgericht und jedes menschliche Urteil darüber, wer die Muslime anführen darf, ablehnen. Der Prediger erzählt von einer Greueltat der Charidschiten, der Ermordung einer schwangeren Frau. Ich deute die schwierige Passage so, dass der Prediger unter Bezug auf eine folgenschwere Schlacht in der Frühzeit des Islams den heutigen IS mit der Gruppe der Charidschiten gleichsetzt.

Auf diese Weise distanziert er sich vom IS und sagt sinngemäß: Der IS ist dafür verantwortlich, dass die Muslime verleumdet werden.«

Der Prediger fordert, die Muslime müssten in Reaktion auf den Terror gläubiger werden. Wie ist das zu verstehen?

»Die Naqschbandiya, zu der die Moschee gehört, ist ein mystischer Orden innerhalb des sunnitischen Islams. Er hat in der Türkei viele Anhänger. Es haben sich innerhalb der Naqschbandiya verschiedene Strömungen herausgebildet, die allergrößte Mehrheit ist spirituell, mystisch und gänzlich unpolitisch, auch Konvertiten schließen sich ihr gerne an. Der Prediger vertritt hier offenbar eine kleine Minderheit, die türkisch-nationalistisch und konservativ sunnitisch ist.«

Ich finde letztlich vor allem zwei Gedanken der Predigt bemerkenswert: Am Tag vor Heiligabend in einer Berliner Moschee vor Weihnachten zu warnen, kommt mir wie eine Verhöhnung aller Integrationsdiskussionen vor. Außerdem finde ich den verworrenen Kommentar zum kurz zuvor erfolgten Terroranschlag in Berlin eigenartig. Eine klare Verurteilung und einen Ausdruck des Mitgefühls mit den Opfern erkenne ich nicht. Stattdessen äußert der Prediger die selbstbezogen wirkende Sorge, bestimmte »Kreise« würden den Anschlag nutzen, um den Islam dafür verantwortlich zu machen. Für ihn sind die Terroristen Spalter, nicht anders als die Parteigänger Muawiyas im 7. Jahrhundert. Das heißt aber auch: Mit dem Islam scheinen sie durchaus zu tun zu haben. Als Gegenmittel wird empfohlen, Gott gehorsam zu sein: »Solange wir uns nicht an den Geboten Gottes orientieren, werden sich solche Anschläge leider immer wiederholen.«

Ich will auch den Imam noch einmal zu der Predigt befragen. Als ich in der Moschee bin, kommt schon bald ein junger Mann auf mich zu, ein Mitglied des Moscheevereins. Er spricht gebrochen Deutsch, wir können uns aber verständigen. Wie immer schildere ich kurz, was ich mache und dass ich mit dem Imam sprechen möchte. Er ist sehr freundlich, sagt, dass schon einmal jemand vom Berliner Senat bei ihnen gewesen wäre, um sich über die Koranstunden der Moschee zu informieren. Ob ich einmal mit dem Imam über die Predigt sprechen könne. »Natürlich«, sagt er. Ich solle meine Nummer hinterlassen, und er würde einen Termin vereinbaren. Nachdem ich – wie erwartet – über mehrere Wochen keine Rückmeldung bekommen habe, kehre ich Anfang 2017 zu einer Freitagspredigt in die Moschee zurück, um den Imam abzufangen. Noch bevor ich in den Gebetsraum kommen kann, treffe ich auf denselben Mitarbeiter. Er erklärt, er sei im Urlaub gewesen, daher habe er sich nicht gemeldet. »Kein Problem«, sage ich, »jetzt bin ich ja hier und würde gerne kurz mit dem Imam sprechen. Es dauert auch nur ein paar Minuten.« »Nein, das geht nicht«, bekomme ich als Antwort. Er würde sich bei mir melden und einen Termin ausmachen. »Warum nicht jetzt«, frage ich. Die Erwiderung: »Jetzt ist Gebet.« Ich sehe, wie die Gläubigen die Moschee verlassen. »Das Gebet ist doch jetzt vorbei«, bemerke ich. »Nicht für den Imam.« – »Ich kann gerne etwas warten. Ich habe heute nichts mehr vor.« Da wird mein Gegenüber lauter und entschlossener im Tonfall. »Das wird heute nichts.« Tatsächlich stand der Imam für ein Gespräch nicht zur Verfügung, und auch zur Vereinbarung eines Termins kam es nicht.

»Ihr könnt nicht sagen: Ich bin zugleich Demokrat und Schiit«

Ort ◆ Imam-Riza-Moschee Berlin
Glaubensrichtung ◆ schiitisch
Sprache ◆ Türkisch
Datum ◆ 30. Dezember 2016
Thema ◆ Schia, Salafismus und Demokratie

Die Woche

Ein Jahr nach den sexuellen Übergriffen in Köln haben Stadt und Polizei ihre Planung für den Jahreswechsel vorgestellt. Hauptbahnhof und Domplatte sollen in der Silvesternacht von einem massiven Polizeiaufgebot geschützt werden.

Der britische Popsänger George Michael stirbt nach Angaben seines Agenten »friedlich bei sich zu Hause«.

Die Moschee

Die Imam Riza Moschee ist die erste schiitische Moschee, die ich besuche. Sie liegt im Berliner Stadtteil Neukölln. Der Bezirk ist für seinen hohen Anteil an muslimischen Migranten bekannt. Als ich die U-Bahn-Station Boddinstraße verlasse, komme ich zuerst vorbei am Herrenfriseur »Orient-Stlye«. Angebot der Woche: »Bart färben für 7 Euro«. Gegenüber befindet sich in einem Zelt auf einer kleinen freien Fläche der »Al-Huda Orient-Basar«, in dem unter anderem Weihrauch und Abbayas, also lange schwarze Ganzkörperverhüllungen für Frauen, angeboten werden. Ich gehe die Flughafenstraße hinunter, vorbei am »Al-Medina Travel Service« und der »Pyramiden Shisha-Bar«. Am »Musikcafé Endstation« biege ich in die Reuterstraße ein.

Die Imam-Riza-Moschee liegt in einem Wohngebäude, das gerade umgebaut wird. Zur Straße hin wurden die Fenster in dem viergeschossigen Bau bereits mit einigen orientalischen Verzierungen versehen. Im Innenhof befindet sich eine große Baustelle. Offenbar wird das Gebäude um Versammlungsräume erweitert. Ich gehe die Treppe hinauf. Auf einem Transparent wird eine Koransure zitiert, in der Jesus ein rechtgeleiteter Prophet genannt wird. An der Moschee Tätige treffe ich keine, nur deutsche Bauarbeiter, die Elektrokabel verlegen. In einem weiteren Anbau im Innenhof liegt der ältere Teil der Moschee. Im Erdgeschoss entdecke ich den Gebetsraum. Er ist klein und dunkel. Daneben gibt es einen Gebetsraum für Frauen.

Mir neu an diesem schiitischen Gebet sind die kleinen Steinmedaillons, die die Gläubigen vor sich hinlegen. Beim Niederwerfen berühren sie diese mit der Stirn. Als ich später frage, was es damit auf sich hat, erklärt man mir, dass der Ton, aus dem sie gemacht sind, aus der den Schiiten heiligen Stadt Kerbela im Irak stammt. Viele Schiiten, die hier beten, gehören zur Minderheit der Aserbaidschaner in der Türkei. Sie sind Anhänger der Zwölfer-Schia, der größten Strömung unter den Schiiten. Der Namensgeber der Imam-Riza-Moschee, eigentlich Ali ibn Musa ar-Rida, war der achte in der Reihe der zwölf Imame.

Die Predigt

Der Prophet sagt: »Ich vererbe euch zwei Dinge. Zum einen das Buch Gottes, den Koran, zum Zweiten die Familie des Propheten[81] [Ehli Beyt, arabisch ahl al-bait – Leute des Hauses: die Familie bzw. die Nachkommen des Propheten Mohammed]. Wenn ihr euch fest an diese beiden Nachlässe klammert, werdet ihr bis zum Jüngsten Tag nicht vom rechten Weg abkommen.« Dieser Hadith ist 1400 Jahre alt. In diesen 1400 Jahren konnte dieser Hadith jedoch nicht richtig gedeutet werden. Die wahre Bedeutung dieses Hadith konnte bisher nicht verstanden, seine Funktion und seine Bedeutsamkeit für das menschliche Leben konnten nicht erkannt werden. In dem Hadith ist die Rede von zwei Erbstücken, eines davon ist die Familie des Propheten. Seit Jahrhunderten wird zum Koran unterrichtet, in der gesamten Geschichte wurden Bücher über ihn geschrieben. Ob Muslime oder Nichtmuslime, jeder hat seine Ansichten über ihn geäußert. Er beinhaltet eine göttliche Botschaft und kann deshalb sowieso nicht richtig verstanden werden.

Allerdings wurde auch die Familie des Propheten nicht richtig verstanden. Selbst die Anhänger Alis [die Schiiten] konnten sie nicht verstehen. Eines der Hauptmerkmale der Familie des Propheten ist, dass sie die Weisheit erlangt hatte. Sie verfügt bis zum Jüngsten Tag über die Weisheit, mit der Gott sie segnete. So wie im Hadith des Propheten beschrieben, wird niemand, der sich an die Weisheit der Familie des Propheten klammert, bis zum Jüngsten Tag vom rechten Weg abkommen. Wenn ihr euch der Familie des Propheten verschrieben habt, werdet ihr nicht vom rechten Weg abkommen. Den Koran und die Weisheit der Familie des Propheten kann man nicht voneinander trennen. Wenn wir uns daran orientieren, werden wir nicht vom rechten Weg abkommen, unser Leben lang keiner Verirrung unterliegen. Wenn ihr euch an der Weisheit der Familie des Propheten orientiert, braucht ihr erstens keine andere Wissenschaft. Zweitens ist sie die Weisheit, die euch zur Rettung führen wird. Mit dieser Weisheit werdet ihr dem Irrweg entkommen.

Eines der größten Probleme der Menschengesellschaft auf der Welt ist es, dass alle Muslime die Familie des Propheten gernhaben. Aber sie haben nur ihren Namen gern. Sie mögen sie, weil es sich dabei um die Nachfahren des Propheten handelt, weil es sich bei ihnen um die Kinder des Propheten handelt. Allerdings haben sie nicht die Weisheit der Familie des Propheten gern. Sie klammern sich nicht an die Weisheit der Familie des Propheten. Sie begeben sich nicht auf die Suche nach der Weisheit der Familie des Propheten. Sie folgen nicht der Weisheit der Familie des Propheten. Sie klammern sich zwar an die Liebe der Familie des Propheten, jedoch nicht an ihre Weisheit. Was passiert, wenn man die Weisheit und die Lehren der Familie des Propheten beiseitelässt? Dann begibt man sich auf den Irrweg. Dann setzen Abweichungen vom rechten Weg des Gottes ein.

Hier kommt man an einen Scheideweg. Entweder neigt man dann zu Übertreibungen und zu Perversionen. Man radikalisiert sich dann, und der Radikalismus, also der Extremismus setzt ein. Und man schätzt sich höher ein als den Propheten und die Familie des Propheten. Man folgt einem extremistischen Weg. Man erklärt jeden zum Ungläubigen, wie es die heutigen Leugner[82] tun. Oder aber tut man das Gegenteil und wird liberal. Im Falle von Übertreibung [ifrat] setzen der Radikalismus, Wahhabismus, Salafismus und von Laxheit [tefrit] der Liberalismus, die Demokratie, der Sozialismus, der Kapitalismus ein. Also einerseits der radikale Wahhabismus, der Salafismus, was man als etwas Schlechtes bezeichnet – also Übertreibung. Und was zeigt man uns als dessen Gegenteil? Als dessen Gegenteil werden Demokratie, der Humanismus, der Liberalismus dargestellt. Also Übertreibung und Laxheit. Also extremistisch und reaktionär.

Wer war es, der das Gleichgewicht zwischen diesen beiden schuf? Es war die Familie des Propheten, also die Weisheit der Familie des Propheten. Also weder Übertreibung, noch Laxheit. Schaut euch die Menschen, die ganze Menschheit, diejenigen an, die hinter der Weisheit, der Wissenschaft her sind. Schaut euch die Wissenschaftler, die Professoren, Doktoren, Dekane, Forscher, Strategen, Politiker und so weiter an! Sie alle folgen einem dieser beiden Wege. Entweder folgen sie dem Radikalismus oder dem Liberalismus. Entweder folgen sie dem Weg des Wahhabismus oder dem des Liberalismus und Säkularismus. Worin besteht das Gleichgewicht zwischen den beiden? Das Gleichgewicht ist in der Weisheit der Familie des Propheten zu finden. Deshalb hat uns Gott die Familie des Propheten als Erbe hinterlassen. Die Familie des Propheten ist das Gleichgewicht der Religion und der Weisheit.

Ihr wollt etwas messen, verehrte Gläubige. Womit macht ihr das, wenn ihr ein Kilo Zucker, ein Kilo Mehl, ein Kilo Weizen messen, wiegen wollt? Das wiegt ihr mit der Waage. In eine Schale der Waage legt ihr das Gewicht, in die andere den Weizen. Womit messt ihr das Gold? Das Gold wird in Karat gemessen. Dafür gibt es also eine eigene Maßeinheit. Womit wird die Temperatur der Luft gemessen? Sie wird mit dem Thermometer gemessen. Womit wird die Weite, die Entfernung gemessen? Die Maßeinheit dafür ist der Meter oder die Meile. Und womit sollen wir das Gleichgewicht der Religion messen? Das Gleichgewicht der Religion wird mit der Weisheit der Familie des Propheten gemessen. Ohne die Weisheit der Familie des Propheten kann man kein Gleichgewicht herstellen. Ohne die Weisheit der Familie des Propheten wird dieses Gleichgewicht verschoben. Es verschiebt sich entweder zum Radikalismus oder zum Liberalismus. Eine andere Option gibt es nicht. Ihr könnt nicht sagen: »Ich bin zugleich Demokrat und Schiit.« Nein, das geht nicht. Man kann nicht sowohl Muslim als auch laizistisch sein. Man kann nicht sowohl Muslim als auch liberal sein. Man kann nicht sowohl dem Säkularismus als auch der Schia anhängen. Man kann nicht sowohl Humanist als auch ein Freund der Familie des Propheten sein. So ein Gleichgewicht kann es nicht geben. Es kann nicht etwas geben, was süß und zugleich bitter ist. Die Weisheit der Familie des Propheten ist das Gleichgewicht. Wer sich an die Familie des Propheten klammert, wer sich an ihre Weisheit wendet, der steht im Gleichgewicht. Weder schlägt er einen falschen Weg ein, noch bleibt er zurück. Der Prophet sah die heutige Zeit voraus und traf vor 1400 Jahren seine Voraussagen. Wir waren nicht imstande, uns an die Familie des Propheten zu wenden.

Ich sage euch: Sicherlich ist es richtig, die Familie des Propheten gernzuhaben. Und niemand hat die Familie des Propheten lieber als wir. Wir würden für sie sogar unser Leben opfern. Wir würden Opfer dafür aufbringen. Was machen wir im Monat Muharrem? Wir geißeln uns.[83] Wir nehmen einen langen Marsch auf uns. Wir kleiden uns ganz in Schwarz und sagen, dass wir bereit sind, unser Leben für die Familie des Propheten zu opfern. Wir nehmen einen achtzig Kilometer langen Marsch auf uns. Wir spenden Millionenbeträge. Das alles ist in Ordnung. Diesbezüglich gibt es keine Probleme. Die Frage ist, ob wir uns die Weisheit der Familie des Propheten aneignen. Die Familie des Propheten verfügt doch über diese Weisheit. Der Prophet fordert von uns, dass wir uns an die Weisheit der Familie des Propheten klammern. So wie [unverständlich], müsst ihr euch an die Weisheit Husseins klammern. Wenn ihr euch nicht an diese Weisheit klammert, hat alles andere keinen Sinn. Dann könnt ihr auch einen 180, 280 oder 580 Kilometer langen Marsch auf euch nehmen. Das würde zu nichts anderem führen als zu geschwollenen Füßen. Der Prophet sagt: »Es gibt so viele, die beten und bei denen das Beten lediglich zur körperlichen Ermüdung führt. Es gibt so viele, die fasten und bei denen das Fasten nur zum Hungern führt.« Sie machen es, ohne den Sinn zu verstehen. Du kannst von früh morgens bis spät in die Nacht beten. Wenn du den Sinn des Gebets nicht erfasst hast, wird es dir nichts bringen. Es gibt so viele, die nach Kerbela[84] pilgern, bei denen [unverständlich].

Verehrte Gläubige! Wenn wir uns die Weisheit der Familie des Propheten aneignen, dann werden wir auch das Gleichgewicht finden. Dann werden wir uns an den Nachlass von Gott klammern. In Nadschaf[85] habe ich eine Moschee besucht. Eine Moschee mit goldener Kuppel und mit einem Kronleuchter aus großen Diamanten. Da ist in der Gedenkstätte von Imam Hussein[86] ein Diamant. Den Wert dieses Diamanten konnte niemand schätzen. Auf der anderen Seite verhungern Menschen auf den Straßen von Nadschaf. Warum liegt dann dieser Diamant dort, während Menschen verhungern? Wozu dann die goldenen Kuppeln und goldene Minarette, während Menschen auf den Straßen von Kerbela betteln und verhungern? Was nutzen dann goldene Bauten? Die Gedenkstätte ist mit goldenen Schriftzügen verziert. Glaubst du, dass Imam Hussein damit einverstanden wäre? Nein, wäre er nicht! Niemand soll in Kerbela und Nadschaf hungern. Niemand soll hungern und obdachlos bleiben. Wenn du all diese Probleme gelöst hast, kannst du dann alles aus Gold bauen und mit Diamanten schmücken. Niemand soll in Kerbela und in Nadschaf hungern, obdachlos bleiben, seine Eltern verlieren. Dann kannst du auch die Denkmäler aus Gold bauen. Wir müssen nicht sein Denkmal mit Gold verzieren, damit wir ihm gerecht werden können, sondern müssen uns seine Weisheit aneignen. Wir müssen Konsequenzen aus seinen Lehren ziehen.

Das größte Dilemma, in dem die ganze Welt heute steckt, ist folgendes: Entweder wird der Extremismus befolgt oder der Rückschritt. Entweder folgt man dem Extremismus und Radikalismus oder dem Rückschritt, also dem Humanismus, Säkularismus, der Demokratie und dem Liberalismus. Das Einzige, das das Gleichgewicht zwischen diesen beiden Strömungen schaffen kann, ist die Familie des Propheten, die Weisheit der Imame. Der Prophet hat uns dazu geraten. Wir haben ihm aber nicht zugehört, ihn nicht verstanden. Er hat uns dazu geraten, damit wir nicht dem Extremismus verfallen und vom rechten Weg abkommen. Die Weisheit der Familie des Propheten wird uns alle im Gleichgewicht halten wie eine Waage. Diese Weisheit der Familie des Propheten ist der Maßstab der Wissenschaft. Wir müssen dieses Gleichgewicht finden, ansonsten werden wir zugrunde gerichtet und kommen vom rechten Weg ab.

Halten wir es also erneut fest: Die Weisheit der Familie des Propheten sorgt für das Gleichgewicht. In welchem Bereich sorgt die Familie des Propheten für das Gleichgewicht? In welchem Bereich zieht sie gleich mit dem Koran? Das alles muss immer wieder unterstrichen werden. [unverständlich] Es geht nicht darum, die Ehli Sünnet [Gemeinschaft der Menschen, die sich das Leben des Propheten zum Vorbild nehmen] von der Weisheit der Familie des Propheten zu überzeugen. Nein, du musst dich selbst, deine Familie, deine Ehefrau, deine Kinder von der Richtigkeit der 1400 Jahre fortwährenden Lehren der Schia überzeugen. Der diesbezügliche Hadith des Propheten verfolgt das Ziel, die ganze Menschheit zu retten. Die sieben Milliarden Menschen auf der Welt ruft der Prophet auf, sich diese Weisheit

anzueignen. Der Koran ist mit Familie des Propheten gleichzusetzen. An die Sunniten sendet er die Botschaft, dass es falsch
ist, nur den Koran zu befolgen. An die Schia sendet er die Botschaft, dass es falsch ist, sich nur auf die Lehre der Familie des
Propheten zu beschränken. An die gesamte Menschheit sendet
er die Botschaft, dass sie vom rechten Weg abkommen wird,
wenn sie auf den Koran und die Familie des Propheten verzichtet und nur die eigenen Wissenschaften befolgt, wenn sie nur
den westlichen Wissenschaften, der westlichen Philosophie,
der Chemie, Physik, Rechts- und Politikwissenschaft folgt. Er
sendet seine Botschaft also nicht nur an die Schia, sondern an
alle sieben Milliarden Menschen. Er ruft sie auf, sich am Koran
und an der Familie des Propheten zu orientieren, damit sie nicht
vom rechten Weg abkommen. Der erste Schritt für die Ein-
haltung dieses Hadith ist die Orientierung an der Weisheit, an
der Weisheit der Familie des Propheten. Solange wir uns daran
orientieren, bleiben wir auf dem rechten Weg. Oh Gott, lasse
es nicht zu, dass wir bis zu unserem Tode vom rechten Weg
abkommen. [Koranzitat auf Arabisch mit anschließendem gemeinsamen Gebet]

Das zweite Gleichgewichtselement der Familie des Propheten
ist die Einheit [vahdet]. Die Familie des Propheten war es, die die
Einheit in den Mittelpunkt ihres Tuns gestellt und sie am besten
praktiziert hatte. Die Einheit ist ein wichtiges Thema. Sie konnte allerdings bisher ebenfalls nicht richtig verstanden werden.
Jeder interpretiert sie nach eigenem Verständnis und Gutdün-
ken. Wie sieht die Einheit der Familie des Propheten aus? Was
für eine Einheit haben unsere Imame praktiziert?

Verehrte Gläubige, in diesem Zusammenhang gibt es zwei
wichtige Bereiche, die man gut voneinander unterscheiden und
analysieren muss. Der erste Bereich thematisiert die Einheit der

Muslime, der Bevölkerung. Das heißt, die Einheit der Angehörigen unterschiedlicher Konfessionen, Schulen, [unverständlich], Sekten und so weiter untereinander. Also die Einheit unter den Angehörigen einer Konfession, die Einheit unter den Angehörigen einer Schule, die Einheit unter den Angehörigen einer Sekte. Dann geht es auch um die Einheit der verschiedenen Konfessionen und Sekten untereinander. Und schließlich geht es um die Einheit der verschiedenen Glaubensrichtungen untereinander, also um die Einheit der verschiedenen Völker und Menschen.

Der zweite Bereich hat die Einheit mit der politischen Autorität zum Thema. Hier geht es also um die Einheit von Staaten, Regierungen und politischen Autoritäten. Schauen wir uns an, welche dieser beiden Einheiten die Imame für uns vorgesehen haben. Sahen die Imame die Einheit der Völker und aller Gläubigen oder die Einheit der Staaten, Regierungen und politischen Autoritäten vor?

Die Imame wiesen alle Muslime an, sich zu vereinen und zusammenzutun. Sie gaben den Menschen die Anweisung, sich den Moscheen, Gemeinden und Gemeinschaften der Muslime anzuschließen, sich an deren Trauerfeiern zu beteiligen, deren Kranke zu besuchen, Nachbarschaften mit ihnen zu schließen und ihnen die schöne Ethik der Familie des Propheten zu zeigen. Wir sollen ihnen die schöne Ethik der Imame zeigen. Wir sind verpflichtet, ihnen die Schönheit der Imame und Familie des Propheten zu erläutern, zu vermitteln. Unsere Imame riefen uns also auf, die Einheit der Muslime zu erreichen. Wem gegenüber soll diese Einheit erreicht werden? Natürlich gegenüber den Ungläubigen, Anhängern von Vielgötterei, Christen, Juden und Götzenanbetern. Gegenüber ihnen sollen die Muslime laut der Anweisung der Imame ihre Vereinigung und Brüderlichkeit und die Völker ihre Einheit erreichen.

Und wie sieht es im zweiten Bereich aus? Praktizierten die Imame eine Einheit mit Staaten, Regierungen und politischen Autoritäten? Nein, niemals! Keiner unserer Imame ist eine Einheit mit der politischen Autorität seiner Ära eingegangen. Niemals haben sie mit ihr kooperiert. Sie haben sich niemals mit ihr zusammengetan oder vereint. Keiner der Imame wies die Bevölkerung oder die Gemeinde an, sich mit dem Schah oder Kalifen der Umayyaden zu vereinen.[87] Niemals haben sie zur Einheit mit den Umayyaden aufgerufen. Niemals haben sie zur Einheit mit Jesiden[88] aufgerufen. Niemals haben sie zur Einheit mit Muawiya[89] aufgerufen. Niemals haben sie zur Einheit mit Amr ibn al-As[90] aufgerufen. Die Imame haben die Einheit mit den Umayyaden strikt abgelehnt. Für eine solche Einheit kann man keinen Nachweis erbringen. Keiner der Imame hat also Einheit mit der damaligen politischen Autorität praktiziert, die die Umayyaden, Jesiden und so weiter in der Hand hielten. Schauen wir uns die Zeit nach dem vierten Imam an! Wie hat es sich mit den Abbasiden verhalten? Auch mit den Abbasiden ging kein einziger Imam eine Vereinigung ein. Kein Imam nahm Dialog mit ihnen auf, nicht mit [den Kalifen] Harun, Al-Mamun, Al-Mutasim, Abbas und auch nicht mit einem anderen Kalifen der Abbasiden. 250 Jahre lang gingen unsere Imame keine Einheit mit der politischen Autorität ein. Was bedeutet politische Autorität? Sie ist der Staat, die Regierung, also die damalige Regierung. Mit dem Staat kann niemals eine Vereinigung geschaffen werden. Die Imame haben es niemals für zulässig und legitim erklärt.

Sind diese beiden Themen verstanden worden? Es geht erstens um die Einheit der Muslime, der Bevölkerung. Zweitens geht es um die Einheit der politischen Autorität und Machthaber. Verehrte Muslime, heutzutage herrscht unter den Muslimen diesbezüglich ein verkehrtes Verständnis. Worin liegt dieses verkehrte Verständnis? Es liegt darin, dass sie die Einheit mit der politischen Autorität für notwendig halten. Sie fordern die Einheit der islamischen Länder. Welche islamischen Länder meinen sie? Wo gibt es ein islamisches Land? Gibt es denn heute auf der Welt ein islamisches Land? Es gibt vielleicht Länder mit muslimischer Bevölkerung. Wie viele Länder mit muslimischer Bevölkerung gibt es heute? Vielleicht fünfzig oder sechzig. Aber wie viele islamische Länder, islamische Staaten gibt es denn? Wie viele islamische Staaten gibt es denn, mit denen wir eine Einheit eingehen sollten? Sie reden von der Einheit islamischer Staaten. Welche islamischen Staaten meinen sie denn? Es gibt doch keine islamischen Staaten, wie soll da eine Einheit eingegangen werden? Wir glauben, dass die vom Propheten und den Imamen angepriesene Einheit mit den Staaten einzugehen sei. Sollen wir etwa mit Saudi-Arabien eine Einheit eingehen, mit Jordanien, mit Kuweit? Wo gibt es denn so etwas? Wer sagt das? Es ist verboten [haram], eine Einheit mit den Saudis, den Jordaniern oder mit Ägypten einzugehen. Eine Einheit mit der politischen Autorität ist nicht einmal zulässig. Das ist die Vorgabe der Imame, nicht von mir! Die Einheit oder Kooperation mit keinem der Staaten, die die Muslime heimgesucht haben und sie beherrschen, ist zulässig. Ich meine, es ist nicht zulässig für die Muslime.

Dann bleibt hier ein letzter Aspekt übrig, nämlich ihre diplomatischen Beziehungen untereinander. Von mir aus können sie Diplomatie betreiben, diplomatische Beziehungen zueinander aufbauen. Du kannst auch diplomatische Beziehungen mit christlichen Ländern aufbauen. Diplomatische Beziehungen und Einheit sind zweierlei Sachen. Diplomatische Beziehungen sind temporär, die Einheit jedoch nicht. Die Einheit ist ewig einzuhalten. Die Brüderlichkeit ist ewig zu bewahren. Sie untersagt gegenseitige Angriffe, Schläge. Sie untersagt, dass du die Ehre, das Eigentum oder das Land des anderen ins Visier nimmst. Deshalb muss nach unserem Verständnis die Einheit der Muslime und der Völker erreicht werden. Und die Einheit der Staaten ergibt nach unserem Verständnis keinen Sinn. Eine Einheit mit ihnen einzugehen, wäre absurd. Wenn die Bedingungen es erfordern, kannst du diplomatische Beziehungen aufbauen. Es gibt das Völkerrecht oder internationales Recht. Entsprechend diesen Regeln kannst du dann diplomatische Beziehungen pflegen. Das ist ja auch nicht das Thema. Aber der Dialog oder die diplomatischen Beziehungen unter den islamischen Ländern können und dürfen nicht jenseits des Verständnisses von Familie des Propheten liegen. [unverständlich] Wir müssen also wissen, worüber wir reden, was wir berücksichtigen müssen, die Einheit welcher Parteien wir schaffen möchten.

Verehrte Gläubige, wie Sie vielleicht auch mitbekommen haben, wurde letztes Jahr im TRT [staatlicher Fernsehsender in der Türkei, Anm. d. Übers.] eine Sendung über die Schia ausgestrahlt. Also im offiziellen Sender des Staates. Eine Woche lang haben wir uns damit befasst. Und wir haben dann gesagt: »Diese Sendung ist im offiziellen Sender des Staates ausgestrahlt worden. Der Staatspräsident, der Regierungschef oder der zuständige Minister, einer von ihnen hätte vor die Öffentlichkeit treten und sagen müssen, dass die dort geäußerten Ansichten die persönliche Meinung des Kommentators wiedergeben und für sie nicht bindend sind. Dann hätten sie auch die Entlassung des Redners bekanntgeben müssen, der uns als ›Ungläubige‹ verunglimpft. Andernfalls würde es bedeuten, dass der Staatspräsident, der Regierungschef und die Minister diese Ansicht teilen, dass der Staat und seine Institutionen auch dieser Meinung sind.«

Mit einem solchen Staat kann es keine Einheit und keine Kooperation geben. Wir können uns nicht unterstützend an die

Seite eines solchen Staates stellen. Als was verunglimpft man mich im staatlichen TV-Sender? Man bezeichnet mich als »Ungläubigen«. Man stellt mich als dieses und jenes dar. Dieser Staat würde selbst den Imam als Jesiden, den Prophet als Muawiya, Imam Hussein als Jesiden, Imam Riza als Al-Mamun und Imam Musa Kazim als Harun bezeichnen. Eine andere Möglichkeit gibt es nicht. Es kann keine Einheit mit der politischen Autorität des Staates eingegangen werden. Das hat mit Muslimen, mit Sunniten oder mit der Bevölkerung nichts zu tun. Das hat mit der fast 80 Millionen Menschen umfassenden Bevölkerung nichts zu tun. Diese 80 Millionen sollen sich ruhig über Einheit, Zusammenleben, Brüderlichkeit und so weiter austauschen.

Gegen wen soll diese Einheit gerichtet sein? Sie soll gegen Ungläubige, gegen Anhänger der Vielgötterei und gegen Jesiden gerichtet sein. Gegen Armenier, gegen Amerika, gegen Russland sollen sie ihre Einheit schaffen, aber gegen meinen Glauben, gegen meine Konfession darf keine Einheit eingegangen werden. Niemand hat allerdings das Recht, meine Konfession im staatlichen Fernsehen als »ungläubig« zu bezeichnen. Das ist die eine Seite der Medaille. Auf der anderen Seite müssen wir [unverständlich] Ruhe bewahren, dürfen uns nicht so verhalten wie die anderen. Ich rufe euch zur Besonnenheit auf, es darf keine extremistischen Reaktionen darauf geben. Macht euch keine Sorgen, wir werden das Nötige unternehmen.

Du [offenbar ist der AKP-Abgeordnete von Iğdır an der Grenze zu Aserbaidschan gemeint] bist nicht imstande, dich dazu kritisch zu äußern. Du bist ein Parteisoldat. Dir fehlt nicht nur die Kraft, sondern auch der Mut dazu, dich dem entgegenzustellen. Wenn du ein AKP-Anhänger bist, wird dir die Kraft fehlen, vor den Ministerpräsidenten zu treten und einen Misstrauensantrag zu stellen. Dann behauptest du noch, ein aserbaidschanischschiitischer Abgeordneter zu sein. Du behauptest, ein von der Schia gewählter Abgeordneter zu sein. Dies darfst du dir nicht anmaßen, dir fehlt der Mut dazu. Deine Aufgabe ist wohl, vor die TV-Kameras zu treten und die Schia zu beruhigen. Du hast versprochen, das Problem in zwei Wochen zu lösen. Nichts ist aber bisher passiert. Du hältst still, der HDP-Abgeordnete[91] aus Iğdır stellt aber einen Misstrauensantrag. Schaut euch mal genau an, was uns widerfahren ist. Der HDP-Abgeordnete aus Iğdır stellt einen Misstrauensantrag mit der Begründung, dass die Schiiten verunglimpft wurden. [unverständlich] Mein Abgeordneter aus Iğdır sitzt aber auf seinem Platz und hört sich die Beschimpfungen [der Schiiten in der TV-Dokumentation] an.

Verehrte Gläubige, mit wem sollen wir also die Einheit schaffen? Wo, mit wem und wie? Wie kannst du mit jemandem, der meine Konfession beleidigt, eine Einheit eingehen? Wie kann man brüderliches Verhältnis zu ihm aufbauen? Es kann keine Einheit mit politischen Autoritäten geben! Gott möge uns nicht vom rechten Weg abkommen lassen! Gott möge uns zu denen gehörend machen, die für ihre Religion und ihre Konfession einstehen! Er möge unser Land vor der Teilung und Spaltung bewahren! Er möge unser Land aus den Händen der Jesiden, Muawiyas und der Imperialisten befreien! Er möge diejenigen, die die Mentalität von Jesiden und Muawiyas in unserem Land verankern wollen, zu Grunde richten! Ob von FETÖ [von Regierungskreisen erfundenes Kürzel für die Gülen-Bewegung als Terrororganisation, Anm. d. Übers.], von der PKK oder von [unverständlich], sämtliche separatistischen Terroristen, die unser Land spalten wollen, möge Gott zu Grunde richten! Gott möge uns damit segnen, zu Freunden des Imam Riza zu gehören. [Koranzitat auf Arabisch]

Diskussion

Mein Verständnis der Predigt ist so, dass die Anhänger der Familie des Propheten, also die Schiiten, auf ihre Gemeinschaft eingeschworen werden. Sie sollen sich klar abgrenzen von anderen muslimischen Gruppen, insbesondere von Wahhabiten und Salafisten, aber auch von den Gesellschaften im Westen: »Ihr könnt nicht sagen: Ich bin zugleich Demokrat und Schiit.« Interessant finde ich, dass der Imam die Staatsform der Demokratie als »lax« und »reaktionär« beschreibt. Bei mir kommt der klare Aufruf an, sich ja nicht beeinflussen zu lassen von Menschen, die nicht zur eigenen Glaubensrichtung gehören. Die Predigt ist das Gegenteil eines Aufrufs zu Integration und eine Abwertung unseres Staats- und Gesellschaftsmodells.

Auch in dieser Predigt ist ein indirekter Aufruf zur Missionierung enthalten, oder zumindest die Annahme, dass, wie Professor Schröter es bezüglich der Ahmadiya sagte, »die ganze Welt einmal islamisch sein wird«. Denn, so der Imam, die Lehren des Propheten richten sich »nicht nur an die Schia, sondern an alle sieben Milliarden Menschen«. Die »gesamte Menschheit« werde vom rechten Weg abkommen, wenn sie »nur den westlichen Wissenschaften, der westlichen Philosophie« folge.

Es folgt ein Aufruf zur Einheit der Muslime. Es ärgert den Imam offenbar, wie er in der Passage über den Beitrag im TV-Sender TRT erklärt, dass in der Türkei Sunniten und Schiiten sich in Spaltung gegenüberstehen. Die Muslime sollten hingegen eine Einheit bilden. »Wem gegenüber soll diese Einheit erreicht werden?«, fragt er. »Natürlich gegenüber Ungläubigen, Christen, Juden«, weiterhin »gegen Jesiden, Armenier, Amerika und Russland«. »Gott möge unser Land aus den Händen der Jesiden und der Imperialisten befreien!« Das offenbart für mich eine stark

229

türkisch-nationalistische Haltung, die sich in einem Kampf gegen nationale Minderheiten und Großmächte wähnt. Das Land, in dem der Imam die Predigt hält, kommt hingegen überhaupt nicht vor.

Dem Imam der Riza-Moschee schickt ein Übersetzer in meinem Auftrag per E-Mail einige ins Türkische übertragene Fragen. Der Imam heißt Sabahattin Türkyilmaz, ist 1972 geboren und stammt aus Iğdır. An der Fakultät für Islamwissenschaften habe er islamische Rechtswissenschaft (Fiqh) und Koranauslegung (Tafsir) sowie Rechts- und Politikwissenschaften studiert.

Haben Sie viel mit Deutschen zu tun und wo?

»Zu jedem, der unser Islam-Zentrum Imam Riza besucht, haben wir Kontakt.«

Wie gut sprechen Sie Deutsch?

»Meine Deutschkenntnisse sind durchschnittlich.«

Wie sehen Sie das Zusammenleben von Deutschen und Türken in Deutschland?

»Jeder, der in einer Gesellschaft lebt, ist ein Teil von ihr. Jeder muss die gleichen Rechte haben. Alle Menschen müssen – unabhängig von ihrer Rasse und ihrem Glauben – im Rahmen der Gesetze des Landes zusammenleben. Die gemeinsamen Werte der Menschen überwiegen ihre Differenzen. Deshalb steht ihrem Zusammenleben nichts im Wege. Für das, was sie unterscheidet, müssen sie gegenseitig Verständnis haben. Unterschiede in Rasse, Nationalität und Kultur stehen dem Zusammenleben nicht im Wege, sondern stellen einen Reichtum dar.«

Was ist Heimat für Sie?

»Heimat ist dort, wo der Mensch seinen Glauben, seine Kultur und seinen bevorzugten Lebensstil leben kann. Weil der Mensch überall auf der Welt leben dürfen muss, ist die Welt seine Heimat.«

Was, finden Sie, ist wichtig für türkische Jugendliche in Deutschland?

»Eine gute Zukunft und ein gutes Leben für sie selbst, ihre Familien und Kinder.«

Tut die deutsche Politik genug für Integration?

»Bis heute konnte ich nicht verstehen, was die deutsche Politik unter Integration versteht.«

Was meinen Sie, wenn Sie sagen, Demokratie sei »lax«, und warum muss man das Land aus den Händen der Jesiden und Imperialisten befreien?

»Wenn man unter Demokratie das versteht, was als Theorie in Büchern steht, also Rechte und Freiheiten, dann glaube ich, dass dies nirgendwo auf der Welt angewendet wird. Deswegen meinte ich, die Demokratie sei lax.«

Der Jeside steht als Symbol für Massaker und Barbarei. Überall auf der Welt verurteilen wir jeden, der wie ein solcher Jeside vorgeht. Wir wünschen uns, dass es in keinem Land der Erde solche Jesiden gibt. Ob in der Türkei, in Deutschland oder in Afrika, nirgendwo soll es solche geben. Kein Volk sollte Unterdrückung und Unrecht ausgesetzt sein.«

Imperialisten sind Kräfte, die mit Ausbeutung und Besatzungen andere Völker unter ihrer Herrschaft halten. Wir können nicht zustimmen, wenn irgendein Land auf der Welt ausgebeutet, besetzt wird, damit das Volk beherrscht wird.«

Resümee

Acht Monate lang habe ich verschiedene Moscheen in Deutschland besucht. Es sollte keine repräsentative Umfrage werden, sondern eine Reportage, über die ich einen Eindruck bekomme, was in den Moscheen passiert, und Antworten auf meine Fragen finde: Sind die Moscheen Räume eines persönlichen Glaubens oder politische Zonen? Was wird dort wirklich gepredigt, und wie sprechen die Imame über Deutschland? Wie radikal sind die Moscheen in Deutschland? Und: Welchen Beitrag leisten sie zur Integration?

Die Moscheen

Acht Monate lang habe ich mir Moscheen als religiöse und kulturelle Räume angesehen. Wie habe ich meine Besuche erlebt? Was ist mir in Bezug auf die Räume, Besucher und bei den Gesprächen mit den Imamen aufgefallen? Von den dreizehn Moscheen, die ich besucht habe, lagen vier in Wohnhäusern, vier in ehemaligen Industriegebäuden, vier befanden sich in eigens errichteten Bauten. Hinzu kommt die Predigt in der Biosphäre Potsdam. Grundsätzlich gab es, nach Lage und Gestaltung, drei verschiedene Typen von Moscheen:

- den repräsentativen Bau, wegen der orientalischen Architektur als Moschee erkennbar und in guter Lage, zum Beispiel die Imam Ali Moschee in Hamburg oder die Şehitlik-Moschee in Berlin.

- die als solche erkennbare Moschee in einem sozial schwierigen Umfeld, wie etwa die Centrum-Moschee in Hamburg. Auch sie hat Kuppel und Minarette und ist auf ihre Weise ein Bezugspunkt im Problemviertel Sankt Georg.

- die »unsichtbare« Moschee in prekären Wohn- oder Industriegebieten. Dazu zählten etwa die Risala-Moschee in Berlin oder die Hagia-Sophia-Moschee in Karlsruhe. Man muss die Gebetsräume suchen, es gibt kaum Hinweise auf das Vorhandensein einer Moschee, auch keine Websites oder funktionierende Telefonnummern.

Gerade letztere funktionieren als Räume der Ordnung und werden respektiert, von manchen, wie mir scheint, in höherem Maß als Polizei, Schulen oder sonstige Institutionen. Die Imame, von denen einige noch vergleichsweise jung waren, Mitte oder Ende dreißig, wurden auch von Älteren nach dem Gebet zu familiären Fragen konsultiert. Die Ratsuchenden küssten ihnen die Hände.

Unter den von mir besuchten Moscheen waren es in erster Linie die arabischen, die in die dritte Kategorie fielen, und eher türkische Moscheen, die dem repräsentativen Typ entsprachen. Das mag auch einleuchten. Zum einen ist türkisch-islamisches Leben in Deutschland schon länger präsent. Zum anderen gibt es für die Mehrheit der Türkischstämmigen einheitliche organisatorische Strukturen und einen klaren Bezug zur Herkunftsregion, weil die Türkei eben nur ein Referenzland ist und nicht, wie im Fall der arabischen Welt, die Muslime aus einer Vielzahl von Staaten kommen.

Während meiner Vorrecherche, als ich Zahlen, Statistiken und Erhebungen zur Anzahl von Moscheen und zu den in Deutschland lebenden Muslimen zusammentrug, fiel mir auf: Wir wissen eigentlich nichts Verlässliches darüber, wie viele Muslime bei uns leben, wie viele Moscheen es gibt und wie sich muslimisches Leben in seiner Vielfalt bei uns darstellt. Dem entsprachen meine Erfahrungen. Ich stieß auf Moscheen, die eingetragen sind, aber schon lange nicht mehr bestehen. Oder auf neu eröffnete Moscheen, die nirgendwo erfasst sind und von denen weder Verfassungsschutz noch Landesämter wissen, dass sie existieren.

Als ich dann meine Visiten unternahm, war ich überrascht, dass ich in keiner einzigen Moschee gefragt wurde, was ich dort wolle. Ich hatte die Erwartung, dass mich die Menschen in den Moscheen, weil ich eben ganz offensichtlich keinen nahöstlichen Migrationshintergrund habe, als Fremdkörper ansehen würden, vielleicht skeptisch würden, was ich denn in einer Freitagspredigt wolle. Ich dachte, man würde mich ansprechen oder sogar rauswerfen. Ob vielleicht einige der Anwesenden so gedacht haben, kann ich nicht beurteilen. Aber meine Annahme entsprach einem unter uns nichtmuslimischen Deutschen vielleicht weit verbreiteten Gefühl, dass Moscheen für uns unangenehme, fremde Orte sind, in denen man uns mit Argwohn und Ablehnung begegnet. Das habe ich so nicht erlebt. Es war für die anderen Besucher und für die Verantwortlichen vollkommen in Ordnung, dass ich da war.

Was mir noch auffiel: Moscheen müssen offenbar aussehen wie vor Jahrhunderten. Keine der von mir besuchten war modern oder fiel in Sachen Architektur aus der Reihe. Während sich im christlichen Bereich eine zeitgenössische Architektur für Sakralbauten entwickelt hat, ist das bei Moscheen grundsätzlich nicht der Fall. Es dominieren orientalische Teppiche, Kronleuchter, Stuckverzierungen. Häufig sah das auch etwas improvisiert aus, wenn beispielsweise Papiergirlanden aufgespannt wurden, um etwas Farbe in den Raum zu bringen. Oder ein wenig unbeholfen aussehende arabische Kalligraphie von Laienhand auf die nackte Wand gemalt wurde.

Bezüglich der Besucher fiel mir der große Unterschied zwischen meinen Erfahrungen und entsprechenden Studien auf. Der Bertelsmann Religionsmonitor stellt fest, es gebe kaum junge Menschen in den Moscheen, während bei jedem meiner Besuche die Freitagspredigten von Jugendlichen zwischen 14 und dreißig überlaufen waren. Mir sind immer wieder die vielen Jugendlichen im schulpflichtigen Alter aufgefallen, die an den Freitagspredigten teilnahmen. Ich habe mich gefragt: Wie kann es sein, dass Gruppen von 13- oder 14-Jährigen an einem Freitag um 12 Uhr 30 für mehr als eine Stunde in der Moschee sind. Schwänzen sie die Schule? Werden sie freigestellt? Wie stehen die Eltern dazu?

Eine weitere Überraschung erlebte ich, als ich mit den Imamen über ihre Predigten sprechen wollte. Ich hatte mir schon gedacht, dass viele Imame nicht besonders gut Deutsch sprechen. Ich wusste etwa, dass die DITIB ihre Imame aus der Türkei schickt, so dass diese in der Regel keine deutschen Sprachkenntnisse mitbringen. Aber die Realität hat mich doch erstaunt. Offenbar ist es möglich, viele Jahre in Deutschland zu leben, mit Frau und Kindern, ohne auch nur in der Lage zu sein, auf Deutsch ein Brötchen zu kaufen. Von allen Imamen, mit denen ich Gespräche führen konnte, gab es nur einen einzigen, der in der Lage war, sich für ein Interview ausreichend auf Deutsch auszudrücken: der Imam der Centrum-Moschee in Hamburg.

Und wie waren die Reaktionen auf mein Projekt? Ich habe mich nicht »undercover« in die Moscheen begeben, sondern bin offen mit meinem Vorhaben umgegangen. Ich bin schließlich Journalist und kein Ermittler. Meine Mittel sind Fragen, Beobachten, Analysieren und nicht verdeckte Ermittlung und Abhören. Wenn ich gefragt wurde, wer ich sei, habe ich gesagt, ich sei Journalist. Wenn ich Termine vereinbaren, mit Imamen sprechen wollte, habe ich offengelegt, dass ich für ein Buchprojekt recherchiere. Die Reaktionen waren unterschiedlich. Die größte Offenheit und Ansprechbarkeit habe ich bei der Ahmadiya erlebt. Angegebene Telefonnummern waren aktualisiert, Anrufe wurden beantwortet, ich konnte Gesprächstermine vereinbaren, und sie fanden auch statt. Das war insofern interessant, als dass die Dinge, die ich zu sehen, zu lesen und zu hören bekam, nicht unbedingt vorteilhaft für die Außenwirkung der Gemeinde waren.

In den Gesprächen erhielt ich zum Teil sehr offene Antworten, die aber auch durchaus Anlass zur kritischen Diskussion geben. Etwa, wenn der Imam der Hagia-Sophia-Moschee sagte, »damit ein Mensch seinen Glauben leben kann, muss er ein starkes Vaterland haben«. Andererseits standen zahlreiche Aussagen in klarem Gegensatz zu den Inhalten der Predigten, etwa wenn der Imam der Risala-Moschee äußerte, »natürlich« müssten Moscheen zur Integration beitragen, in seiner Predigt das Leben in Deutschland aber keine Rolle spielt.

In acht Moscheen kam kein Gespräch mit den Imamen zustande. Das Gespräch offen verweigert wurde mir nur in einer Moschee, und zwar in der DITIB-Moschee Yunus Emre im Berliner Wedding. Es sei »verboten«, mit mir zu sprechen. In der Umar-ibn-al-Khattab-Moschee in Berlin-Kreuzberg wurde mir gesagt, es sei »nicht möglich«, mit dem Imam zu sprechen, dafür kam ein »Presseverantwortlicher«, der sich mit mir unterhielt. Mit der Şehitlik-Moschee in Berlin verhandelte ich über Monate wegen eines Gesprächstermins. Aufgrund »negativer Erfahrungen« bat man mich, die Fragen vorab per E-Mail zu schicken. Unter journalistischen Gesichtspunkten ist so ein Vorgehen nicht unproblematisch, ein offenes Interview jedenfalls ist das nicht. Trotzdem schickte ich folgende Fragen an die Moschee. »Warum sind Sie Imam geworden? Wie läuft die Ausbildung ab? Wie empfinden Sie das Zusammenleben von nicht-muslimischen Deutschen und Muslimen? Was bedeutet ›Integration‹ für Sie? Manche der auf der DITIB-Website aufgeführten Freitagspredigten haben politischen Charakter, zum Beispiel die nach dem Putschversuch vom vergangenen Jahr. Wie gehen Sie damit um?« Danach erhielt ich keine Antwort mehr, und auch Anrufe wurden nicht mehr angenommen. Auch in der Mehmed Zahid Kotku Tekkesi wurde eine Gesprächsgelegenheit so lange hinausgezögert, bis es für die Buchveröffentlichung zu spät war. Ich kann dies nur so deuten, dass sich die Imame der schwierigen Inhalte bewusst sind und einer inhaltlichen Diskussion daher aus dem Weg gehen.

Die Predigten

Was ich während meiner Moschee-Reise zu hören bekam, lässt sich, entsprechend meiner Fragestellung zu Politisierung und Integration, in »Religiöse Themen«, »Das Leben in Deutschland« und »Politische Bezüge« einteilen.

Religiöse Themen

Fehlende Religiosität war das Hauptthema während meiner Moscheebesuche: dass die Welt nicht religiös genug ist, die Muslime nicht glaubensfest genug seien. Der Imam der Risala-Moschee etwa beklagte, dass die »Menschen Analphabeten sind, was das Lesen des Korans angeht«. Der Imam der Farouq-Moschee sagte: »Kehre zu deiner Religion zurück und warne deinen Bruder, über das Telefon, einen Anruf, Facebook oder Twitter, irgendein Medium.« Immer wieder wurden Aufrufe an die Jugend gerichtet, ein besonders religiöses Leben zu führen. »Wo sind die Kinder der Muslime? Im Schwimmbad findest du jeden Tag 900 muslimische Kinder«, beklagte der Imam der Risala-Moschee, und weiter: »Nicht das Geld, nicht die Aufenthaltsgenehmigung, nicht die Sprache … Die größte Schlacht … ist, wie du deine Kinder bewahrst, wie du sie mit der Religion verbindest.«

In mehreren Predigten wurde auch die schlechte »Situation der Muslime« auf der Welt beklagt und auf die fehlende Glaubensfestigkeit und religiöse Unwissenheit zurückgeführt: »Wenn wir unsere Situation verstehen wollen, also, warum unsere Situation so ist, wie sie gerade ist, dann wirst du erkennen, dass wir den wahren Sinn unseres Daseins als Muslime auf dieser Welt verloren haben.« Auch in der Al-Rahman-Moschee in Magdeburg wurde dringend davor gewarnt, bloß nicht vom Glauben abzufallen. Der Imam der Yunus-Emre-Moschee predigte: »Unser Gott warnt uns vor Menschen, die nicht entscheiden konnten, ob sie zu den Muslimen oder Ungläubigen gehören … Gott warnt uns vor ihnen und sagt, wir sollen ihnen nicht trauen!«

In mehreren Predigten gab es klare Aufrufe zur Missionierung, etwa in der Farouq-Moschee in Potsdam: »Wahrlich, meine Brüder im Glauben, die größte Sache ist es, dass durch dich ein Nichtmuslim oder eine Nichtmuslimin rechtgeleitet wird und durch dich den Islam annimmt.« Indirekt war dies auch in der Imam-Riza-Moschee der Fall, wo der Imam sagte, die Weisheit der Schia solle für alle sieben Milliarden Menschen gelten.

Das Leben in Deutschland

Der Bertelsmann Religionsmonitor[92] stellt bezüglich der in Deutschland lebenden Muslime fest: »Ihre Einstellungen und Sichtweisen orientieren sich stark an den Grundwerten der Bundesrepublik wie Demokratie und Pluralität.« Die Autorin der Studie, Yasemin el-Menouar, fasst die Studie so zusammen: »Für Muslime ist Deutschland inzwischen Heimat.« Was die Predigten angeht, die ich im Laufe meiner Recherche gehört habe, muss ich sagen: Das stimmt nicht. Die Warnung vor dem Leben in Deutschland war ein roter Faden, der sich durch viele der Predigten zog.

Immer wieder wurden die Moscheebesucher darauf eingeschworen, sie seien als Muslime eine Art Schicksalsgemeinschaft, etwa in der Al-Furqan-Moschee: »Ihr seid eine Diaspora! Wir sind eine Diaspora!« Und weiter: »Sie [diese Umgebung] gleicht einem gewaltigen Strom, der dich auflöst, dich auslöscht, dir deine Werte nimmt und durch seine Werte ersetzt.« In der Mehmed Zahid Kotku Tekkesi in Berlin warnte der Imam am Tag vor Heiligabend in der Freitagspredigt vor der »größten aller Gefahren«, nämlich der »Weihnachtsgefahr«: »Wer einen anderen Stamm nachahmt, wird einer von ihnen.‹ Gehört denn Silvester zu uns? Sind Weihnachtsbäume denn ein Teil von uns? Nein, sind sie nicht!« Oder in der Al-Farouq-Moschee in Potsdam: »Wir respektieren das Jobcenter und das Lageso und dieses Land, aber wir respektieren nicht den Menschen, der seine Religion aufgibt.« In der Al-Rahman-Moschee in Magdeburg verglich der Imam das Leben in Deutschland mit einem Weg durch einen betörenden Wald. Die Reize würden den Muslim dazu verleiten, vom rechten Weg abzukommen, sich »im Dickicht des Waldes« zu verlaufen, bis ihn »die wilden Tiere des Waldes« fräßen.

Abgrenzung, Bewahrung der muslimischen Identität und die Aufforderung, sich von den Einflüssen in Deutschland abzuschirmen, waren zentrale Botschaften. In eigentlich allen Moscheen sind mir die vielen Flüchtlinge aufgefallen, die noch nicht lange in Deutschland leben. Während vor der Moschee-Tür permanent über Integration gesprochen wird, predigt man im Innern das Gegenteil. Moscheen – Orte, die jeder gläubige Moslem für das Gebet aufsuchen muss – kommt eine besondere Verantwortung zu. In ihnen finden die Gläubigen ein Stück Heimat, aber kein Stück neue Heimat. So wird in vielen Predigten über »unsere Heimat«, »unsere Nation«, »unser Land« gesprochen – gemeint war aber niemals Deutschland, sondern die Türkei oder Ägypten. Kein Wunder, wenn man bedenkt, dass die Predigten auf Türkisch und Arabisch gehalten wurden und die meisten Imame aus dem Nahen Osten stammten. Der Sprachbarriere entspricht eine große Distanziertheit gegenüber der deutschen Gesellschaft.

Poltische Bezüge

Bei politischen Themen zeigten sich große Unterschiede zwischen türkischen und arabischen Moscheen. Zusammengefasst kann ich sagen: Die türkischen Predigten, die ich besucht habe, waren eigentlich immer politisch, sogar ganz überwiegend. Es machte sich bemerkbar, dass die DITIB-Imame ihre Predigtschwerpunkte direkt von der türkischen Religionsbehörde vorgegeben bekommen. Bei den arabischen Predigten waren solche Bezugnahmen weniger ausgeprägt.

Am deutlichsten war der politische Gehalt in der Şehitlik-Moschee nach dem Putschversuch: »Schenke unserer Nation, die in ihrer gesamten Geschichte gegen jegliche Angriffe heldenhaft

Widerstand leistete, angesichts dieser Mordanschläge Standhaftigkeit, Geduld, Nüchternheit und Willensstärke, mein Gott! Gib denjenigen, die es auf das Wohl, den Frieden und die Brüderlichkeit unserer Nation abgesehen und diesen eine Falle gestellt haben, keine Gelegenheit, mein Gott!« Dann ging es, ohne sie namentlich zu nennen, um die Gülen-Bewegung (Centrum-Moschee, Yunus-Emre-Moschee) oder indirekt um die Affäre wegen der Märtyrer-Comics (Eyüp-Sultan-Moschee). In meinem Gespräch mit dem Imam der Centrum-Moschee bekam ich auch den Eindruck, dass es durchaus eine politische Komponente in ihrer Arbeit gibt, etwa, wenn er davon spricht, dass sie in ihrer Predigt die Gläubigen dazu aufrufen, in Deutschland die Partei zu wählen, die Muslimen die meisten Vorteile bringt. Das ist gewiss nicht illegal, aber auf die Trennung von Religion und Politik bedacht ist es eben auch nicht.

Die arabischen Predigten kreisen im Wesentlichen um Religiosität, das Führen eines gottergebenen Lebens. Wenn über die Besteuerung von Kichererbsen und Kamelen referiert wird, dann werden die Besucher in einer anderen Welt gehalten. Diese eigentlich unpolitischen Äußerungen haben also durchaus eine politische Wirkung.

Angesichts der blutigen Konflikte in Syrien und anderswo sowie der bei uns spürbaren Auswirkungen wie den vielen Flüchtlingen fand ich bemerkenswert, dass in den Predigten nur in Ausnahmen darauf Bezug genommen wurde. So erwähnte der Imam in der Risala-Moschee ein Massaker in Ägypten:»Heute ... ist der Jahrestag des 12. August, an dem 6000 Muslime mit Panzern und Raketen getötet wurden ... – nur weil sie ›Freiheit‹ und ›Legitimität‹ gesagt haben und das gefordert haben, was die gesamte freie Welt fordert. Die politische Heuchelei hat sich jedoch der ganzen Welt bemächtigt.« Und weiter, mit Blick auf

Syrien, Ägypten, Libyen, die Türkei: »Gott, erfreue uns, nimm Rache an den Unterdrückern und Verbrechern.« Oder, allerdings eher beiläufig, in der Al-Farouq-Moschee: »Wir schauen, was in Aleppo passiert: Frauen werden vergewaltigt, Blut vergossen, Häuser zerstört und Körperteile abgetrennt. … Das Unglück hat uns und unsere Landsleute erfasst. In Aleppo und überall in den Heimen der Muslime herrscht das Unglück.«

Und die Terroranschläge in Frankreich und Deutschland? Sie kamen kaum zur Sprache. Nur in der Mehmed Zahid Kotku Tekkesi erinnerte der Imam eindringlich, aber auch sehr allgemein daran, dass das Töten von Menschen laut Koran verboten ist.

Neben diesen immer wiederkehrenden Hauptthemen ist mir die weitgehende Abwesenheit eines Themas aufgefallen, von dem ich fest erwartet hatte, dass es mir wiederholt in den Predigten begegnen würde: das Verhältnis von Männern und Frauen. Ich hatte erwartet, dass Verhaltensregeln für Frauen häufig in den Predigten thematisiert würden. Das Gegenteil war der Fall. Bis auf zwei kurze Passagen spielten Frauen in den von mir besuchten Predigten keine Rolle. Da war zum einen die Predigt in der Hagia-Sophia-Moschee, wonach Mohammeds Ehefrau Fatima darum bat, man möge sie nur nachts beerdigen, damit keine fremden Männeraugen ihren Leichnam zu sehen bekommen. Der Imam der Risala-Moschee sagte: »Wenn ich ein schamloses Mädchen oder eine entblößte Frau sehe, bete ich zu Gott, dass er sie verhüllt. Ich bete zu Gott, dass er sie auf den rechten Weg führt.« Der Zusammenhang war, dass man Frauen nicht verleumden solle, etwa wegen Ehebruchs oder weil sie »eine unzüchtige Art zu gehen« haben. Schon das zeigt, dass dieses Thema brisant ist, aber eben nicht so allgegenwärtig, wie man es wegen seiner Bedeutung für die öffentliche Diskussion um den Islam meinen könnte – vielleicht auch, weil ohnehin klar ist, dass Frauen den Männern nicht gleichgestellt sind.

Mein Fazit: Nach acht Monaten Recherche muss ich feststellen: Moscheen sind politische Räume. Die von mir besuchten Predigten waren mehrheitlich gegen die Integration von Muslimen in die deutsche Gesellschaft gerichtet. Wenn das Leben in Deutschland thematisiert wurde, dann hauptsächlich in einem negativen Zusammenhang. Oftmals beschrieben die Imame den deutschen Alltag als Gefahr und forderten ihre Gemeinden dazu auf zu widerstehen. Fast allen Predigten ist der Aufruf an die Gläubigen gemein, sich abzukapseln und unter sich zu bleiben.

Gewiss: Konkrete Aufrufe zur Gewalt oder Verherrlichung des Dschihad habe ich während meiner Moscheebesuche nicht erlebt. Es ist nicht illegal, Demokratie abzulehnen, zur Missionierung aufzurufen oder das Leben in Deutschland abzulehnen. Aber kann uns das zufriedenstellen? Ist es etwa als Erfolg zu werten, dass die Predigten nicht noch erschreckender waren? Ein Imam könnte doch auch die Gemeinsamkeiten mit den Christen darstellen, für die es ja theologisch und im realen Leben viele Beispiele gibt. Anstatt pauschal vor dem Leben in Deutschland zu warnen, das einen »auslöschen will«, könnte man doch über die Hilfsbereitschaft tausender Deutscher sprechen, die sich für syrische oder irakische Flüchtlinge einsetzen, zumal im Publikum in allen Moscheen viele Flüchtlinge waren. Man könnte das Leben in Frieden in Deutschland als Glücksfall sehen für diejenigen, die hier sind, anstatt von einer muslimischen Diaspora zu sprechen und vor »Imperialisten, Jesiden, Amerikanern« in der Türkei zu warnen. Die Bildungschancen in unserem Land ließen sich als etwas Positives darstellen, ebenso die Gesundheitsversorgung, anstatt vor westlicher Medizin zu warnen und zu sagen, Kranke sollten besser zum Imam gehen. Ich hatte erwartet, dass solche Gedanken wenigstens angesprochen werden – zu Unrecht.

Für mich war es ernüchternd, was ich in den acht Monaten in Deutschlands Moscheen zu hören bekam. Bestenfalls waren die Predigten dichte, religiöse Texte, die die Zuhörer in einer anderen Welt halten, schlimmstenfalls wurde das Leben in Deutschland, Demokratie und unsere Gesellschaft abgelehnt. Ich würde gerne ein positives Beispiel anführen, eine Predigt, die Weltoffenheit ausstrahlt, eine Brücke baut zum Leben in Deutschland. Leider haben meine Moscheebesuche ein solches Beispiel nicht ergeben.

Anmerkungen

1 Die Hadithe bezeichnen im Islam die außerkoranischen Überlieferungen der Aussprüche und Handlungen des Propheten Mohammed sowie der Aussprüche und Handlungen Dritter, die er stillschweigend gebilligt hat. Sie sind von großer Bedeutung, da sie als
eine Quelle der islamischen Normen gelten.

2 Roger Garaudy (1913–2012) war ein französischer Schriftsteller, Philosoph und zunächst Kommunist. 1982 konvertierte er zum Islam
und trat zunehmend mit antizionistischen Positionen in Erschei-
nung. 1986 wurde er mit dem König-Faisal-Preis für Verdienste um
den Islam ausgezeichnet. 1998 wurde er wegen Leugnung des Holo-
causts, rassistischer Verleumdung und Anstachelung zum Rassen-
hass in Frankreich verurteilt. Das Urteil wurde vom Europäischen
Gerichtshof für Menschenrechte bestätigt.

3 Die Schahada ist das islamische Glaubensbekenntnis: »Es gibt keinen
Gott außer Gott, und Mohammed ist sein Prophet.«

4 bamf.de/SharedDocs/Anlagen/DE/Publikationen/WorkingPapers/
wp71-zahl-muslime-deutschland.pdf?__blob=publicationFile, abgerufen am 14. 2. 2016

5 kas.de/wf/doc/kas_40905-544-1-30.pdf?150407104017, abgerufen am
25. 01. 2017

6 Ebd.

7 Die ursprüngliche arabische Form des Namens Mohammed ist dort,
wo sie verwendet wurde, auch so wiedergegeben.

8 Anm. d. Übers.: Die islamische Umma ist die weltweite Gemeinschaft der Muslime.

9 Anm. d. Übers.: Die Übersetzung der Koranzitate erfolgte nach
Bobzin, Hartmut (Hg. und Übers.): *Der Koran*, München 2010. Die
Koranzitate sind kursiv gesetzt.
Der Aufbau der von mir besuchten Predigten ähnelte sich häufig. In
arabischen Moscheen leitete der Imam seine Predigt mit Koranzita-
ten ein, sprach dann von komplexen Gleichnissen oder Parabeln aus
der islamischen Frühzeit oder aus den Hadithen. Es folgten Ermah-

nungen, Belehrungen und eventuell ein kurzer Bezug auf aktuelle Ereignisse. Bei den türkischen Predigten erschien mir der Aufbau sehr viel uneinheitlicher.

10 Anm. d. Übers.: Von Muslim ibn al-Haddschadsch stammt die wichtigste Hadith-Sammlung neben der Sammlung von Al-Bukhari. Hadith bezeichnet im Islam die Überlieferungen der Aussprüche und Handlungen des Propheten Muhammad sowie der Aussprüche und Handlungen Dritter, die er stillschweigend gebilligt hat.

11 Anm. d. Übers.: Das Gabriel-Hadith ist im sunnitischen Islam einer der wichtigsten Hadithe, auf den die fünf Säulen des Islams zurückgeführt werden.

12 Anm. d. Übers.: Laut islamischer Überlieferung erlebt jeder Mensch nach seinem Tod bewusst die Zeit im Grab und wird von zwei Engeln befragt, die ihn im Falle der nicht bestandenen Prüfung seiner Bestrafung zuführen.

13 Anm. d. Übers.: Der islamische Kalender, in dieser Predigt nachstehend auch arabischer Kalender genannt, hat zwölf Monate und ist vom Mondverlauf abhängig. Die Monatslänge beträgt je nach Mondphase mal 29, mal 30 Tage. Insgesamt ist das islamische Kalenderjahr etwa elf Tage kürzer als das gregorianische Kalenderjahr.

14 Anm. d. Übers.: Bezeichnung der Hadith-Sammlung von Muslim ibn al-Haddschadsch

15 Anm. d. Übers.: Nach islamischem Verständnis kommt der Lebensunterhalt oder die Versorgung, rizq (Plural arzāq), allein von Gott und bezeichnet alle materiellen und immateriellen Gaben Gottes, die zum Leben im Diesseits erforderlich sind. Daher lautet einer der Beinamen Gottes ar-razzāq, »der Versorger«.

16 Vgl. »Euch sind meine Verse doch schon vorgetragen worden, doch ihr habt immer auf dem Absatz kehrtgemacht.« [23:66]

17 Anm. d. Übers.: »farā'i?« (Sg.: far?) sind die religiösen Pflichten (wie das Fasten im Ramadan), die sich direkt aus dem Koran und der Sunna ableiten lassen. Auch die Bezeichnung »wā?ib« meint religiöse Pflicht, allerdings gibt es zu diesen Pflichten Auslegungsunterschiede in den unterschiedlichen Rechtsschulen.

18 Anm. d. Übers.: letztes Gebet nach dem Nachtgebet, gilt je nach Auslegung als verbindlich (wā?ib) oder freiwillig (sunna). Es gibt die fünf Pflichtgebete (Morgen-, Mittags-, Nachmittags-, Abend- und Nachtgebet), die als far? gelten, freiwillige sunna-Gebete, die vor oder

nach einem Pflichtgebet verrichtet werden, und nafl-Gebete (Plural nawāfil), die vollkommen freiwillig sind.

19 Anm. d. Übers.: abgeleitet vom Adjektiv ?arām, das im Islam all jenes bezeichnet, was nach der Scharia tabu ist (wie etwa das Verzehren von Schweinefleisch, Blut, Verendetem, Alkohol, das Erheben von Zinsen, Eingehen von Risikogeschäften etc.).

20 »ᶜilm« lässt sich mit »religiöses Wissen« übersetzen, aber in einem weiteren Sinn auch als »Wissenschaft« oder »Wissenserwerb« im theoretischen, praktischen und anwendungsbezogenen Sinn.

21 Anm. d. Übers.: arab. Sprichwort und Wortspiel durch die Ähnlichkeit von thura (Erdboden) und thuraya (Plejaden), bezüglich Dingen von ungleichem Wert

22 Diese beiden Autoritäten des 9. Jahrhunderts stritten sich um die Auslegung des Verses: »*Verboten ist euch das Verendete, Blut, Schweinefleisch und das, worüber ein anderer Name als der Gottes gepriesen wurde; dann das Erwürgte, Erschlagene, Gestürzte und Gestoßene und was ein wildes Tier anfraß – außer ihr schlachtet es [...].*« [5:3] Asch-Schafi'i meinte, dass verletzte Tiere gegessen werden dürften, wenn sie geschlachtet würden, während Malik dies ablehnte. Daraus gingen zwei Rechtsschulen (Madhhab), die Malikiten und die Schafi'iten, hervor.

23 Anm. d. Übers.: Die Kaaba im Innenhof der Heiligen Moschee von Mekka ist als das »Haus Gottes« das zentrale Heiligtum des Islams.

24 Auch hier geht es um eine Streitigkeit, aus der verschiedene Rechtsschulen, die Malikiten und die Hanifiten, hervorgingen.

25 Anm. d. Übers.: besonders aus der Offenbarung, für eine göttliche Vorschrift

26 Erster Herrscher der Umayyaden-Dynastie, Kalif 661–680

27 Offensichtlich eine Anspielung auf den Salafismus bzw. den IS

28 In den Schlachten von Badr (624) und Uhud (625) kämpften die ersten Muslime gegen ihre Widersacher aus Mekka.

29 Die Schlachten von Canakkale (auf Deutsch »Schlacht von Gallipoli«) und Malazgirt fanden im Ersten Weltkrieg statt.

30 Die Schlacht von Sakarya (1921) war ein Wendepunkt im Griechisch-Türkischen Krieg.

31 Offensichtlich eine Anspielung auf die Gülen-Bewegung

32 Die arabischen Koranzitate waren für den Übersetzer ebenso wenig verständlich wie für die meisten türkischen Anwesenden. In der Regel wiederholen die Prediger den Vers sinngemäß auf Türkisch.

33 Offensichtlich ist nicht die Sure 4 »An-Nisa«, sondern die Sure 99 »Az-Zalzala« gemeint.

34 Hodscha Nasreddin ist der Held zahlreicher volkstümlicher, humorvoller Anekdoten.

35 Die erste Sure des Korans

36 Anm. d. Übers.: Die islamische Gotteslehre oder Tauwhīd-Wissenschaft, bedeutet wörtlich »Lehre von der Einzigkeit Gottes«.

37 »ʿilm al-Kalām« ist Disziplin der islamischen Wissenschaft (ʿilm), welche die Glaubensinhalte mit logischen Argumenten zu bestätigen strebt.

38 Anm. d. Übers.: In diesem Abschnitt werden die Zusammenhänge nicht ganz klar.

39 Dem liegt die Vorstellung zugrunde, dass ein Koran über Heilkräfte verfügt. Sie wird hier auf die Bibel übertragen, um sowohl vor der Zauberei als auch vor dem Christentum zu warnen.

40 Gelehrter, lebte 665 bis 714

41 Feldherr und Statthalter der ersten Umayyaden-Kalifen, lebte 661 bis 714

42 Gemeint ist das Massaker auf dem Kairoer Rabaʾa-Platz am 14. August 2013 im Zuge der Räumung eines Protest-Zeltlagers durch das ägyptische Militär. Die Opfer hatten für den von der Armee gestürzten, aus den Reihen der Muslimbrüder stammenden Präsidenten Mohammed Mursi demonstriert. Human Rights Watch spricht von »mindestens 814, wahrscheinlich aber über tausend« Toten (webcitation.org/6RngvwXV9, abgerufen am 18.1.2017). Hinzu kamen Massentötungen von Demonstranten an anderen Orten.

43 Anm. d. Übers.: oder: »… die auf Knoten blasen«, Anspielung auf eine altarabische Zauberpraxis.

44 Vermutlich der ägyptische Gelehrte Muhammad al-Ghazali (1917–1996)

45 Gelehrter und Begründer der hanbalitischen Rechtsschule, lebte 780 bis 855

46 Die 1928 in Ägypten gegründete, in der sunnitisch-arabischen Welt aktive Bewegung der Muslimbrüder strebt, bei aller Vielfalt ihrer programmatischen Äußerungen, eine stark islamisch geprägte Staats- und Gesellschaftsordnung an.

47 https://www.almesryoon.com/أش عا-ألماني-الفيديوبال976401/لايت-ونيرصملا محنة-صعبة-قادته-إلى-الإسلام-

48 Anm. d. Übers.: Gemeint ist hier die Gülen-Bewegung. Sie wird meistens als Untergrundorganisation bezeichnet, und der Hinweis auf Amerika oder Pennsylvania, wo Gülen lebt, ist ebenfalls eine Andeutung in diesem Sinne.

49 Anm. d. Übers.: Sevap ist nach dem islamischen Glauben das Gegenteil von Sündenstrafe, also eine Art von Entgelt für eine fromme Tat bzw. eine Gutschrift für gutes Handeln.

50 Anm. d. Übers.: Bei der Währungsreform im Jahre 2004 wurden der türkischen Lira sechs Nullen gestrichen. Umgangssprachlich wird in der Türkei verbreitet immer noch die alte Währung verwendet. Er meint hier also offensichtlich eine geringere Summe.

51 Die Imam-Hatip-Schulen sind staatliche Schulen, die zusätzlich zu den allgemeinen Lehrplänen auf eine Laufbahn als Vorbeter oder Prediger vorbereiten.

52 Zum Hintergrund: Bereits Anfang 2016 sorgte ein sogenannter Märtyrer-Comic für negative Schlagzeilen. In der türkischsprachigen Bildergeschichte, herausgegeben von der Religionsbehörde Diyanet, der die DITIB untersteht, schildert ein Vater seinem Sohn, wie ehrenvoll es sei, für seine Überzeugungen zu sterben. Der Vater sagt: »Wie schön, ein Märtyrer zu sein!« Daraufhin fragt ihn sein Sohn, »Willst Du ein Märtyrer sein?«, und erhält als Antwort: »Natürlich will ich ein Märtyrer sein. Wer will nicht in den Himmel?« Im Sommer hatte sich die Auseinandersetzung um diesen Comic zugespitzt, woraufhin die Landesregierung in Düsseldorf Anfang September, also kurz nachdem das Thema »Selbstmord« in der Freitagspredigt thematisiert wurde, die Zusammenarbeit mit der DITIB wegen des Comics eingestellt hat.

53 Damit sind die nach dem Auszug von Mekka nach Medina entstandenen Suren gemeint. Dort gründete Mohammed ein islamisches Gemeinwesen und führte Krieg gegen seine Gegner aus Mekka sowie gegen jüdische Stämme und Byzanz. Deshalb handeln die dieser Phase zugeordneten Koranverse im Gegensatz zu den früheren, mekkanischen häufiger von Krieg und Gewalt.

54 Anm. d. Übers.: Kanzel in der Moschee

55 Anm. d. Übers.: Dhu al-Hiddscha ist der 12. und letzte Monat des islamischen Kalenders, in dem die Pilgerfahrt nach Mekka, der Haddsch, stattfindet – davon ist der Monatsname abgeleitet – sowie das islamische Opferfest.

56 Anm. d. Übers.: Der als Arafa-Tag bekannte Tag ist der 9. Dhu al-Hiddscha. An diesem Tag verweilen die Mekka-Pilger in der Arafat-Ebene.

57 Anm. d. Übers.: farā'i? (Sg.: far?) sind die religiösen Pflichten (wie das Fasten im Ramadan), die sich direkt aus dem Koran und der Sunna ableiten lassen.

58 Anm. d. Übers.: Hadith, das nicht prophetischen [nabawi], sondern göttlichen [»heiligen« = qudsi] Ursprungs ist

59 Anm. d. Übers.: letztes Gebet nach dem Nachtgebet, gilt je nach Auslegung als verbindlich (wā?ib) oder freiwillig (sunna). Es gibt die fünf Pflichtgebete (Morgen-, Mittags-, Nachmittags-, Abend- und Nachtgebet), die als far? gelten, freiwillige sunna-Gebete, die vor oder nach einem Pflichtgebet verrichtet werden, und nafl-Gebete, die vollkommen freiwillig sind.

60 Anm. d. Übers.: freiwilliges Gebet nach Sonnenaufgang, zwischen Morgen- und Mittagsgebet

61 Anm. d. Übers.: Gemeint sind die drei mittleren Tage eines jeden islamischen Monats.

62 Anm. d. Ü.: die Tochter des Propheten Mohammed

63 Anm. d. Ü.: die erste Sure des Korans

64 Wörtl. »der größte Imam«; gemeint ist der Gelehrte Abu Hanifa (699–767) und Gründer der hanafitischen Rechtsschule, der die türkischen Sunniten angehören.

65 »Hadschi« ist der Ehrenname der Mekka-Pilger.

66 Die Imam-Hatip-Schulen sind staatliche Schulen, die zusätzlich zu den allgemeinen Lehrplänen auf eine Laufbahn als Vorbeter oder Prediger vorbereiten.

67 Ein Hafiz kann den Koran auswendig rezitieren. Ein Hafiz kann z. B. als Lehrer in Koran-Kursen eingesetzt werden.

68 Diese Universität hat ihren Sitz in Rotterdam und bietet Studierenden aus Belgien, Deutschland und der Türkei die Möglichkeit eines Fernstudiums an. Sie unterhält außerdem Niederlassungen in München, Mannheim, Duisburg, Zürich und Wien.

69 Anm. d. Übers.: Rote Kamele galten als besonders kostbar.

70 »Tekke« bezeichnet auf Türkisch den Versammlungsort eines Sufiordens, so dass die Bezeichnung als »Moschee« wegfällt.

71 Die Koranstelle (5:32) lautet: »Und deshalb schrieben wir den Kindern Israel dies vor: Wenn jemand einen Menschen tötet, der keinen ande-

ren getötet, auch sonst kein Unheil auf Erden gestiftet hat, so ist's, als töte er die Menschen allesamt. [...]«

72 Ali ibn Abi Talib war der vierte Kalif, d.h. Nachfolger Mohammeds, außerdem dessen Cousin und Schwiegersohn. Über seine Bedeutung zerfiel der frühe Islam in die Sunniten und die Schiiten. Während die Sunniten ihn für den vierten und letzten der sog. rechtgeleiteten Kalifen halten, sehen die Schiiten in ihm den ersten Imam, den unfehlbaren Anführer.

73 Im Jahr 656 siegten in der sog. Kamelschlacht die Truppen Alis gegen eine Fraktion um Mohammeds Witwe Aischa, die sein Anrecht auf das Kalifat bestritt.

74 Aischa bint Abu Bakr (613–678) war die jüngste der zehn Ehefrauen Mohammeds und galt als seine Favoritin.

75 Die Schlacht von Siffin im Jahr 657 endete mit einem Unentschieden zwischen den Anhängern Alis und seinen Gegnern um Muawiya. Ali akzeptierte die Einsetzung eines Schiedsgerichts. Schon dieses Einverständnis ließ seine Anhängerschaft zerfallen, die Charidschiten wandten sich von ihm ab. Das Schiedsgericht sprach sowohl Ali als auch Muawiya die Kalifenwürde ab, was aber dem bereits amtierenden Ali deutlich mehr schadete. Ein ehemaliger Anhänger ermordete ihn vier Jahre nach der Schlacht von Siffin.

76 Gefährte Mohammeds, u.a. Eroberer von und Statthalter in Ägypten, lavierte zwischen den Anhängern und Gegnern Alis. Hier wird Amr ibn al-As für die Spaltung der Muslime verantwortlich gemacht. Ihn als »großen Juden« zu bezeichnen, ist ein antisemitischer Ausfall und beschuldigt einen angeblichen Juden, innerislamische Zerwürfnisse verursacht zu haben.

77 Gemeint sind die Charidschiten, ehemalige Anhänger Alis, die sich wegen dessen Einwilligung in ein Schiedsgericht gegen diesen wandten. Einer von ihnen wurde zum Mörder Alis. Auf sie geht die Strömung der Ibaditen zurück.

78 Die Charidschiten

79 Die Charidschiten wurden wegen des Schiedsgerichts von Anhängern zu Gegnern Alis, deshalb die Frage nach Ali vor und nach dem Schiedsgericht.

80 Anm. d. Übers.: Hier bricht der Prediger den Satz ab, mutmaßlich, weil er es nicht übers Herz bringt, den Anschlagsopfern Gottes Segen zuteilwerden zu lassen.

81 Die Familie Mohammeds ist für die Schiiten von besonderer Bedeutung, weil sie diese mit dem Imamat, der Führerschaft der Unfehlbaren, in Verbindung bringen, die Imame also zur Familie des Propheten gehören.

82 Offensichtlich eine Anspielung auf die Salafisten bzw. den IS

83 Der Muharrem ist der erste Monat des islamischen Kalenders. Am 10. Muharrem 61 (10. Oktober 680) fiel Al-Husain ibn Ali (auf Türkisch Hussein), Sohn des Ali ibn Abi Talib und Anwärter auf das Kalifat, in der Schlacht von Kerbela. In Erinnerung an den Tod ihres Imams ist der Muharrem für die Schiiten einen Trauermonat mit Fasten und Selbstgeißelungen.

84 In Kerbela im Irak befindet sich das Grab des Imams Al-Husain ibn Ali.

85 In Nadschaf verehren die Schiiten das Grab des Imams Ali ibn Abi Talib.

86 Offenbar ein Fehler, da in Nadschaf der Imam Ali bestattet ist.

87 Nach dem Tod des letzten »rechtgeleitenen Kalifen« (und ersten Imams) Ali standen für die Schiiten (in der Regel elf) Imame an der Spitze der Muslime, während die Sunniten der Herrschaft der Umayyaden – dann der Abbasiden-Kalifen – keine Alternative gegenüberstellten.

88 Die Jesiden sind eine nichtmuslimische Religionsgemeinschaft in Syrien, dem Nordirak und der Südosttürkei.

89 Kalif, der den Herrschaftsanspruch der Umayyaden gegen Ali und seine Familie durchsetzte; »Der historische Muawiya war der Gegenspieler Alis und deshalb natürlich der Feind der Schiiten«, erklärt Professor Schröter. Er steht offenbar für alle, die als Feinde angesehen werden.

90 Gefährte Mohammeds, Eroberer von und Statthalter in Ägypten, lavierte zwischen den Anhängern und Gegnern Alis, Unterhändler Muawiyas nach der Schlacht von Siffin

91 Die prokurdische, sich als Minderheitenpartei verstehende HDP wird von der AKP-Regierung – auf zweifelhafter Grundlage – mit kurdischen Terroristen in Verbindung gebracht und zunehmend unterdrückt.

92 bertelsmann-stiftung.de/de/themen/aktuelle-meldungen/2015/januar/religionsmonitor/

Dominic Musa Schmitz

Ich war ein Salafist

Meine Zeit in der
islamistischen Parallelwelt

Klappenbroschur.
Auch als E-Book erhältlich.
www.econ.de

Ein Insiderblick in die deutsche Salafisten-Szene

Er war mit Salafisten-Prediger Pierre Vogel auf Pilgerfahrt in Mekka und agierte als rechte Hand des Islamis-
ten-Führers Sven Lau: Dominic Schmitz konvertierte
als 17-Jähriger zum Islam und war als »Musa Almani«
tief in der deutschen Salafisten-Szene verankert. Mit
professioneller Propaganda warb er neue Anhänger,
einige seiner Brüder kämpften für den »Islamischen
Staat«.

Doch mit der Zeit beginnt Dominic, die Verbote der
Salafisten zu hinterfragen und sich nach seiner Freiheit
zurückzusehnen. Von seinem Wirken als salafistischer
Missionar und seinem Ausstieg erzählt Dominic Musa
Schmitz ehrlich und aufrüttelnd.

Econ